LA CONTROVERSIA REINA-VALERA EN EL FUNDAMENTALISMO

La trágica historia documentada de cómo, cuándo y por qué empezó la controversia, además de un análisis a fondo de las afirmaciones que se han hecho contra el linaje de la Reina-Valera

Por Calvin George

Publicaciones Literatura Bautista
http://www.literaturabautista.com

LA CONTROVERSIA REINA-VALERA EN EL FUNDAMENTALISMO

Derecho de autor © 2012 Calvin George

Primera Edición
Octubre 2012

Todos los derechos reservados. Ninguna parte de este libro puede ser reproducida en cualquier forma, excepto para la inclusión de citas breves en una crítica o en un artículo, sin permiso escrito del autor. El autor invita a los lectores a hacer preguntas y comentarios referentes a este libro. Se puede comunicar con él por medio de correo electrónico por medio de esta dirección: calvingeorge@gmail.com.

Están disponibles copias adicionales de este libro por correo. Para encontrar la información debida, vaya a: http://www.literaturabautista.com. También se puede solicitar el libro a través de amazon.com.

CONTENIDO

PREFACIO v

Parte 1 – La historia de la controversia en orden cronológico

CAPÍTULO 1 – LOS AÑOS ANTES DE LOS OCHENTA 1
    Sección 1 - La enseñanza que provocó la controversia.. 1
    Sección 2 - La persona más responsable 2

CAPÍTULO 2 – LOS OCHENTA 6
    Sección 1 - La primera campaña acusando a la Reina-Valera de falsedad 6
    Sección 2 - El curioso Nuevo Testamento McVey 7
    Sección 3 - El primer libro de la controversia 8
    Sección 4 - El segundo libro de la controversia 10

CAPÍTULO 3 – LOS NOVENTA 12
    Sección 1 - Conferencia en Texas con Francisco Guerrero 12
    Sección 2 - Proyecto de traducción de Global Bible Society 12
    Sección 3 - El fiasco Enzinas 13
    Sección 4 - Carta abierta por líderes fundamentalistas 14
    Sección 5 - Edición de *Apología* dedicada a la defensa de la Reina-Valera 14
    Sección 6 - Artículo de David Cloud 15
    Sección 7 - Video y escritos de William Park 16
    Sección 8 - Libro y discurso de Francisco Guerrero 16
    Sección 9 - Libro por Eniovel Sepúlveda 17

CAPÍTULO 4 – EL AÑO 2001 19
    Sección 1 - Mi primer libro sobre la controversia 19
    Sección 2 - Video *El Tesoro Eterno* 19
    Sección 3 - La primera conferencia Reina-Valera de Landmark 19

CAPÍTULO 5 – EL AÑO 2002 30
    Sección 1 - Análisis del libro *El Proyecto de la Antigua Biblia de Valera* 30
    Sección 2 - Artículo en *El Fundamentalista* 35
    Sección 3 - El primer libro del elefante 35
    Sección 4 - La segunda conferencia Reina-Valera de Landmark 41

CAPÍTULO 6 – EL AÑO 2003 45
    Sección 1 - El segundo libro del elefante 45
    Sección 2 - Una cita preocupante 45
    Sección 3 - Artículo de Sheldon Swearingen 46

CAPÍTULO 7 – LOS AÑOS 2004-2006 47
    Sección 1 - Artículo por Humberto Gómez 47
    Sección 2 - Artículo por Allen Johnson 47

Sección 3 - Publicación de mi segundo libro 49
Sección 4 - Mientras los latinos dormían 49
Sección 5 - La Sociedad Bíblica Trinitaria deja de imprimir la Biblia en español 51
Sección 6 - Ruckmanismo en español 52

CAPÍTULO 8 – EL AÑO 2007 54
Sección 1 - La literatura de Robert Breaker 54
Sección 2 - La traducción Valera 1602 Purificada 57
Sección 3 - Conferencia RVG en México 58

CAPÍTULO 9 – EL AÑO 2008 71
Sección 1 - ¿Gnosticismo en la Reina-Valera? 71

CAPÍTULO 10 – EL AÑO 2009 75
Sección 1 - Conferencia en contra de la Reina-Valera 1909 75
Sección 2 - Análisis de libro alegando que la RVG es perfecta 77
Sección 3 - Artículo del Pastor Carter 81

CAPÍTULO 11 – EL AÑO 2010 83
Sección 1 - Análisis del libro *La Biblia de Dios en español* 83
Sección 2 - ¿Cuál Biblia en Inglés corrigió tu Biblia en Español? 103
Sección 3 - ¿La Reina-Valera contaminada con sabor católico? 106
Sección 4 - ¿RVG la única Biblia preparada por un comité grande? 108
Sección 5 - Conferencias de Jeff McArdle 109
Sección 6 - Extremismo fuera de control en el internet 109

CAPÍTULO 12 – CONCLUSIÓN 111

Parte 2 – Análisis de varios aspectos de la controversia

CAPÍTULO 13 – LA DOBLE MORAL EN LA CONTROVERSIA 114
CAPÍTULO 14 – ¿PUEDE SER PERFECTA UNA TRADUCCIÓN DE LA BIBLIA? 119
CAPÍTULO 15 – ¿QUÉ SUCEDERÍA SI APLICÁRAMOS LOS MISMOS CRITERIOS A LA BIBLIA EN INGLÉS COMO ALGUNOS HAN HECHO CON LA DE ESPAÑOL? 134
CAPÍTULO 16 – ¿ES EL TEXTO RECIBIDO LA AUTORIDAD FINAL? 137

Parte 3 – Vindicación de los versículos más criticados

CAPÍTULO 17 – INTRODUCCIÓN 142
CAPÍTULO 18 – PASAJES DEL ANTIGUO TESTAMENTO 147
CAPÍTULO 19 – PASAJES DEL NUEVO TESTAMENTO 156

Glosario de términos 178

Bibliografía 180

PREFACIO

   Probablemente habrá quienes dirán que este libro no hará nada para restaurar la armonía en el fundamentalismo hispano, el cual se ha ido perdiendo por causa de esta controversia. Pero como primer paso, hace falta examinar e identificar exactamente lo que provocó la desarmonía, si es que habrá posibilidad de que se restaure. Algunos de los que han venido provocando la desarmonía niegan lo innegable: —que han atacado la Reina-Valera. Si continúan negando lo que este libro comprueba que vienen haciendo, sus actitudes, estrategias y ética cuestionable no cambiarán, y en ese caso lamentablemente no habrá posibilidad de restauración. Por ejemplo, uno de los involucrados dijo en un mensaje grabado en una conferencia que la RV 1960 vino del infierno, además de otras cosas igualmente reprochables. Pero más tarde en su sitio de internet escribió "En primer lugar, quiero decir que no estoy atacando a la Reina-Valera en español, ¡como otros dicen que estoy haciendo! Esto es una mentira absoluta que viene de hombres como Calvin George y otros…"[1] Hemos documentado a otros negando lo innegable. Esa clase de negaciones en parte obligaron la publicación de este libro para documentar lo que ha ocurrido.

   No busco controversia adicional al encontrarme obligado a mencionar nombres de personas involucradas en esta controversia. He tratado de resolver diferencias en comunicación privada primeramente con muchos personajes mencionados en el libro. Se debe reconocer que es imposible escribir acerca de historia sin mencionar nombres de los que han marcado historia. Además, tenemos un mandato claro en la Biblia en Romanos 16:17 acerca de los que causan divisiones y tropiezos. Hay que combatir el error —sea fuera del fundamentalismo, o por dentro. Las personas mencionadas aquí voluntariamente han hecho declaraciones públicas acerca de la Reina-Valera, por tanto no está fuera de lugar que se expongan públicamente. Reconozco que no conozco los corazones de las personas mencionadas. Algunos personajes mencionados aquí han servido a Dios fielmente por muchos años, y merecen nuestro respeto, aún a pesar de haber dicho cosas escandalosas acerca de la Reina-Valera. Algunos sin duda sostienen sus puntos de vista con toda sinceridad, y simplemente han sido mal informados y mal influenciados, o desde el principio se han aferrado a una creencia muy diferente a la nuestra. No obstante, el lector merece ser informado acerca de las cosas que se han dicho y escrito acerca de su Biblia.

   Reconozco que todos los personajes que menciono en el libro (en oposición a la Reina-Valera) no siempre concuerdan el uno con el otro en todos sus puntos de vista relacionados al tema. Por ejemplo, algunos son fanáticos de los escritos de Peter Ruckman, mientras que otros no. Algunos están a favor de traducir la KJV directamente al español, mientras que otros no. Pero todos concuerdan en sus manifestaciones públicas que las ediciones de la Reina-Valera 1569-1960 tienen problemas textuales o doctrinales graves, con la excepción de un grupo que ha defendido la 1865 de forma inconsistente.

   En la primera parte del libro he tratado los asuntos en orden cronológico hasta donde me fue posible. En algunas ocasiones, al tratar con una persona o situación, me adelanté o volví atrás para mencionar algo relevante, pero traté de mantener la historia en orden cronológico.

   Parte del propósito de esta investigación fue para advertir al lector que el movimiento en contra de la Reina-Valera ha tenido una reputación de exageraciones y de afirmaciones sensacionalistas con documentación débil o aún inexistente en algunos casos. También se han ignorado con frecuencia muchos principios básicos de la interpretación bíblica o la

---

[1] http://www.geocities.com/purespanishbible. Accedido julio 29, 2006.

gramática en sus acusaciones de muchos pasajes criticados en la Reina-Valera. Le ruego al lector no aceptar nada de este movimiento sin investigar, exigir documentación y estar dispuesto a oír las dos versiones del asunto antes de llegar a una conclusión.

PARTE UNO
LA HISTORIA DE LA CONTROVERSIA EN ORDEN CRONOLÓGICO

CAPÍTULO 1 – LOS AÑOS ANTES DE LOS OCHENTA

La enseñanza que provocó la controversia

He estudiado el asunto de la trágica controversia Reina-Valera en el fundamentalismo desde el año 1997. En los últimos 15 años me he preguntado muchas veces cuándo empezó, por qué empezó, y quién la empezó. Aunque suene fuera de lugar empezar un libro con la conclusión, deseo hacerlo para que el lector pueda ir verificando a través del libro si la documentación presentada respalda la conclusión.

Que haya desacuerdos en cuanto a las versiones de la Biblia, no es nada nuevo. Por ejemplo, en los 1800 hubo una disputa acerca de si las sociedades bíblicas deberían distribuir Biblias católicas en español en países donde se prohibía la Biblia protestante. También hubo desacuerdos por causa de anglicismos notorios en la Versión Moderna de H. B. Pratt, además de la edición 1865 de Valera con la que le asistió Ángel de Mora. Aunque se trataba de otro idioma, en la Sociedad Bíblica Americana hubo una controversia alrededor de 1850 acerca de si se debería traducir "bautizar" por su significado literal de "sumergir" o el término general "bautizar". Siendo que muchos se habían encariñado con la Versión Antigua 1909, hubo quienes se opusieron cuando salió la 1960. Pero las razones dadas para quedarse con la 1909 en aquel entonces eran muy diferentes a la controversia actual. Se publicó un folleto a principios de la década de los sesentas con el título *Principales Objeciones al Trabajo de Revisión Hecho a la Biblia Reina-Valera en 1960,* escrito por Félix Arana. Los asuntos tratados allí no se relacionan con la controversia actual relacionada con el Texto Recibido y la *King James Version* (KJV – la Biblia común en inglés, también conocida como Versión Autorizada) en el fundamentalismo. La controversia que se trata en este libro es algo relativamente nuevo, y tiene el potencial de ser más devastador que muchos otros desacuerdos.

En los últimos quince años he leído aproximadamente 40 libros y panfletos en defensa del Texto Recibido o la KJV escritos entre 1800-1980 para tratar de localizar el inicio de la clase de enseñanza que resultó en la controversia que ahora conocemos concerniente a la Reina-Valera. Descubrí que hasta décadas más recientes, defensores de la KJV raras veces hacían mención de traducciones en otros idiomas. Cuando se mencionaban, era aún más raro encontrar alguna expresión de superioridad de la Biblia en inglés sobre la de otros idiomas. Una de esas excepciones infrecuentes se trata de un par de alusiones en el libro *An Authentic Account of our Authorized Translation of the Holy Bible and of the Translators* por Henry John Todd en 1838:

> La traducción en inglés de la Biblia es la mejor traducción en el mundo… [p. 49] En cuanto a precisión y fidelidad general, jueces competentes consideran que esta traducción [KJV] grandemente excede todas las versiones modernas, sea en inglés o extranjeras. [p. 63]

A pesar de lo que se dijo en el libro, eran palabras de elogio nada más, puesto que no se criticó Biblias en otros idiomas.

La persona más responsable

La identificación de la persona más responsable no fue predeterminada ni fue objeto de mera sospecha. Me estoy refiriendo más específicamente a la persona que surgió con una enseñanza bastante nueva que abrió la puerta para que otros empezaran a criticar severamente la Biblia en español. La persona que considero más responsable que cualquier otra por la enseñanza que llevó a la controversia actual es un escritor, pastor y conferencista conocido por el nombre de Peter S. Ruckman. Documentaré mis conclusiones no sólo con las citas de este capítulo, sino con casos documentados en el resto del libro.

El Dr. Peter Ruckman es pastor de *Bible Baptist Church* en Pensacola, Florida, en los Estados Unidos. Desde la década de los sesenta ha escrito más de cien libros, panfletos y comentarios bíblicos. Además ha grabado miles de horas de sus enseñanzas y predicaciones, y ha predicado en cientos de iglesias a través de Estados Unidos. Ruckman empezó a enseñar cosas nuevas y extrañas que, a través de los años, ha afectado el punto de vista acerca de la Biblia en inglés, y más tarde en otros idiomas. Estas enseñanzas eran tan extrañas y nuevas que sus críticos empezaron a utilizar el término "ruckmanismo" para describir la enseñanza, y se empezó a llamar "ruckmanitas" a los seguidores y promotores de su nueva enseñanza. Lo siguiente es un resumen de sus extrañas enseñanzas que afectarían cómo se percibiría la Biblia en español:

- La Biblia *King James* en inglés fue dada por inspiración de Dios.[2]
- La Biblia *King James* en inglés es superior a cualquier texto griego y hebreo, inclusive los textos griegos de las cuales se hizo la traducción.[3]
- La Biblia *King James* en inglés corrige el griego y el hebreo, inclusive el Texto Recibido.[4]
- La Biblia *King James* en inglés contiene revelación avanzada.[5]
- La pura verdad es la verdad en inglés.[6]

Pero sus aberrantes enseñanzas no terminan con la cuestión de la Biblia en inglés. Ruckman también enseña que los santos del Antiguo Testamento fueron salvos por obras,[7] que después del rapto la salvación igualmente será por obras,[8] ha tratado de adivinar públicamente la fecha del rapto,[9] enseña que Adán y Eva fueron creados con circulación de agua en vez de sangre,[10] no cree que la vida empieza con la concepción,[11]

---

[2] Ruckman, Peter. *Bible Believers' Bulletin*. diciembre 2007, p. 4.
[3] Ruckman, Peter. *The Christian's Handbook of Biblical Scholarship*. Pensacola: Bible Baptist Bookstore, 1988, p. 338.
[4] Ruckman, Peter. *Bible Believers' Bulletin*. enero 2006, p. 5.
[5] Ruckman, Peter. *The Book of Exodus*. Pensacola Bible Institute, 1976, p. 186.
[6] Ruckman, Peter. *Why I Believe the King James Version Is the Word of God*. Pensacola: Bible Baptist Bookstore, 1983, p. 4.
[7] Ruckman, Peter. *Ruckman's Bible References*. Pensacola: Bible Baptist Bookstore, 1997, p. 7.
[8] Ibid.
[9] Ruckman, Peter. *Bible Believers' Bulletin*. agosto 1997, p. 19.
[10] Ruckman, Peter. *Ruckman's Bible References*. Pensacola: Bible Baptist Bookstore, 1997, p. 25.
[11] Ibid., p. 131.

etcétera. Aunque se considera bautista, y casi todos sus seguidores se identifican como bautistas, sus aberrantes enseñanzas no son las creencias bautistas históricas.

Ruckman no sólo ha sido controversial en su teología, sino en su vida personal también. Según su propia biografía, se ha casado tres veces, y ha tenido dos divorcios, mientras que todavía ejerce el pastorado.[12]

Ruckman también es muy controversial en su forma de expresar desacuerdos con otros. Podría proveer muchos ejemplos, pero creo que el siguiente, el cual incluye la mención de un seminario donde estudió, basta para demostrar cuán grosero puede llegar a ser Ruckman en su trato público con otros hermanos cristianos:

> Si yo tuviera una conferencia esta noche con los miembros de la facultad de…*Bob Jones, Tennessee Temple,* y *Crown College* y *Liberty Baptist University* y *Pensacola Christian College*…todos en una misma sala, y les escupiera una sola vez, ¡los ahogaría a todos juntos![13]

¿Qué enseñó exactamente Ruckman que afectó la percepción de la Biblia en español? Vea unos ejemplos empezando del año 1973 en adelante:

> Cualquier traducción en el campo misionero puede ser juzgada con certeza con una versión autorizada *King James*, y donde se niega a seguir el texto, puede ser alterada con confianza para igualarse a la redacción de la *King James*.[14]

> El texto de la *King James* es la última y final declaración que Dios le ha dado al mundo y él la ha dado en el idioma universal del siglo XX…La verdad es que Dios cerró la puerta de revelación en el año 389 antes de Cristo y la cerró otra vez en 1611.[15] [El año en que se publicó la versión *King James*]

> La única Biblia viviente sobre la tierra hoy es la Versión Autorizada 1611, o traducciones hechas de ella.[16]

> Sudamérica y México son una broma si vamos a hablar de "espiritualidad" desde una perspectiva bíblica. Sus problemas, como las demás, están conectados a una versión de la Biblia.[17]

> Recibí una carta desagradable de un puertorriqueño una vez que decía: "¿Qué es todo esto acerca del inglés? …¿Qué de todos nosotros aquí en Puerto Rico? Teníamos una Biblia antes de la *King James* en inglés". Supongo que él pensó que yo era inglés. Le escribí y le dije, "Si no fuera por Inglaterra, nosotros no sabríamos donde estaríamos. La latitud y la longitud se da a cada avión en el aire y cada barco en el mar por el ecuador de Inglaterra". … ¿Cómo explica usted eso? La ubicación

---

[12] Ruckman, Peter. *The Full Cup*. Pensacola: Bible Baptist Bookstore, 1998, p. 321.
[13] Ruckman, Peter. *What's Right – What's Left*: Radio interview with Dr. Ruckman. Pensacola, FL: Bible Baptist Bookstore, n.d., (compact disk, 2005).
[14] Ruckman, Peter. *The Monarch of the Books*. Pensacola: Bible Baptist Bookstore, 1973, p. 29.
[15] Ibid., p. 9.
[16] Ibid., p. 29.
[17] Ruckman, Peter. *The NIV: An In-depth Documentation of Apostasy*. Bible Baptist Bookstore, 1990, p. 3.

absoluta es la ubicación inglesa. El tiempo absoluto es tiempo inglés. ¿Por qué pensaría que la pura verdad no es la verdad de inglés?[18]

Como alguien que ha leído una cantidad considerable de literatura a favor de la KJV y el Texto Recibido antes de Ruckman, le puedo asegurar al lector que Ruckman enseñó algo bastante novedoso, tomando en cuenta que era una persona instruida. Antes de él algunos en su ignorancia habían expresado cosas semejantes como "Si la KJV fue suficientemente buena para el Apóstol Pablo, es suficiente para mí"[19]. Pero en el caso de Ruckman, ostentaba un doctorado de un seminario reconocido. En la siguiente oración Ruckman no solo hace mención del español, sino que demuestra cuán brutal puede ser:

> Yo tengo las Sagradas Escrituras en inglés. Y no me vengas lloriqueando con un cuento, tú que eres un pequeño perverso desviado (Y lo digo con caridad por supuesto). ¿Qué de los pobres que hablan español que no tienen una Biblia en inglés, y qué de…? ¡Tú eres un hipócrita blanqueado y podrido![20]

> … no cree que sea la autoridad final. Ahora, la forma en que estos hipócritas salen de esto es diciendo: "Bueno, no es la autoridad final, pero es confiable". ¿Ves? ¿Confiable para qué, hijo? Tú dices que para llegar al cielo. Así es con la Biblia católica *Douay-Rheims*. He dirigido a varios católicos a Cristo con una Biblia *Douay-Rheims*. Tú dices que es confiable. ¡Así es con la RSV por el Consejo Nacional de Iglesias! …Si tú dices que la Biblia *King James* es confiable, ¿qué has dicho excepto [palabras ininteligibles como un carismático que habla en lenguas]? No has dicho nada. …Si es confiable, hay una autoridad superior, y esa es la autoridad final.[21]

A veces se pueden encontrar referencias en los escritos de Ruckman a Biblias "confiables" en otros idiomas, quizás aún en español. Aunque la cita anterior no era en referencia a idiomas diferentes al inglés, revela algo importante. Cuando Ruckman dice que una Biblia en otro idioma es "confiable", en realidad está insultando dicha traducción en ese idioma, porque él considera un insulto la referencia a la KJV como "confiable", porque cree que la KJV es una autoridad superior, la autoridad final. Aquí cito otro ejemplo donde Ruckman se mofa de traducciones "confiables": "…ellos no tienen las escrituras. Solo tienen 'traducciones confiables…'"[22] Ruckman enseña que no se puede confiar en ninguna Biblia en ningún idioma revisada después de 1900:

> Ninguna persona que verdaderamente cree en la Biblia, en cualquier parte de este mundo, creerá que no importa cuánto sea revisada la Biblia

---

[18] Ruckman, Peter. *Why I Believe the King James Version Is the Word of God*. Pensacola: Bible Baptist Bookstore, 1983, p. 4.
[19] Packard, Joseph. *Recollections of a Long Life*. Byron Adams Publisher, 1902, p. 334.
[20] Ruckman, Peter. *The Apostate Fundamentalists*. Pensacola: Bible Baptist Bookstore, cassette recording, n.d.
[21] Ruckman, Peter. *How God opened my eyes to the AV*. Pensacola: Bible Baptist Bookstore, compact disk, Part 1.
[22] Ruckman, Peter. *The Alexandrian Cult*, Part 6. Pensacola: Bible Baptist Bookstore, 1981, p. 30.

por CUALQUIERA después de 1900, eso no traerá un "mejor entendimiento" de la Biblia – en CUALQUIER IDIOMA.[23]

La ironía de esto es que Ruckman mismo dijo haberse involucrado en una revisión de la Biblia en alemán en 1980.[24] Esto a pesar de confesar que no sabía suficiente alemán para testificar a fondo a los alemanes.[25]

Para resumir, Ruckman escribió que desde 1949 ha creído en corregir el griego, hebreo y otros idiomas con la Biblia en inglés:

> En forma correcta y justa continuaremos corrigiendo TODOS los textos hebreos y griegos, además de *todos* los textos en inglés, alemán, español, latín, etcétera, con el texto en inglés de 1611 tal como estaba en ese entonces y tal como está AHORA (octubre de 2002), sin ningún tipo de vergüenza o de menor "remordimiento de conciencia" al hacerlo. Esta ha sido nuestra "manera desde nuestra juventud" (1949), que ahora abarca cincuenta y cuatro años de comentar sobre "la escritura de verdad" (Daniel 10:21).[26]

Se debe añadir que no todos los que creen en la superioridad de la Biblia en inglés siguen las enseñanzas peculiares de Ruckman. Pero como documentaré, muchos han sido afectados por Ruckman, o por medio de otros que han sido influenciados por él, y por lo tanto, muchos exhiben algún rasgo de ruckmanismo en sus enseñanzas.

---

[23] Ruckman, Peter. *The Monarch of the Books*. Pensacola: Bible Baptist Bookstore, 1973, p. 26.
[24] Ruckman, Peter. *Bible Believers' Bulletin Reprint #7 (Strictly Personal)*. 2004, Pensacola: Bible Baptist Bookstore, p. 45.
[25] Ibid., p. 14.
[26] Ruckman, Peter. *The Books of Ezra, Nehemiah, Esther*. Pensacola: Bible Baptist Bookstore, 2004, p. xii.

CAPÍTULO 2 - LOS OCHENTA
La primera campaña acusando a la Reina-Valera de falsedad

En 1985, Terence McLean, dueño de unas librerías cristianas, publicó un artículo titulado *Three Yards and a Cloud of Dust*. El artículo se publicó en dos partes entre octubre y noviembre de 1985 en la revista de Peter Ruckman, *Bible Believers' Bulletin*. No se enfocó en detalles específicos, pero lo significativo fue que acusó al ministerio de impresión *Bearing Precious Seed* de falsificación en su Biblia en español (Valera 1909). En el artículo se lamentaba diciendo que "ellos defienden la Versión Autorizada 1611, y secretamente trafican/venden porquería en español".[27]

Varios meses más tarde, la misma revista, en un anuncio titulado *An Unwarranted Attack*, prácticamente se disculpó del artículo de McLean, no por lo que dijo de la Biblia en español, sino por la forma en que presentó negativamente al ministerio *Bearing Precious Seed*. El artículo fue escrito por James McGaughey, quien era asistente de Peter Ruckman. El artículo expresó lo siguiente acerca de la Biblia en español:

> El ataque en particular hecho en el artículo por McLean se refería a la versión de la Biblia en español. Es cierto que en algunos idiomas extranjeros, no hay una Biblia disponible que equivalga a la Versión Autorizada 1611. En la reunión en Nueva York, el Dr. Keen nos dijo en privado, y afirmó públicamente, que él imprimía lo que sabía era la Biblia más cercana a la Versión Autorizada 1611 que pudo encontrar. Sabemos que esto es cierto, y es la misma posición que han tomado el Dr. Ruckman y este ministerio todo este tiempo. Si uno no tiene una Biblia que equivalga exactamente a la Versión Autorizada 1611, tiene que usar lo mejor que uno pueda hasta que esté disponible algo mejor. Siempre hemos sentido que algo de la palabra de Dios es mejor que nada de la palabra de Dios.

Al año siguiente, en 1986, McLean produjo un casete que lleva por título *They know better: An exposé of the Bearing Precious Seed Spanish New Testament*. Al empezar el casete no tarda en expresar que cree que la KJV es "perfecta y sin error". Como veremos en este libro, conceptos equivocados como éste acerca de la Biblia en inglés llegan al meollo del asunto de la controversia acerca de Biblias en otros idiomas. Creo que la KJV es confiable y probada, pero tratarla como si perteneciera en la misma categoría que los manuscritos originales inspirados por el Espíritu Santo es lo que ha provocado la controversia.

En el casete otra vez reprende al ministerio *Bearing Precious Seed* dirigido por Charles Keen por imprimir el Nuevo Testamento de Valera 1909. Aquí ofrecemos un ejemplo de lo que denunció en el casete, ¡hasta acusando que Juan 3:16 enseña falsa doctrina!

> Si se cambia la palabra "dio" a "ha dado" en Juan 3:16, uno está yendo al borde de la enseñanza arminiana, y está moviendo a Dios de la eternidad a [un momento definido en el] tiempo, y eso está mal. Y también en Juan 3:16 se pierde la relación de hijo [aquí nombra a tres versiones en inglés alegando que lo hacen] y todas las demás perversiones impías que están

---

[27] El original dice: *They defend the AV1611 and secretly peddle junk in Spanish.*

siendo promovidas en el mercado porque "son más fáciles de leer". El Nuevo Testamento en español de *Bearing Precious Seed* tiene mucho en común con estas perversiones, y ningún creyente en la Biblia debería apoyarlo. "Dios es un Espíritu". [Juan 4:24 en la KJV] ¿Quién no sabe eso? Él no es todo Espíritu, ¿quién no sabe eso? El diablo es un espíritu, y hay espíritus malos. Si Dios es Espíritu, sin artículo definido, sino todo Espíritu, entonces uno tiene un Dios que se compara con el diablo. Esto es un grave problema teológico con la Nueva Versión Estándar Americana, la Nueva Versión Internacional, y el Nuevo Testamento en español de *Bearing Precious Seed*. Compañeros, ¡esto es basura!

En el casete hay otras expresiones llenas de resentimiento, incluyendo: "¡Estás imprimiendo un pedazo impío de corrupción!", y "están imprimiendo basura". A pesar de tener una opinión tan fuerte, en el mismo casete el narrador McLean confiesa que no habla español.

Un hecho que respalda mi conclusión de que las enseñanzas de Ruckman instigaron la controversia Reina-Valera es que McLean mismo ha sido un fanático de las enseñanzas de Peter Ruckman. Esto se revela en su declaración de que había escuchado más de dos mil horas de sus enseñanzas grabadas. En el casete, lo expresó de la siguiente manera:

> Lo que dice el hermano Ruckman es interesante. Yo he escuchado más de 2,000 horas de sus casetes, y quizás tú también, y he aprendido bastante de él. No obstante, él no forma parte de la Trinidad, como si fuera una "cuatridad", y Pensacola no es el Vaticano.

Sin embargo, en el casete McLean expresó algunos desacuerdos con Ruckman en cuanto a la traducción McVey y las enseñanzas racistas de Ruckman.

El curioso Nuevo Testamento McVey

A mediados de la década de los ochenta apareció un Nuevo Testamento traducido directamente de la versión *King James* en inglés al español por el misionero Bernard McVey. No se sabe mucho de este misionero, y no he logrado localizar ningún escrito de él acerca de la controversia. Un misionero me informó que McVey fue misionero en El Salvador, y luego en México.

La traducción McVey fue extremadamente literal, hasta el punto de la necedad en algunos casos. Ejemplos de comparación con la RV 1960 revelan lo siguiente: "Diablos" en vez de "demonios", "sobrinos" en vez de "nietos", "libras" en vez de "minas", "mujeres tontas" en vez de "mujercillas", "vil metal" en vez de "ganancias deshonestas", "echaban en sus dientes" en vez de "injuriaban". Hechos 16:33 tiene "lavó sus latigazos" en vez de "lavó sus heridas". Hechos 17:30 dice "Guiñó Dios el ojo" en vez de "Dios, habiendo pasado por alto". Hechos 21:15 dice "tomamos nuestros coches" en lugar de "hechos ya los preparativos". Lucas 1:35 tiene "esa cosa santa" en lugar de "el Santo Ser", una referencia a Jesucristo. 2 Cor. 12:20 tiene "hinchazones" en vez de "soberbias". 2 Tes. 2:15 dice "tened las tradiciones que habéis sido enseñados" en vez de "retened la doctrina que habéis aprendido". La traducción con frecuencia sigue de cerca las palabras en bastardillas de la KJV, aún cuando suena torpe. Por ejemplo, en Hechos 17:7 hace referencia a "*un* Jesús". Para mantenerse lo más cerca posible a la KJV, la traducción incluyó otras palabras y expresiones extrañas como "superfluo" en 2 Cor. 9:1, "adictos al ministerio" en 1 Cor. 16:15,[28] "algunos están hinchados" en 1 Cor. 4:18, etcétera. En muchos de estos casos es probable que su traducción no estaría en contra del significado del griego correspondiente, pero lo que estoy enfatizando es cuán absurda es su traducción por causa de seguir la KJV tan al pie de la letra.

La traducción más extraña por la cual es conocida se trata de "Fantasma Santo" para *Holy Ghost* en la KJV. *Holy Ghost* aparece 90 veces en la KJV, lo cual es una forma alterna de referirse al Espíritu Santo, aún cuando la palabra griega no cambia. En inglés tiene sentido en su contexto bíblico, pero no su traducción literal al español.

La traducción fue tan despreciada que se sabe de muy pocos ruckmanitas que apoyaron el Nuevo Testamento McVey, y hasta convencieron a Ruckman que se opusiera. La traducción fue rotundamente rechazada en todos los grupos fundamentalistas y se imprimieron muy pocas copias. Llegó a ser meramente una curiosidad.

El primer libro de la controversia

A principios de 1987, McLean publicó un libro de 44 páginas titulado *McLean-Gate*.[29] A mi conocimiento, fue el primer libro de la controversia. El libro entero estaba dedicado a convencer al lector que *Bearing Precious Seed* estaba imprimiendo un Nuevo Testamento "pervertido" en español. McLean introduce el tema como sigue en la primera página:

> Lo que estás por leer detalla una tragedia de engaño, representación errónea, y mentiras descaradas respecto al Nuevo Testamento en español de *Bearing Precious Seed*. Compilados aquí hay cartas, testimonios, y documentación detallada para demostrarte que el ministerio *Bearing Precious Seed* es una farsa trágica. Mi oración sincera es que estudies el material y te resuelvas ayudar a colocar la Versión Autorizada en español en las manos de misioneros y cristianos hispanohablantes para que las cadenas del dominio católico romano puedan ser rotas con la Palabra de Dios pura.
>
> Personalmente, yo le daría la bienvenida al arrepentimiento de *Bearing Precious Seed*, y espero que con el tiempo cesen de imprimir la corrupción y las mentiras de lo que publican. Luego te pediré que después estudies este material y ores. Mientras que *Bearing Precious Seed* continúe imprimiendo corrupción y represente erróneamente lo que imprimen, continuaré llamando la atención a esto y haré todo lo que pueda, por la gracia de Dios, para colocar la perfecta y preservada pura Palabra, la Versión Autorizada 1611 en español, en las manos de misioneros y cristianos que lo desean. ¿Me ayudarás?

En el libro McLean expresa su aprecio por Ruckman en repetidas ocasiones, como el siguiente caso de una carta propia que escribió a Ruckman que reproduce en la página 19:

> Su conocimiento de la Biblia y temas relacionados es bien conocido y su ministerio de enseñanza me ha beneficiado grandemente, ya que he leído

---

[28] Así también dice la RVG2010.
[29] El libro no contiene fecha de publicación, pero hace mención de fechas hasta el 10 de diciembre de 1986, por tanto es probable que se publicó a principios de 1987. El título viene de un juego de palabras de escándalos públicos como *Watergate* y *Irangate*.

cada uno de sus libros y he escuchado más de 2.000 horas de sus casetes. Ya que valoro tanto su enseñanza, estoy particularmente complacido con su carta a la cual responderé aquí.

Pero a la vez en el libro expresa frustración por el hecho de que Ruckman no quería ir en campaña contra publicadores de la Valera tal como *Bearing Precious Seed*, aunque Ruckman reconocía que los Nuevos Testamentos que publicaban en español tenían "problemas". McLean cita en la página 18 un escrito de Ruckman de 1986 en el que Ruckman había afirmado:

> Mi posición es clara. Si alguien pudiera tomar una Biblia *King James* y traducirla al español, se debería hacer. Hasta que se haga, yo recomendaría usar la versión que Dios ha honrado con los cristianos en Sud América y México por casi 400 años. Esa es mi posición; y mi posición es clara.

Pero cuando se publicó el Nuevo Testamento McVey traducido directamente de la KJV al español, Ruckman no se apresuró a recomendarlo. Esto le sorprendió a McLean. En un artículo en su revista titulado "*McVey, McLean, and Valera*", de mayo, 1987, Ruckman expresó por qué no estaba entusiasmado con la traducción McVey: (1) Se trataba tan solo de un Nuevo Testamento, y no la Biblia entera, y (2) un misionero de experiencia en quien confiaba encontró muchos anglicismos y casos absurdos de traducción. Ruckman concluyó el artículo del siguiente modo:

> Espero ver una edición de Valera con los versículos principales cotejados con la Versión Autorizada, y que Dios bendiga y prospere a aquél que cumpla con tal cosa. Evidentemente no se ha hecho todavía, por lo menos no con una copia confiable que recomendar, ya que contiene tantos errores ortográficos, además de errores gramaticales e idiomáticos.

La razón por la cual Ruckman a veces ha expresado incomodidad cuando sus simpatizantes han aplicado sus enseñanzas a otros idiomas es probablemente sólo porque sus detractores han usado las diferencias entre la KJV y otros idiomas para burlarse de sus enseñanzas, acusando que se desmoronan cuando se aplican a Biblias en otros idiomas. Es probable que Ruckman tuviera temor que los escritos de sus seguidores aplicados a otros idiomas, cuando concluían que ciertas Biblias extranjeras eran "malas", sin haber una Biblia alternativa, les podría dar munición a sus críticos, como si comprobara que tenían razón. Por eso a veces Ruckman parece manifestar un poco de cautela, aunque sin cambiar su enseñanza, ni expresar molestia por el escándalo resultante.

Después de no poder convencer a Ruckman de recomendar el Nuevo Testamento McVey, aparentemente McLean perdió interés en el tema. Hasta la fecha se ha dedicado a enseñar lo que él llama *Mid-Acts Dispensationalism* (Dispensacionalismo a mediados de Hechos).

Algo que algunos encontrarán interesante es que por un tiempo, según su testimonio en el casete que anteriormente mencioné, McLean fue miembro de la iglesia del Pastor Greg Estep, la cual es la iglesia enviadora del misionero Humberto Gómez. Es posible que McLean adquiriera su interés en las enseñanzas de Ruckman de la Iglesia Bautista Charity en Ohio, establecida por Estep, puesto que esta iglesia ha sido distribuidora de casetes y libros de Peter Ruckman. Tengo un catálogo de libros y casetes enviado por correo en 2006 de esta iglesia en Ohio, el cual contiene una lista de 1.290 casetes de Peter

Ruckman y 94 copias de sus libros y panfletos a la venta. Estep también escribió en defensa del ruckmanismo en 1983, diciendo que Ruckman "predica doctrinas bautistas básicas".[30] Cuando surgió la controversia con McLean acerca de su campaña contra *Bearing Precious Seed* y su promoción del Nuevo Testamento McVey, Estep se puso del lado de Ruckman.

El segundo libro de la controversia

El segundo libro que menoscaba la Reina-Valera del cual tengo conocimiento se trata de un manuscrito de 38 páginas titulado *The History of Spanish Manuscripts*. Fue escrito en 1987 por Orville Wright, misionero en la frontera con México.[31]

En su libro Wright trata con desprecio a Casiodoro de Reina y el linaje de sus revisiones. Sin citarle directamente, acusa a Casiodoro de Reina de jurar alianza con la autoridad papal, y que dijo haber sido un verdadero católico en la introducción de su revisión de 1569. Dice que Reina se escapó de España, pero no informa al lector el por qué.

En la página catorce aduce que "La gente de habla hispana nunca ha tenido una Biblia confiable". En la página once aparece esta querella sin mérito: "Las Biblias en español no sólo hacen una masacre de la deidad de Cristo, sino también de la doctrina de la salvación". En la página veintiséis culpa a la Biblia en español de falta de resultados en el campo misionero:

> No importaba cuánto lo intentaba, no podía enseñar y discipular con efectividad en español por causa de redacciones corruptas y referencias a otros pasajes desviadas.

Por el simple hecho de que la Valera 1909 tiene "mercaderes falsos" en vez de "corrupto" como la KJV en 2 Cor. 2:17, en la página doce Wright considera que esto es "otra obvia supresión inspirada por demonios".

En página tras página, se nota la influencia de Ruckman en el autor relacionado al tema. Vea por ejemplo esta cita de la página veinticinco:

> En 1969, el Dr. Ruckman hizo la siguiente declaración: "¿Cambiaría algún creyente en la Biblia lo que dice 1 Pedro 2:2 por una traducción que dice que los pecadores no regenerados pueden 'crecer para salvación?'" (*The Christian's Handbook of Manuscript Evidence* – página 153. [Aquí Wright continúa, aplicando la pregunta de Ruckman a la Biblia Valera] "La respuesta, desafortunadamente, es sí. El Nuevo Testamento de *Bearing Precious Seed* dice: 'para que por ella crezcáis en salud:'"

El problema con la cita de Ruckman que Wright aplicó a la Biblia en español es que 1 Pedro 2:2 fue escrito a creyentes. Esto se puede verificar en el versículo mismo donde empieza diciendo "como niños recién nacidos", además del contexto del inicio del libro en 1 Pedro 1:1-4.

En la página trece, Wright hace mención de un comentario de Apocalipsis escrito por Ruckman en el que advierte de una interpretación peligrosa fundada por un sacerdote jesuita en España, y que según Ruckman una técnica para implementarla era de volver a

---

[30] *The Flaming Torch*. mayo-junio 1983, p. 3.
[31] El libro no tiene fecha de publicación, pero hace mención de "hechos recientes" del año 1987.

traducir "día del Señor" en Apocalipsis 1:10 como "domingo". En este punto Wright señala que el Nuevo Testamento de *Bearing Precious Seed* tiene "domingo" en Apocalipsis 1:10.[32] Hay muchas más pruebas de tener una creencia ruckmanita en sus escritos, tal como esta cita de la página veinte: "…hemos voceado por años acerca de utilizar la *King James* para 'corregir el griego'…"

En mi edición del libro de Wright en forma de un manuscrito copiado, añade un apéndice al final en reacción al artículo de Ruckman ya mencionado "McVey, McLean, and Valera". A mi parecer, Wright no se involucró más en el tema y no sé más de él después que escribió este libro.

---

[32] He visto por lo menos una edición de Valera 1909 con "día del Señor", como en el caso de una que tengo en mi biblioteca personal publicada en asociación con la Sociedad Bíblica Trinitaria.

CAPÍTULO 3 – LOS NOVENTA
Conferencia en Texas con Francisco Guerrero

En 1990 se llevó a cabo una conferencia en Weslaco, Texas, para promover el proyecto de traducción de Francisco (Paco) Guerrero por medio de convencer a los asistentes de que había problemas graves con todas las Biblias en español. Aunque Guerrero nació en México, es bilingüe y obtuvo sus títulos universitarios de un seminario a larga distancia en Estados Unidos. Es posible que Francisco Guerrero haya sido el primer hispano en declararse públicamente en contra de la Reina-Valera en la controversia actual. Lonnie C. Smith, Sr., misionero en México desde 1956, asistió a la conferencia y luego hizo un análisis de las grabaciones y literatura que se distribuyó. Publicó los resultados de su análisis en un panfleto bilingüe titulado ¿*Cuál es la Biblia en Español?* Es probable que éste haya sido el primer escrito público que defendió la Reina-Valera en reacción a la nueva controversia. Lo siguiente es un ejemplo de lo que Smith escribió:

> Su referencia a la versión de 1960 como "inútil" es ridícula. Más del 99% de los misioneros y pastores la usan todavía. ¿Quiénes son estos "investigadores de la Biblia"? ¿Cuáles son sus aptitudes? Dios nos mandó "hacer discípulos", no pelear sobre su palabra. Tenemos la Biblia. La versión antigua y la revisión de 1960. Ambas son la Palabra de Dios. Creo que la versión de 1960 es mejor y más clara y ha corregido muchas palabras anticuadas, pero muchas almas han sido salvadas al usar la versión antigua.

En la literatura distribuida en la conferencia se mencionó que varios grupos habían declarado la RV 1960 como "inútil". En la misma literatura se mencionó que: "Ha habido dos intentos por hombres de traducir la KJV del inglés directamente al español, usando el método de palabra-por-palabra". Se hizo referencia a la "1960 o RSV", como si la 1960 fuese equivalente a dicha versión controversial. Se mencionó la necesidad de $75,000 para el costo inicial del proyecto de revisión de Guerrero y la impresión de Juan y Romanos. Algo que no deja de asombrarme son todas las apelaciones de dinero que se han hecho dirigidas a iglesias en Estados Unidos para proyectos de traducción de la Biblia al español. Los que ofrendan, si no saben español, no saben que no hay mucha demanda para un remplazo de la Reina-Valera en el campo misionero. Si no fuera así, fácilmente podrían recaudar fondos entre iglesias de habla hispana en Latinoamérica.

En la página 16 veremos más acerca de Guerrero al analizar un libro que escribió más tarde.

Proyecto de traducción de Global Bible Society

El Pastor J. Paul Reno fue coordinador de un proyecto que intentó revisar la Biblia en español por medio de la *Global Bible Society* en 1990.[33] El proyecto se promovió en literatura de la *Dean Burgon Society*, bajo el liderazgo de D.A. Waite. Se expresó que la idea era de finalizar con "un equivalente confiable de la Biblia en inglés *King James*". En su sesión durante una conferencia de la *Dean Burgon Society* en 1991, él declaró, "Hermanos, nuestros hermanos hispanos alrededor nuestro y hacia el sur necesitan ayuda.

---

[33] *The Dean Burgon News*. mayo-noviembre 1990, p. 3.

Les han robado las Palabras de Dios". Cuando hizo referencia a problemas en la Biblia en español, el único ejemplo que señaló en su discurso fue Job 2:9 en la Reina-Valera 1909, el cual tiene una explicación sencilla (ver página 151). En 1994 se reportó que no habían progresado mucho. A mi parecer, nunca se acabó el proyecto. En un discurso en 2002, cuando probablemente ya se había abandonado el proyecto, Reno confesó las siguientes dificultades (probablemente basado en su experiencia personal) de ofrecer una nueva Biblia cuando ya había una, considerada confiable:

> ¿Qué pensaría usted si los franceses y los alemanes decidieran que necesitamos una nueva Biblia en inglés? ... ¿Por qué debo dejar la Biblia con la cual fui salvo? Trate de responderle eso a un nativo. "La he estudiado, he aprendido de ella, he sido bendecido por ella, me ha alimentado, he interpretado a través de ella, la he aprendido de memoria, la he defendido, la he enseñado, he confiado en ella, ¿y ahora me dicen que no puedo confiar en ella?" Trate de responder a esa clase de problemas. ... Usted dice, "tenemos una nueva revisión que es mejor, pero no está del todo bien. Pero recibes una que es mejor, y te daremos una aún mejor, y luego también te daremos una aún mejor que ésa". Suena como mercadeo masivo, ¿verdad? Ellos dicen: "¿Cómo puedo confiar en la que tiene si usted sabe que no está del todo bien todavía? Quizás deberíamos esperar hasta que la siguiente esté disponible. ¿Es que nunca habrá una autoridad final? ¿Nunca van a acabar de corregirla? ¿Constantemente cambiarán las reglas?" ... Apenas tienen el dinero para una Biblia. Se la leyeron a su vecino el año pasado, y al siguiente año quizás diga que lo que leíste no está correcto. Es un problema real.[34]

El fiasco Enzinas

Una iglesia de nombre *Broken Arrow Baptist Church* con un ministerio de impresión ocupó mucho de la atención en la controversia durante la década de los noventa. La iglesia está localizada en Pearce, Arizona, cerca de la ciudad mexicana fronteriza de Agua Prieta. El pastor era el Dr. Clyde Thacker, un amigo distante de Terence McLean. Thacker al principio promovió el Nuevo Testamento McVey, y había viajado distribuyendo el libro ya mencionado de Orville Wright.[35] En un momento dado, probablemente al momento de vincularse con Kenneth Rabe, dejó de promover la traducción McVey.

Rabe fue misionero en México por varios años antes de unirse al ministerio de Thacker. Rabe salió con la idea innovadora de que la Reina-Valera no era la verdadera Palabra de Dios, sino que la traducción de Enzinas lo era.

Francisco de Enzinas hizo una traducción del Texto Recibido al español en el año 1543. Enzinas sufrió persecución y encarcelamiento por causa de su traducción antes de morir a una edad joven. Aunque la traducción era tan solamente del Nuevo Testamento, y no había tenido gran impacto debido a la Inquisición, Rabe convenció a Thacker y su ministerio que Enzinas era la verdadera Palabra de Dios para el mundo hispano.

---

[34] Reno, J. Paul. *Faulty Bible Translations and Missions*. Mensaje en video de la reunión anual de 2002 de la *Dean Burgon Society*.

[35] Thomas Williamson escribió un artículo inédito donde menciona que Thacker había viajado a su iglesia en el área de Chicago promoviendo el Nuevo Testamento McVey. Él me proporcionó la copia del libro de Wright que distribuyó Thacker.

En 1994 Rabe escribió un libro de 40 páginas titulado *Double Exposure*, con un prefacio escrito por Thacker. En la primera página de la introducción elogia a Ruckman, entre otros defensores de la KJV. La premisa mayor del libro es que Enzinas supuestamente fue el único que tradujo del Texto Recibido al español. Él presenta a Casiodoro de Reina y Cipriano de Valera con desprecio, y en la página 30 se refiere a ellos como "corruptores de la Palabra de Dios". En la página 33 Rabe hace un llamado a:

> …descontinuar el uso de la Reina-Valera y el apoyo [financiero] a los que la usan además de los que están involucrados en su impresión y distribución.

El ministerio de Thacker y Rabe publicó una reproducción del Nuevo Testamento de Enzinas en 1996. El prefacio exhorta a que se estudie "al lado de la Biblia *King James*, la Palabra de Dios en inglés, [para] que un día podamos regocijarnos en la Palabra de Dios en español". El prefacio afirmaba que "Enzinas y Tyndale no tuvieron la iluminación adicional que tuvieron los traductores de la Biblia *King James*". En 1998 publicaron una edición de Juan y Romanos donde la portada decía "Traducido del Griego por Francisco de Enzinas (1543) y diligentemente revisado según la Biblia Autorizada Rey Jaime (1611)". Era prácticamente una traducción del inglés, pero usando el Nuevo Testamento de Enzinas como base inicial.

Thacker murió en forma repentina y trágica en 1994, víctima de un crimen. Ahora Rabe está fuera de la controversia, pues ha estado encarcelado desde el 2000 cumpliendo una condena de 30 años por un crimen muy grave.

Carta abierta por líderes fundamentalistas

En 1993 se publicó en el periódico fundamentalista *Revival Fires* una "carta abierta" en defensa de la Reina-Valera.[36] Fue firmada por los siguientes líderes fundamentalistas: Pastor Mark Chappell, Pastor Joaquín Hurtado, Jr., Dr. Tommy Ashcraft, Pastor Luis Parada, Pastor Ezequiel Salazar, Jr., Pastor David Cortés, Rev. Cipriano Valdés, Pastor José Luis Torres, Dr. Elmer Fernández, y el Dr. Roland Garlick. A continuación proveo una pequeña porción de lo que se escribió:

> A nadie sorprende que la Palabra de Dios esté bajo ataque, y que se cuestionen su autenticidad y veracidad. Como sabemos, este ataque ha sido perpetrado contra la KJV (versión *King James*) por varias generaciones en el pasado. Nosotros, sin disculpa, defendemos la KJV y la reconocemos como la Palabra de Dios. De igual manera, la RVR (versión Reina Valera) de las Escrituras ha sido cuestionada en cuanto a su integridad y confiabilidad. Es entonces, que una vez más, nos hemos determinado a defender, sin disculpa, estos ataques contra la Palabra de Dios en español que se basa en el *Textus Receptus* o Texto Recibido.

Edición de *Apología* dedicada a la defensa de la Reina-Valera

La edición de Nov. 1993 - Feb. 1994 de la revista *Apología* editada por el Pastor José Luis Torres fue dedicada a la defensa de la Reina-Valera. Se tradujo esa edición especial al inglés. Esto fue debido a los planes de Kent Rabe de revisar el Nuevo Testamento de Enzinas con la KJV, además de la impresión de una revista titulada *The Baptist Scribe*

---

[36] Se puede leer en http://www.literaturabautista.com/?p=99

producida por el ministerio de Rabe dedicada a menoscabar la Reina-Valera. La edición especial de la revista *Apología* incluyó un artículo por el Pastor Joaquín Hurtado en la que expresó:

> Los críticos de la RV dirían que su único interés es proveer al mundo de habla hispana un ejemplar de la verdadera Palabra de Dios. Si esto es así, ¿por qué debe de ser la KJV 1611 la única regla de medir? ¿Con qué autoridad actúan los interesados en hacer esto? ¿Quién ha autorizado a la KJV 1611 para que ella sea la autoridad suprema por sobre todas las demás Biblias y traducciones? ¿Por autoridad del Rey Jaime? Ciertamente no encontramos en ninguna parte de la Biblia que la Palabra de Dios en los postrimeros tiempos iba a ser confiada a la raza anglosajona para que ellos diesen el último dictamen sobre estos asuntos.

En uno de los artículos, Torres escribió:

> Yo no creo, que Dios escogería un idioma por sobre otro, para preservar Su Palabra, en los idiomas modernos, y hacerla estándar para el resto de las lenguas que se hablan en el mundo. Creo que esta idea tiene sus raíces en la mente arrogante estadounidense, que ha llevado a pensar a muchos que Dios va a salvar al mundo por medio de los estadounidenses; que actúan como si el presidente de los EE.UU fuera el Mesías de Dios para esta era, o como si el territorio americano fuera la tierra prometida, y la gente de esta nación fuera el pueblo escogido de Dios.

Artículo de David Cloud

El misionero David Cloud, quien no conoce español, escribió el artículo *The Spanish Bible* en 1994 en su revista *O Timothy*. Cito del artículo:

> Algunos señalarían que se pueden hallar ciertas diferencias textuales en la Valera en ediciones del Texto Recibido aparte de los que subyacen la *King James*. Ellos argumentarían que ya que estas formas de redacción se encuentran en por lo menos algunas ediciones del Texto Recibido, no debemos preocuparnos de corregirlas. No estoy de acuerdo.

Como se puede notar en lo que acabo de citar, Cloud quiere que en la Biblia en español se revisen los lugares que aún tienen apoyo del Texto Recibido si no siguen lo que en la próxima página llama "el Texto Recibido *King James*," el cual no existe. Lo que más se le asemeja es el texto griego de Scrivener que se adaptó a la KJV, pero aun éste contiene algunas diferencias. Por ejemplo, la KJV tiene *Amen* en Efesios 6:24, y el Texto Recibido de Scrivener no. La KJV tiene *fold* (redil) mientras que Scrivener tiene la palabra griega equivalente a "rebaño". La KJV tiene *God* (Dios) en Hechos 19:20, mientras que Scrivener tiene la palabra griega equivalente a "Señor", etcétera. Hay quienes dicen que la cuestión principal es el Texto Recibido, no la *King James*; pero cuando hacen afirmaciones como la que acabo de citar, revelan que en realidad el meollo del asunto es la KJV, y sólo se usa el Texto Recibido como "cortina de humo" (una excusa).

David Cloud ha escrito un panfleto excelente advirtiendo de enseñanzas extremistas de Ruckman. Pero lamentablemente está de acuerdo con Ruckman en el área más decisiva que es responsable de propagar —que la KJV es infalible. Creo que la KJV es confiable, pero decir que es infalible es ponerla al nivel de los escritos originales. Cloud ha escrito un libro de más de 500 páginas donde documenta las enseñanzas y creencias de los defensores de la KJV y el Texto Recibido del pasado. Lo interesante de su documentación es que no cita a nadie en particular que enseñe en forma dogmática que la KJV es perfecta e inspirada antes de la era de Ruckman.[37]

Video y escritos de William Park

Aproximadamente en 1994, el misionero en México William Park produjo un video y un manuscrito, ambos sin fecha, en los que criticaba severamente la Reina-Valera. El video se titula *The Spanish Bible is the 1602 Valera Version* y ha sido distribuido por *Bible For Today*, la librería cristiana del Dr. D.A. Waite, de quien se mencionará más en este libro. En el video Park describió a la RV 1960 con un dibujo de una alcantarilla.[38] Refiriéndose a la 1960 y al dibujo de una alcantarilla, anunció lo siguiente:

> Esto a fin de cuentas te matará. Quizás dures un tiempo, pero te matará a ti, matará tu iglesia, matará a cristianos.

Al referirse al asunto de la impresión de la RV 1960, la igualó a la Biblia de los Testigos de Jehová:

> ¿Por qué pagar a la Sociedad Bíblica Americana? Simplemente pídala a la Sociedad de los Testigos de Jehová. Es probable que se la den gratis. Como sabes, es la misma cosa.

Más citas del video, en referencia a la RV 1960: "La 1960 desde Génesis 1:1 hasta el fin de Apocalipsis es una alcantarilla". "Corrupción de corrupciones". "Estercolero". Vez tras vez en el video ruega a pastores americanos que confronten a misioneros que trabajan en español y a pastores hispanos con la información del video. Aparte del video, Park distribuyó literatura inédita (sin fecha de publicación) en contra de la Reina-Valera en la cual se refirió a la RV 1960 en forma grosera, como "cadáver podrido infestado de gusanos".

Libro y discurso de Francisco Guerrero

En 1997 Francisco Guerrero escribió *La Biblia —La obra Maestra de Dios Manipulada*, un libro de 153 páginas. Fue un libro bastante controversial, lo cual se puede notar en la siguiente cita de la página 50:

> Para esos escépticos liberales que casi le rinden culto a su 1960 —dizque llamada— "Reina-Valera" ahora usted sabe de dónde vino SU "biblia", y quién la hizo, y quién la cambió: ¡Roma! Gente romanista, adoradores de María, adoradores del Papa. ¡Qué vergüenza señores, sigan defendiéndola!

> Allá en 1958, el Comité para la revisión de la Biblia Versión Standard Revisada, encabezado por el Concilio Mundial de las Iglesias, en Costa Rica, decidieron hacer una "revisión" a las Biblias del mundo. La Reina-Valera estaba incluida en el proyecto. Por ese tiempo, la Biblia "Antigua", o 1909, ya estaba mutilada, pero todavía guardaba el carácter

---

[37] Cloud, David. *For Love of the Bible*. Port Huron, MI: Way of Life Literature. 4th edition, 2006.
[38] La palabra usada repetidamente en inglés fue *sewer*, la cual es una palabra muy fuerte.

del *Textus Receptus*; y era la única Biblia no católica leída en el mundo español. Ahora bien, la coartada por cambiarla era: "las palabras obsoletas necesitan ser cambiadas". Pero entonces, "mas durmiendo los hombres..." (Mateo 13:25) ellos cambiaron el *Textus Receptus* por El Texto Vaticanus (o Alexandrinus). ¿Resultado? Ellos nos dieron una Biblia FALSA que lleva el nombre "Reina Valera," pero el contenido es bastante diferente. El diablo pudo finalmente entrar EN EL MINISTERIO-EN LA MISMISIMA PALABRA DE DIOS-así como él hizo con la Iglesia Primitiva Novo Testamentaria. ¡FALSIFICACIÓN, CONTRABANDO! (Págs. 40-41)

Guerrero no sólo exagera en su desprecio de la Reina-Valera, sino que también se equivoca gravemente cuando hace referencias a eventos históricos. Por ejemplo, el controvertido comité de la Biblia Versión Estándar Revisada no fue el que decidió revisar la Reina-Valera. El contexto más amplio de su libro indica que estaba acusando a Westcott y Hort de romanistas y adoradores del Papa. Pero en la forma que escribió el párrafo que cité, cualquier lector fácilmente podría pensar que se refería a los revisores de la 1960.

En la página 129 elogia a Peter Ruckman, y en la bibliografía aparecen más libros de Ruckman que de cualquier otro autor.

Guerrero estuvo involucrado en un proyecto de traducción de la Biblia al español llamado "Versión Creyentes Bíblicos". En su libro se jactó de que era "la más pura" de las traducciones:

Siguiendo el mismo sistema usado por el Canon del Antiguo Testamento, y las Iglesias del Nuevo Testamento, nosotros hemos podido producir la más pura de las traducciones españolas. (p. 140)

En 1999 Guerrero dio un discurso en la reunión anual de la *Dean Burgon Society* titulado *God's Pure Words in Spanish* para promover su traducción y convencer a los oyentes que habían problemas graves en todas las Biblias en español (excepto la suya en proceso de producción). Como un ejemplo de lo que dijo, se podría mencionar que él acusó a los que cambiaron Lucas 2:22 en la Reina-Valera (y señaló específicamente la versión de 1960) de ser de un trasfondo católico. ¡Esto a pesar de que la forma de redacción de Lucas 2:22 en la 1960 tiene el respaldo de varias ediciones del Texto Recibido! (Vea la página 161).

No se sabe si se continúa con el proyecto de revisión, pero cabe mencionar que el sitio de internet de la iglesia donde sirve Guerrero tiene borradores en formato digital de los evangelios de Marcos, Juan y Romanos con fecha de 2003. En el sitio de internet de la iglesia donde sirve lo consideran "misionero de las Escrituras en español" y presentan su proyecto de revisión en proceso de producción todavía.[39]

Libro por Eniovel Sepúlveda

En 1998 apareció un libro por Eniovel Sepúlveda titulado *165 Verses Found in the King James Version Compared to the Spanish Bibles of Casiodoro de Reina 1569, Reina Valera 1602, 1909, 1960 and 1977*. El libro es de 78 páginas y fue publicado por *Bible*

---

[39] http://www.historicbaptist.org/index.php?option=com_content&view=article&id=8&Itemid=8. Accedido diciembre 20, 2012.

For Today, un ministerio de D. A. Waite. En la primera sección del libro, el autor menciona que utilizó versículos provistos en las obras de Peter Ruckman (además de otros autores). La única parte que aparece en español, además de los versículos, es la breve introducción. Debido a la cantidad tan grande de errores ortográficos y gramaticales en su sección en español, da a entender que el español aparentemente no es el idioma nativo del autor, a pesar de tener un nombre hispano.

Como indica el título de su libro, todas las comparaciones se hicieron con la *King James*. Es obvio que se guio simplemente por sus impresiones al comparar la KJV con varias ediciones de la Reina-Valera, porque en ningún lugar en su libro hace referencia al griego o al hebreo. Con el primer versículo, el autor trata la Biblia en español injustamente al ignorar los idiomas originales y tratar la KJV como si fuera capaz de corregir la de español. El primer versículo que critica es Génesis 1:1, donde se lamenta de que "cielos" en las Biblias en español aparece en plural, en vez de singular como en la KJV. Pero en realidad la palabra hebrea es plural, y tiene sentido su forma plural en español. En varias ocasiones el autor señala diferencias entre las Biblias en inglés y español cuando en realidad se trata de palabras de aclaración añadidas a la KJV que no aparecen en el griego o el hebreo. Por ejemplo, en Deut. 9:25 el autor aduce que *as I fell down at the first* (mientras me caí/bajé al principio) no aparece en las cinco Biblias en español que examinó. Sin embargo, las primeras dos Biblias en español que examiné tienen "estuve postrado". Además, *at first* en la KJV se encuentra en bastardillas, lo que significa que no se encuentra en hebreo, sino que fue añadido para aclaración solamente. En Apoc. 13:18 el autor se lamenta de que las Biblias en español no tienen "un" antes de "hombre", pero resulta que la palabra *a* antes de *man* en inglés fue añadida para aclaración solamente, aunque no aparece en bastardillas. En 2 Tim. 3:16 señala que *given* (dada) no aparece en las Biblias en español, pero en realidad es un caso donde la KJV tradujo una sola palabra griega con seis palabras en inglés, y *given* es una de las seis. En Isaías 14:15 el autor se lamenta de que las ediciones de la Reina-Valera que examinó tienen "sepulcro" o "Seol", pero "Seol" es la palabra hebrea, y "sepulcro" es como fue traducida en 31 ocasiones en la KJV. En unos cuantos casos la traducción que el autor rechaza en la Reina-Valera es una forma posible de traducir el griego o el hebreo, pero no es el equivalente más cercano a la traducción KJV.

CAPÍTULO 4 - EL AÑO 2001
Mi primer libro sobre la controversia

En el año 2001 imprimí mi libro *The Battle for the Spanish Bible* (La Batalla por la Biblia en Español). Lo hice con más celo que madurez, lo cual creo que se nota al compararlo con mis escritos más recientes.

Brevemente, alrededor del tiempo que imprimí el libro, yo estaba promoviendo una enseñanza (bajo influencia de literatura de David Cloud) de que las traducciones no eran inspiradas (que todavía enseño), pero con la diferencia que una traducción podía ser considerada inspirada "por derivación". Abandoné esa enseñanza confusa alrededor del 2003.

Aunque todavía trato con personas en el movimiento que insultan la Reina-Valera, he tratado de escribir con un tono más calmado, lo cual se debe notar en mis escritos subsecuentes a mi primer libro en el 2001.

Traducción de la tapa posterior de mi libro:

> Yo soy uno de los que se criaron y fueron salvos bajo la Biblia en español en el campo misionero, y ni sabía que había un "problema" con mi Biblia hasta los veintitrés años de edad. Todos reverenciábamos y creíamos nuestra amada Reina-Valera, y todavía es así. Mi fe, además de la fe de incontables otros en la Biblia en español, ha soportado la prueba del tiempo y todas las campañas difamatorias de los que desean que la abandonemos. Confiamos en ella desde antes que surgiera el movimiento en contra de la Biblia en español con toda su fealdad, y continuamos sin intimidación, con nuestra fe intacta.

Enseñé en ese libro tal como sigo creyendo, que todas las traducciones pueden contener error humano, pero que yo estaba dispuesto a darle el "beneficio de la duda" a las traducciones confiables que utilizo en inglés y español.

Video *El Tesoro Eterno*

En el 2001 un grupo de pastores y misioneros produjeron un excelente video titulado *El Tesoro Eterno* con la historia de la Biblia en español. Incluyó un discurso informal al final del Pastor Joaquín Hurtado acerca de la confiabilidad de la Reina-Valera en sus diversas ediciones hasta 1960. El siguiente sitio contiene más detalles, junto con información acerca de cómo solicitarlo:
http://www.metrobc.org/Spanish/tesoroeterno/index.htm

Primera conferencia Reina-Valera de Landmark

Durante la semana del 5 al 9 de diciembre del 2001, la Iglesia Bautista Landmark de Haines City, Florida, organizó una conferencia sobre la Biblia en español. En el transcurso de la conferencia se hicieron las siguientes acusaciones extravagantes en contra de la Biblia en español, utilizada por la mayoría de los bautistas fundamentales:

- Que enseña canibalismo.
- Que enseña evolución.
- Que niega la divinidad de Cristo.
- Que las ventas de tales Biblias protestantes están enriqueciendo a la Iglesia Católica.

- Que uno de sus traductores fue cardenal católico, que podría ser uno de los posibles candidatos al papado.

Se debe mencionar que en junio del mismo año de la conferencia ocurrió una división en la Iglesia Bautista Landmark en Haines City, Florida, en relación a la controversia Reina-Valera. En algunos aspectos, el pastor hispano Elmer Fernández y el pastor americano Mickey Carter tienen versiones muy diferentes de cómo surgió la controversia y las cuestiones éticas relacionadas a la separación. El asunto final fue que Carter (quien no sabe español) no estuvo en acuerdo en que se siguiera usando la RV 1960, aunque se había venido usando por unos cuantos años en el departamento hispano de la iglesia y en el instituto. Un número significante de miembros del departamento hispano salieron y formaron su propia iglesia. Unos cuantos estudiantes hispanos del colegio universitario de Landmark se trasladaron al Instituto Fuegos de Evangelismo en Elgin, Illinois, (más de mil millas de distancia) a donde se mudó Fernández.

Algunos detalles de las acusaciones que se hicieron contra la Reina-Valera en el momento se manifiestan en un sermón que predicó el Pastor Mickey Carter en la iglesia americana alrededor del tiempo de la división. En su sermón *The Bitter Sweet Book* de junio 17, 2001, Carter alegó que Eugene Nida revisó la 1960, y que el comité de revisión solo quedó con tres hombres. Sin documentación acusó a Nida de creer en salvación por obras, que no creía en el nacimiento virginal de Jesucristo, que él formó parte de la controvertida revisión RSV, que no creía en la remisión por la sangre, etcétera. Envié una carta personal respetuosa a Carter el 12 de junio de 2002 en la que presentaba documentación contraria a todas esas cosas, pero pedí documentación de su parte por si acaso había un error en mi documentación.[40] Aunque en el sermón había ofrecido proveer documentación para respaldar lo que afirmaba, Carter no contestó mi carta personal. En vez de contestar o proveer documentación, él me acusó de "ataques personales viciosos e injustificados contra Bautistas fundamentales" en la página 44 de su libro *El Elefante en la Sala*.

Los siguientes fueron los conferencistas: Mickey Carter, Phil Stringer, Carlos Donate, Raúl Reyes y Raúl Ventura. Lo que dijeron los conferencistas, y que presento aquí, fue transcrito de los casetes de la conferencia.

"Sociedades Bíblicas y comparaciones"

Durante la conferencia, el misionero Carlos Donate dio un discurso titulado "Sociedades Bíblicas y comparaciones". Lo siguiente es un análisis de declaraciones cuestionables o inciertas de su discurso.

> [Donate:] De hecho, de los veinte y pico de hermanos, o personas que estaban en el comité de la del 60, más de 50 colaboradores, y cientos de iglesias en Latinoamérica, solo quedaron tres, realmente, después de la producción, o cabal en la producción de la del 60: Báez-Camargo en México, Eugene Nida en Nueva York, y el Dr. Flores. Así que todos los demás se murieron, antes de la publicación, o simplemente algunos de ellos no quisieron terminar.

Si hubiese sido cierto que de veinte revisores, y 50 colaboradores, todos menos tres murieron o no quisieron terminar, se podría suponer que fue el juicio de Dios. Pero como

---

[40] La carta que escribí se puede leer en inglés aquí: http://en.literaturabautista.com/letter-pastor-carter

autor de un libro acerca de la revisión de 1960, y como alguien que ha revisado la documentación en los archivos mismos de la Sociedad Bíblica Americana, puedo decir con toda autoridad que no hay nada cierto en el párrafo que acabo de citar. Un artículo de Nida[41] y la documentación de mi libro *La Historia de la Biblia Reina-Valera 1960* demuestran todo lo contrario.

> [Donate:] Varios de los integrantes, o muchos de los integrantes de los comités ni siquiera eran salvos.

El registro de la historia nos dice lo contrario: Vea la amplia documentación en mi libro *La Historia de la Biblia Reina-Valera 1960*.

> [Donate:] Nos dice la historia que Eugene Nida se juntó con los eruditos de Roma, anoche mencioné esto, y él entonces introdujo la idea de tener una Biblia que podría ser usada en las dos iglesias, la católica y la protestante, por eso tenemos la del 60.

Aunque Donate dijo "Nos dice la historia…" no presentó documentación precisa del momento indicado en la historia para comprobarlo. Decir algo es una cosa, comprobarlo es otra.

> [Donate:] Unos años antes de la producción de la del 60, dos años antes, se compuso un comité para el texto griego en Nueva York, en las sociedades bíblicas. El primero de ellos era Bruce Metzger, luego Mateo Black, luego Allen Wikgren, un maestro apóstata de la Universidad de Chicago, no salvo; y el cardenal católico Carlo María Martini. Según el *U.S. News & World Report* de mayo del 98, se preguntó, ¿Quién será el próximo Papa? El próximo Papa tiene que ser alguien con una mente muy abierta. Que sepa muy bien como trabajar con católicos y protestantes. A raíz de Vaticanos II, del año 62 al 64, los católicos todos decidieron abrazar a los hermanos apartados. Ya no quemarlos. Ya no estrangularlos. Sino meterse en nuestras Biblias. ¿Quién fue el jefe de la Escuela Pontífica Bíblica de Roma por esos años? Aquel señor que se llama Carlo María Martini, el que dice *U.S. News, U.S. News* no es cristiano, pero dicen ellos "pero algunos piensan que es muy liberal con las noticias para ser elegido". Pero es considerado por muchos como el primer candidato para ser el Sumo Pontífice de Roma. Si usted se enoja porque nosotros estamos tratando de ayudarle a tener una Biblia, una espada afilada, yo no entiendo por qué usted se enoja, y no se preocupa porque su Biblia fue editada por un católico, el próximo Papa.

Después que documenté la refutación a esto, se confesó lo siguiente en la página 163 de *El Elefante en la Sala*: "Sí es verdad que Martini no lo hizo y el Hno. Donate ya expresó sus disculpas por tener la fecha equivocada…"

> [Donate:] Ese es el hombre [Eugene Nida] que editó su Biblia del 60.

---

[41] Nida, Eugene "Reina-Valera Revision of 1960" *The Bible Translator*. Vol. 12, No. 3, 1961. pp. 110-111.

Esto se dijo después de haber acusado a Nida de haber traducido una Biblia donde supuestamente se colocó "el puerco de Dios" en vez de "el cordero de Dios". En la página 32 comprobaré que esta acusación es falsa.

[Donate:] Tu Biblia fue editada por americanos también, y no cristianos.

Donate no comprobó que hubiera inconversos. Aunque Nida y Twentyman fueron consultores del comité, no editaron la 1960. Aquí está la documentación:

> El secretario Nida y el señor Juan Twentyman, representando a la Sociedad Británica y Extranjera de la Biblia, a menudo se encontraron con el comité, pero sólo para asistir con acomodamientos y proveer cualquier ayuda que el comité podría requerir, pero no fueron miembros del comité.[42]

Donate luego continuó con una acusación increíble:

[Donate:] La Biblia del 60 enseña evolución. Mira conmigo Job 11:12. ... Según la del 60, ¡algunos de ustedes nacieron de un burro!

Para su conveniencia, aquí ofrecemos lo que dice Job 11:12 en la RV 1909 y 1960:

> (1960) El hombre vano se hará entendido, Cuando un pollino de asno montés nazca hombre.

> (1909) El hombre vano se hará entendido, Aunque nazca como el pollino del asno montés.

Donate defendió la redacción de la 1909 y la KJV de este versículo, pero no explicó que se añadió una palabra clave en bastardillas en la KJV que no se encuentra en el hebreo para aclarar. La 1960 lo tradujo sin añadir palabras de aclaración.

Este versículo obviamente no habla en forma literal, sino en forma figurada. Hay muchas cosas de carácter poético y figurado en Job. Un ejemplo sería unos versículos más adelante, donde dice: "O habla a la tierra, que ella te enseñará; los peces de la mar te lo declararán también". (Job 12:8, Valera 1909). Sería tan ridículo decir que en la 1960 se enseña evolución en Job 11:12, como decir que en la 1909 se enseña en Job 12:8 que los peces hablan.

[Donate:] De hecho en la 60 tenemos un caso de canibalismo, comer seres humanos. Vea Jer. 5:17.

> (1960) Y comerá tu mies y tu pan, comerá a tus hijos y a tus hijas; comerá tus ovejas y tus vacas, comerá tus viñas y tus higueras, y a espada convertirá en nada tus ciudades fortificadas en que confías.

En esta instancia Donate no declaró que la 1960 "enseña" canibalismo, pero el conferencista Raúl Reyes en la misma conferencia sí lo dijo de esa manera. En la 1909 la palabra "que" aparece en bastardillas, lo cual indica que no se encuentra en hebreo. Fue añadido para aclarar. En este versículo en la 1960 de ningún modo "enseña" canibalismo como algunos han dicho, sino que es una profecía de lo que hará la gente malvada (que puede incluir canibalismo). El contexto en los versículos inmediatos así lo indican claramente.

---

[42] *New Light from an Ancient Lamp*. agosto 1959, de los archivos de la *American Bible Society*, p. 43.

[Donate:] ... Levítico 17:14. Se apoya la doctrina de los Testigos de Jehová con la del 60.

Su protesta contra este versículo en la RV 1960 es que se tradujo con la palabra "vida" en vez de "alma". Después de citar el versículo en varias versiones, se lamentó de la falta de la palabra "alma" en la RV 1960 del siguiente modo:

> [Donate] O sea, que los animales, los caballos y los perros y los changos tienen vida eterna, o tienen la posibilidad de tener vida eterna. La Biblia dice que sólo el hombre tiene alma y cuerpo.

La ironía en todo esto es que la KJV, la cual él declara ser infalible, ¡no contiene el término "alma" tampoco en Lev. 17:14! El mismo criterio que él inventó para la RV 1960, ¡condena a la KJV!

> [Donate:] Ofrendas votivas. Es una ofrenda que se da en la misa votiva. La del 60 agrega la palabra "votiva" en Lucas 21:5. No aparece en el Texto Recibido, ni en la Rey Jaime, ni la Antigua 1602. Martini la metió ahí.

En primer lugar, en la 1960 no se agregó nada que no esté en el Texto Recibido en este versículo. Se trata de la palabra griega *anadsema*. El diccionario de la *Concordancia Strong* define tal palabra griega como "ofrenda votiva". En segundo lugar, el cardenal Martini no la metió ahí, porque no tuvo absolutamente nada que ver con la RV1960, como ya se documentó.

> [Donate:] Ellos [los católicos] dicen, "veneramos a los santos". Según la 60, está bien. Porque Hechos 19:27 utiliza el vocablo "venerar".

Como en todos los casos, hace falta ver el contexto en el cual se encuentra un versículo con una redacción en disputa. El que está hablando es Demetrio, (ver el versículo veinticuatro) quien estaba defendiendo las prácticas paganas de Diana, y obviamente no era cristiano. Si el uso del término "venerar" no es apropiado para el cristiano, hay que notar que fue Demetrio quien lo usó, y no el apóstol Pablo. La palabra "venerar" ha sido usada en otras traducciones protestantes en Hechos 19:27, puesto que no es una palabra exclusivamente católica. Un ejemplo sería la Biblia portuguesa *Almeida* publicada en 1995 por la Sociedad Bíblica Trinitaria y reconocida por basarse en el Texto Recibido.

"El Libro Perdido"

Durante la conferencia el pastor Mickey Carter trajo un discurso titulado "El libro perdido". Él acusó a Nida de lo siguiente, sin documentación alguna:

> [Carter:] En Isaías 7:14 en esa [la Versión Estándar Revisada] se sacó el nacimiento virginal. Eugene Nida es el que lo sacó. Escribió y se jactó de eso. ... Me sorprende hoy que fundamentalistas no pueden ver la conexión entre el mismo hombre que hizo esto, ¿por qué creen que la 1960 es pura cuando ésta es impura?

En cuanto a la acusación de que Nida eliminó el nacimiento virginal de la RSV, él ni siquiera estuvo en el comité de revisores de dicha traducción. Vea la lista de miembros del comité de la RSV en las páginas 74-75 del libro *In Discordance with the Scriptures* por Peter Thuesen. Que él mismo Nida sacó el nacimiento virginal de la RSV y luego escribió jactándose de ello no está documentado. No se menciona la fuente de esta aseveración. Note lo que Nida mismo escribió acerca de la importancia del nacimiento virginal:

> La revelación de Dios en Jesucristo y como quedó registrada en las Escrituras es excepcionalmente sobrenatural, pues su fuente es nada menos que Dios mismo.[43]
>
> Es sumamente importante que el traductor utilice toda cautela y cuidado en el uso de la palabra "virgen". El uso de una palabra que designa a ambos, una virgen y uno que participa de ciertos ritos de pubertad es a menudo muy peligroso, a menos que el traductor esté completamente consciente de todas las prácticas en tales ritos de pubertad. La palabra "jovencita" a menudo no es suficiente, pues en muchas sociedades hay una cantidad considerable de experiencia sexual premarital, y tal experiencia de prepubertad es dada por sentada.[44]
>
> En muchos idiomas se hace diferencia en lo que se refiere a la edad relativa de los hermanos y las hermanas. Por ejemplo, en el idioma maya un hermano mayor es designado de un modo y un hermano menor es designado de otro. En Juan 2:12 uno debe estar seguro que la palabra para designar a los hermanos de Jesús sea una referencia a sus hermanos menores, si el idioma hace tal distinción. **Cualquier otra traducción afectaría gravemente la enseñanza del nacimiento virginal.**[45] [Énfasis añadido]

Carter sigue aduciendo algo imposible, especialmente en los casos de predicadores que no saben el inglés:

> [Carter:] Ahora el argumento proviene de nuestros buenos hermanos, [hablando en el contexto de los que usan la RV 1960] y son buenos hermanos: "bueno, estamos predicando y teniendo resultados". ¿Por qué? La razón es, están predicando doctrina de la Biblia *King James*. Ellos no están predicando doctrina de su 1960, pero la tienen en frente de ellos. Así que las sectas falsas por la calle pueden tomar ésta y enseñar obras para salvación. Prefiero aprender la verdad, pero es una afirmación falsa decir que ésta es tan cierta como aquélla.

La declaración más sorprendente aquí es su acusación de que los que están teniendo resultados están "predicando doctrina de la KJV", no de la 1960, aunque tienen la 1960 en frente de ellos. Eso es un insulto a todos los predicadores de habla española de sana doctrina que ni son capaces de leer de la versión *King James*, la cual está en inglés.

"Dios preserva su Palabra, Iglesia y Doctrina"

Durante la conferencia, el pastor Raúl Reyes, involucrado con la 1602 Purificada, dio un discurso titulado "Dios preserva su Palabra, Iglesia y Doctrina". El compartió una

---

[43] Nida, Eugene A. *Message and Mission.* South Pasadena: *William Carey Library*, 1960, p. 228.
[44] Nida, Eugene A. *Bible Translating.* New York: *American Bible Society*, 1947, p. 190.
[45] Ibid., p. 181.

anécdota interesante de cómo perdió confianza en la Biblia en español (Valera 1909 aparentemente) de la cual predicaba:

> [Reyes:] El día más quebrantado de mi vida, en cuanto a no tener la pureza de la Palabra de Dios, fue un miércoles después de predicar un mensaje. Yo prediqué el mensaje en Ezequiel 8:17, y en esa ocasión el título o el punto del mensaje era consagrarnos para el Señor, cómo huelen las cosas que hacemos para el Señor. Y ese pasaje habla de los judíos, en nuestra versión, aún en la Versión Antigua que yo uso dice que el pueblo había hecho heder, o había hecho cosas que olían mal a Dios, según el texto que yo estaba predicando. Yo prediqué entusiasmado, prediqué orando, pidiendo al Señor, yo no sé cómo prediqué ese mensaje. Pero desde que comenzamos con el proyecto de la Biblia, siempre hay alguien que está en inglés chequeando también para ver los cambios y las cosas que necesitamos hacer también si hay algún problema. Y el hermano no me dijo nada, él fue y chequeó el Texto Recibido, el Texto Masorético. Y después él vino conmigo, y me dijo, "Hermano, buen mensaje, pero su pasaje no está en la Biblia". Esto quebrantó mi corazón, y yo pedí perdón a Dios, y dije "Señor, yo no sé cuántas veces he predicado un mensaje que no es tu Palabra".

La cuestión aquí es que la versión 1909, de la cual Reyes aparentemente estaba predicando aquel día, tiene "hedor" en vez de "ramas" como la 1960, la KJV, etc., con "ramas" siendo una traducción más literal del hebreo. "Hedor" se encuentra en la 1569, 1602, y en su equivalente en inglés en la *Geneva*, una versión respetada en inglés de la Reforma. "Hedor" es más interpretativo, pero es un significado lógico basado en el contexto, y concuerda con comentaristas bíblicos que han estudiado la cultura judía.

> [Reyes:] [La Biblia de Reina] no fue aceptada por Dios.

> [Reyes:] En 1602 él [Valera] no terminó el trabajo, y para el 2002 el próximo año, casi 400 años han pasado, y nadie ha hecho algo.

¿Nadie ha hecho nada? Para la fecha que declaró esto, había como seis grupos que habían empezado o aún completado una revisión en español basada en el Texto Recibido.

> [Reyes:] Si este es el Texto Recibido, y esta es la *King James*, y este es el texto puro en español, va a ser igual.

> [Reyes:] Yo no estoy diciendo que los bautistas o los misioneros, pastores hispanos están predicando falsa doctrina. Pero la Biblia que están usando enseña falsa doctrina.

> [Reyes:] La 1960 enseña salvación por obras. En Juan 3:36, Juan 12:47, no vamos a ver estos pasajes, salvación por obras. Enseña proceso de salvación. Usted necesita crecer para ser salvo. Enseña también salvación colectiva. Siendo salvo uno, yo soy salvo, mi familia puede ser salva también. Se identifica con sectas falsas, también. Por ejemplo con catolicismo en Job 21:13, está hablando de los impíos, que al final dice, "desciendan en paz". Y es lo que el sacerdote católico hace cuando alguien, que le dice a una persona que muere en pecado, sin arrepentirse, no va a descender en paz. También se identifica con pentecostalismo. 1

Pedro 3:21 omite "la figura". Enseñando que el bautismo es lo que salva. Se identifica con los Testigos de Jehová. 20:24 de Actos cambia el nombre de Dios a Cristo. Entonces cuando habla de Cristo no lo presenta como a Dios. En ese pasaje alguien con la 1960 no puede enseñarle a un Testigo que Cristo es Dios. Porque es Dios quien compró su iglesia con su sangre. Porque Cristo es Dios. Se identifica también con los Adventistas del Séptimo Día, y con todas aquellas sectas que enseñan que Cristo resucitó nada más en espíritu, no en cuerpo. Porque en 2 Corintios 4:14, enseña y dice que Cristo, que cuando venga la resurrección vamos a ser resucitados con Cristo. Con Cristo es lo que dice la 1960, pero sabemos que es por Cristo, porque Cristo venció la tumba, venció la muerte, y él resucitó en cuerpo y alma. Pero todavía en la 1960 quieren poner a Cristo en el sepulcro.

Trataré el último comentario sobre 2 Cor. 4:14 para representar la invalidez de lo que se dijo en el párrafo entero. Presentó 2 Cor. 4:14 como si enseñase que Cristo no resucitó, pero no citó la primera parte del versículo —¡donde afirma que Cristo resucitó! 2 Cor. 4:14 en la 1960 dice: "sabiendo que el que resucitó al Señor Jesús, a nosotros también nos resucitará por Jesús, y nos presentará con vosotros". Una persona razonable jamás usaría este versículo para afirmar que dicha versión quiere "poner a Cristo en el sepulcro".

[Reyes:] Han hecho cambios grandes. Nosotros sabemos de la evolución —como el hombre quiere enseñar que viene del mono, y todo eso; pero si usted lee la 1960 en Job 11:12, aquí hay una evolución más loca todavía. ... O que el hombre nace del pollino del asno montés. Con tal que enseñe que un asno, que un hombre va a descender del asno.

[Reyes:] Enseña canibalismo también.

Aquí se refiere al mismo pasaje en la RV1960 tal como Donate (vea la página 22).

"Los medios de inspiración"

Durante la conferencia, el pastor Phil Stringer (quien no sabe español) dio un discurso titulado "Los medios de inspiración". Lo más preocupante de lo que alegó fue lo siguiente:

[Stringer:] Nadie me ha podido mostrar una sola persona salva de los que Eugene Nida puso de traductores de la Biblia.

Nadie ha podido comprobar lo que insinúa, de que los hombres en el comité editorial de la RV 1960 ni siquiera eran salvos. En mi libro *La Historia de la Biblia Reina-Valera 1960* documenté el testimonio de cinco de seis revisores. Para el sexto revisor, del cual no se halló detalles de su testimonio, cité un artículo donde se hace referencia a la salvación de forma bíblica.

"Siete Columnas del Fundamentalismo Bíblico"

En la conferencia el misionero Carlos Donate dio un segundo discurso, titulado "Siete Columnas del Fundamentalismo Bíblico". Expresó muchas cosas preocupantes que deseo destacar:

[Donate:] Se ha dicho mucho acerca de esta controversia. Mucho ha sido falso. La mayoría de las acusaciones no tienen base. Los detractores y críticos solo repiten lo que han oído de otros.

Lo que acabo de citar revela parte de lo que me motivó a escribir este libro. Al documentar con citas exactas lo que se ha venido diciendo en videos, en conferencias y por escrito en contra de la Reina-Valera, los responsables ya no pueden decir que no es cierto.

[Donate:] La versión autorizada para todo verdadero creyente bíblico en cualquier país, en cualquier lengua, es la Versión Autorizada en inglés.

[Donate:] En esta noche hay solo dos Biblias. La que es de Dios, la verdadera, el texto preservado, y la que es de la Iglesia Católica. El texto de la Iglesia Católica tiene dos pechos. Uno se llama Atenas, y el otro se llama Alejandría. De él maman todas las versiones modernas.

[Donate:] Los católicos que se metieron en la versión del 60, el cardenal Carlo María Martini, la Editorial Herder de España, el jesuita Martín Fuenterrabía, y otros, metieron palabras católicas, en la versión de 1960, para acomodar la teología católica. No lo hicieron completamente, que sería un gran susto para los evangélicos cristianos amantes de la antigua versión.

[Donate:] [Los católicos] no tienen problemas con la del 60. No la usan, tal vez, en la liturgia, pero cuando usted la compra, ellos publican la de ellos. Los católicos se han enriquecido con dinero protestante.

[Donate:] [Hablando en el contexto de pastores hispanos de ministerios de iglesias americanas con el ejemplo de Isa. 64:5] Entonces su Biblia contradice la que tiene su pastor. ¿Cuál es la correcta? ¿La que usted tiene en su mano, o el que el pastor tiene en su mano? Cada vez que uno de estos grandes fundamentalistas citan este versículo, apuñalean al pastor que les da dinero. ¿Por qué no hacen lo honroso, y entregan su papel de ordenación? ¿Por qué no hacen algo mejor, que regresen a la Antigua? ¿Por qué no se humillan y reconocen el problema? ¿Por qué no se dan cuenta de la verdad? La Rey Jaime, y la Antigua Valera y el Texto Masorético hebreo dice "y seremos salvos". Ese verso [Isa. 64:5] nos da la seguridad de nuestra salvación.

Su protesta en la última cita se trata de que la RV 1960 termina con signo de interrogación. Algo que no explica Donate es que el Texto Masorético hebreo no contiene signos de interrogación. Eso significa que en los dos lugares en ese mismo capítulo donde los traductores de la KJV pusieron signos de interrogación, estaban interpretando. A la vez, si un traductor decide que una frase es una afirmación y no una pregunta, está interpretando al decidirlo. Y sí, cuando los revisores de la 1960 pusieron un signo de interrogación en Isa. 64:5, estaban interpretando. Pero estudiando el contexto se puede notar que no enseña una falsa doctrina. Aquí hay una explicación del pasaje del respetado comentarista bíblico Albert Barnes en *Barnes' Notes on the Old and New Testaments*:

Es decir, hemos pecado tanto tiempo, nuestras ofensas han sido tan graves, ¿cómo podemos esperar ser salvos? ¿Es posible que obtengan la salvación tales pecadores? La pregunta indica una profunda conciencia de culpa, y es el lenguaje utilizado por todos los que sienten su profunda depravación delante de Dios. Nada es más común en la convicción de pecado, o cuando se sufre bajo grandes calamidades como consecuencia del pecado, que surja la pregunta de si es posible que tales pecadores sean salvos.

El comentarista en su explicación más detallada expresa que el versículo ha "dejado perplejos a tantos comentaristas". Continúo con más citas por Donate:

> [Donate:] Por eso la Rey Jaime, hermanos, es la versión con la cual debemos chequear todas las versiones modernas. Márquelo bien —si contradice la Rey Jaime, no es correcto.

> [Donate:] Todas las sociedades bíblicas —todas, hasta 1850 usaban la Rey Jaime como el texto para hacer sus traducciones y revisiones.

Esta acusación no se documentó. Si fuese cierto, sería fácil demostrarlo con Biblias que las sociedades bíblicas tradujeron hasta mediados del siglo XIX.

> [Donate:] Acaban de contradecir a Eugene Nida, que no cree en el infierno.

Donate no documentó su acusación de que Nida no cree en el infierno. Aquí haré lo que se supone que debería haber hecho. Documentaré lo que Nida cree acerca del infierno:

> ¿Qué pasa con el infierno? Me gustaría poder decir que no existe, lo digo con franqueza. Pero el mismo Dios, quien revela su amor en Cristo Jesús reveló su juicio por Jesucristo. La historia no se acaba hasta el juicio. Si alguien dijera: "¿Podemos explicar la moralidad del infierno?" Yo diría, que me explique la moralidad de la existencia aparte del juicio y explicaré la moralidad del infierno.[46]

Breves comentarios acerca de literatura que se repartió en la conferencia

Un testigo que estuvo presente me envió una copia de lo que se repartió. En un folleto de varias páginas sin el nombre del autor se afirmaba que debido a que la 1960 tiene "lo bueno" en vez de "bien" (como la 1909) en Juan 5:29, ¡la 1960 apoya salvación por obras! Luego el mismo escrito aduce que el término "aspiración" en 1 Pedro 3:21 en la RV 1960 literalmente significa *to sprinkle* (rociar) como si la palabra hubiera sido "aspersión".

En uno de los escritos de los que fue el autor Carlos Donate, afirmaba acerca de la 1960 que "los editores eran evangélicos, protestantes y católicos romanos". En otro documento que se repartió del mismo autor se hizo la siguiente declaración:

> Tengamos cuidado de mostrar respeto a los demás que puedan diferir con nuestra posición. Tenemos el derecho de estar en desacuerdo sin recurrir a poner sobrenombres y tener una actitud negativa.

---

[46] Nida, Eugene. Discurso titulado "The Deadly Night". Conferencia misionera Urbana 1951. http://www.urbana.org/articles/the-deadly-night. Accedido septiembre 5, 2010.

En una carta con el título "*A personal word of testimony on the Spanish Bible*" por Allen Johnson, también afirmaba que:

> No es mi meta atacar o criticar a nadie sino simplemente presentar la verdad…Creo que hay muchos por ahí que están dispuestos a ver los hechos.

Lamentablemente, durante la conferencia se hizo lo opuesto a su enseñanza de no recurrir a una actitud negativa ni atacar o criticar a nadie.

CAPÍTULO 5 - EL AÑO 2002
Libro de Carlos Donate *El Proyecto de la Antigua Biblia de Valera*

Alrededor del 2002 *Stringer Publications* publicó este libro sin fecha de publicación. El título en inglés es *The Old Spanish Bible Restoration Project*. Para la traducción de citas del libro en inglés utilizaré la versión en español del libro que poseo en forma digital, el cual lleva el nombre *El Proyecto de la Antigua Biblia de Valera*, escrito alrededor del 2001.

Entre las páginas cuatro a la cinco de la versión en inglés aparecen dos gráficas de árboles con los títulos "fruto bueno" y "fruto malvado". Las únicas Biblias en español de la línea Reina-Valera bajo el árbol de "fruto bueno" son la 1569 de Reina, y la "Valera 1602 Restaurada". Bajo el árbol de "fruto malvado" las ediciones de la Reina-Valera son "1960, 77, 95 y Adventista". Se ignoró la RV 1909 y otras ediciones no mencionadas de la Reina-Valera en estas gráficas. Incluido en la gráfica de "fruto malvado", junto con ciertas versiones de la Biblia (incluyendo la 1960) hay descripciones colgando del árbol, que incluyen "Deidad de Cristo atacada", "salvado por obras", "Ecumenismo", "Anti-fundamentalismo" y "Evolución". Debajo de las raíces del árbol de "fruto malvado" entre otras cosas dice "Traductores herejes y revisores inconversos, modernistas, liberales, neo-fundamentalistas en contra de los textos tradicionales".

En la página 42 de la edición en inglés aparece la siguiente información errónea:

> Repito: Lo más serio de la revisión de la Reina-Valera 1960 es que se basó en el Texto Crítico de Nestle-Aland UBS #1, o UBS #2 (1956, y 1957 respectivamente).

Tengo en mi biblioteca una copia de la primera edición del Nuevo Testamento griego de las Sociedades Bíblicas Unidas (UBS, por sus siglas en inglés), la cual indica que fue publicada en 1966, por tanto la RV 1960 no pudo haberse basado en dichas ediciones.

La página 43 de la edición en inglés contiene la siguiente información errónea:

> Eugene Nida había logrado convencer a sus jefes en Nueva York de que si la "Biblia" había de ser aceptada en todo el mundo hispano, que debía hacerse necesario una revisión total basada en los "mejores" textos (el crítico)…

Cuando Nida estaba de gira por América Latina en 1950 para determinar la necesidad y el alcance de una revisión en español, observó exactamente lo contrario:

> …El texto español que es casi universalmente usado en las iglesias de Latinoamérica es el de Cipriano de Valera, un texto que se basa totalmente en el *Textus Receptus*. Dentro del futuro previsible no hay mucha oportunidad de apartarse mucho de este texto tradicional. … un versículo omitido o una lectura radicalmente diferente inmediatamente causará preguntas y dudas de parte de los cristianos y sería un arma efectiva en las manos de cualquier oposición para probar al que no está informado que cierta traducción es completamente engañosa y poco confiable.[47]

---

[47] Nida, Eugene A. "Training the Translation Helper" *The Bible Translator*. abril 1950, p. 43.

En la página 44, Domingo Fernández fue elogiado (y con razón) por su posición firme a favor del Texto Recibido en sus escritos. Dado que fue elogiado en un libro en contra de la 1960, fue desorientador dejar fuera el hecho de que este bautista fue un ardiente defensor de la RV 1960 en esos mismos escritos. Ver *Conspiración Contra las Sagradas Escrituras*.[48] Es interesante notar que este incansable defensor de Biblias basadas en el Texto Recibido fue en realidad uno de los asesores oficiales de la revisión de 1960, y el 80 porciento de sus sugerencias fueron aceptadas.[49]

En la página 49 bajo el encabezado: "¡SÍ AFECTA DOCTRINA!" el autor se lamenta de que la RV1960 utiliza el término "tumores" en vez de "hemorroides" en 1 Sam. 5:6. Sin embargo, el término usado en la 1960 aparece en el léxico hebreo *Gesenius* bajo la palabra hebrea correspondiente.

La página 33 contiene un párrafo que analizaré:

> Las Sociedades en España miraron a Nueva York y Londres para una pronta acción. Dice Nida, en su libro titulado "Entendiendo la América Latina", en su prefacio, que hubo tres factores importantes que le motivaron a producir una Biblia adaptada a todos: 1) El movimiento ecuménico impulsado por la Iglesia Católica. 2) El gran interés social por parte de la Iglesia Católica, y 3) el renuevo bíblico, el cual ha estimulado más interés por el mensaje de la Biblia y la proclamación de la Buena Nueva en las iglesias Católicas.

Nida tiene tres puntos similares en las páginas vii-viii de su libro de 1978 *Understanding Latin Americans*, pero en el contexto no estaba hablando de ninguna manera, en lo absoluto acerca de lo que motivaba una traducción de la Biblia. ¡El contexto era acerca de cambios en el catolicismo debido al Papa Juan XXIII y el Concilio Vaticano II!

La página 61 contiene una aseveración infundada y frívola:

> La Reina-Valera 1960 fue hecha para unir a evangélicos con católicos, o simpatizantes hacia el catolicismo. Esta es la agenda escondida verdadera de todas las versiones modernas, especialmente la RV-60.

Es casi imposible imaginarse una peor idea equivocada. El autor expresó esto sin las más mínimas pruebas razonables, como demostré en el párrafo anterior. El autor comienza con su conclusión y luego manipula lo que encuentra para adaptarlo a su conclusión. Se debe señalar que ciertas palabras que a través de los años habían adquirido una connotación fija muy católica como "beatificación" en Romanos 3:9 en la 1602 y "pontífice", (ahora usada como título para el arzobispo de Roma) muchas veces en Hebreos hasta la Valera 1909, y la palabra "penitencia" en Marcos 1:4 en la 1602, no reaparecieron en la 1960.

En la página 74 el autor ofrece lo que considera una aclaración acerca de sus planes de revisión:

> Vuelvo a enfatizar que no se trata de forzar el inglés al castellano, como injusta y falsamente se nos ha acusado.

---

[48] http://www.literaturabautista.com/?p=103.
[49] González Peña, Luis Manuel. *Domingo Fernández: Un Hombre usado por Dios*. Miami: Editorial Unilit, 1993, p. 117.

La razón por la cual no considero esto una aclaración es que él ha hecho declaraciones donde aparentemente enseña lo contrario. En la conferencia Reina-Valera de Haines City de 2001, en su discurso "Sociedades Bíblicas y Comparaciones" el autor había fustigado "No destruyas la *King James*. Corrige tu Biblia con la *King James*".

La página 64 revela algo interesante:

> La palabra "Verbo" para referirse a Cristo (Juan 1:1 etcétera) tiene su origen en la versión Católica Vulgata de Felipe Scío de San Miguel, quien la tomó del latín "Verbum" en su biblia de 1793. Las revisiones posteriores siguieron el patrón de Scío aquí. De hecho, pienso que con la edición en 1850 de la Valera-Scío, muchos revisores y traductores fueron influenciados para complacer a los católicos en sustituir "Palabra" por "Verbo". En nuestro caso, sin embargo, nada tiene que ver con la idea platónica ni filónica del "logos" (inteligencia o razón), sino que es lo que el Espíritu Santo nos dio en el lenguaje griego koiné. Por eso usamos lo que Reina en 1569 y Valera en 1602 originalmente tradujeron: "Palabra". Aunque no se distorsiona la aplicación con "Verbo", lo que se evidencia aquí es la tendencia de los revisores en seguir la Vulgata, la cual es proveniente de textos corruptos, como "B" y Aleph. Tampoco debemos de argumentar el género de la palabra, que es en femenino.

La razón por la cual esto es interesante es que ahora Donate apoya la Reina-Valera-Gómez (RVG), la cual tiene "Verbo" en Juan 1:1, ¡y hasta ha escrito un artículo defendiendo el uso de dicho término en la RVG![50]

Las páginas 36-37 contienen uno de los peores descuidos en la investigación del autor. Aquí procede a afirmar algo frívolo, cuya documentación es inexistente, aunque a simple vista parezca bien documentado:

> En una de las traducciones que él hizo a una etnia salvaje de las islas polinesias, Nida tradujo Juan 1:29 así: "...He aquí el Puerco de Dios, que quita el pecado del mundo.". El que nos acuse de tratar de restaurar la 1602, o por lo menos de defender la 1909 tenga cuidado de ser defensor del que llama a Cristo "un puerco". En otra traducción de una tribu africana, la palabra que sustituyeron para "Cordero" fue toro. "Cristo es el Toro de Dios que quita el pecado del mundo". --Tomado del Evangelical Missions Quarterly, Julio 1998, Vol. 34, #3, página 316. "...¿Quién dicen los hombres (como Nida) que es el Hijo del hombre?..."

El artículo mencionado como prueba se titula "*Behold The Ox Of God*", escrito por Joy Anderson. Lo que se aseveró no se tomó de dicho fascículo del *Evangelical Missions Quarterly*, dado que lo he leído y tengo una copia en mis archivos. Nida no fue mencionado ni siquiera una vez en dicho artículo. No sólo no se presentó documentación de que Nida tradujo "cordero" como "puerco", ¡Nida mismo advirtió acerca de cometer esta misma clase de blasfemia de la cual fue acusado falsamente! Note lo que escribió Nida mismo en otra fuente:

> …Los habitantes de las islas Marshall no tienen corderos. Hay pocos habitantes que siquiera tienen una idea de cómo pueda ser tal animal. En tal caso, uno debe utilizar la palabra extranjera "*sheep*" [cordero] del

---

[50] http://www.reinavaleragomez.com/es/node/483. Accedido febrero 4, 2012.

inglés o de otro idioma extranjero. … Ha circulado una historia de que la palabra "foca" fue usada para corderos en una traducción para los esquimales. Es un relato interesante pero sin fundamento en la verdad. Una foca pequeña quizás sea parecida a un cordero en cuanto a lo que concierne una atracción general y reputación de inocencia, pero aparte de estas características, los paralelos se desvanecen. Tal adaptación estaría totalmente fuera de lugar.[51]

En la segunda edición (2003) de su libro, Donate hizo una especie de aclaración sobre el asunto como sigue:

Quiero hacer una aclaración que hice en la primera edición de mi libro. Yo había dicho que Nida había traducido la palabra "cordero" a "puerco" en Juan 1:29 para una traducción foránea. Sin embargo, quiero corregir lo antedicho y decir que no fue él quien directamente quiso traducir "el puerco de Dios que quita el pecado" en Juan 1:29, pero que Nida sí accedió a que si se hiciere tal traducción, se hiciera siempre y cuando la misma fuese acompañada de una nota del traductor para explicar el porqué de dicha traducción. O sea, que Nida no descarta tal traducción, simplemente dice que lleve una nota de pie.[52]

Aunque fue bueno que reconociera el error, al referirse a una entrevista que se publicó acerca de Nida, Donate aduce que Nida accedió a que se tradujera "Cordero de Dios" como "puerco de Dios" con tal que se incluyera una nota al pie de la página. Lea las palabras mismas de Nida y vea si es lo que quiso dar a entender:

El traductor, por supuesto, **no puede** cambiar todos los corderos a cabras, y las cabras a corderos. Pero uno tiene que tener notas al pie de página para explicar diferencias culturales. Si no, se dará una impresión totalmente equivocada.[53] [Énfasis añadido]

Nida no dijo que se puede cambiar el cordero a otro animal con tal de utilizar una nota al pie de página. Nida dijo que el traductor no puede cambiar de animal, pero que tenía que incluir una nota explicativa al pie de página. En el mismo artículo, Nida hace mención de un incidente cuando un traductor quiso cambiar "cordero" a "puerco", porque en su área de Nueva Guinea, los puercos eran los animales importantes. Nida expresó su desacuerdo, y le dijo que explicara diferencias culturas en notas al pie de página.[54]

Volviendo a la primera edición del libro, este no fue el único lugar donde la documentación no reflejó lo que se alegó. En la página 38 dice:

Alfonso Lloreda – Venezolano. Escribió un artículo publicado por la Sociedad Bíblica Americana atacando la posición del Texto Recibido y

---

[51] Nida, Eugene. *Bible Translating*. New York: *American Bible Society*, 1947, p. 136.
[52] Donate, Carlos. *La Restauración y Purificación con el Texto Recibido de la Antigua Biblia de Cipriano de Valera 1602*. 2nda edición 2003, versión digital formato PDF.
[53] Nida, Eugene. "Meaning-full Translations". *Christianity Today*. octubre 7, 2002, Vol. 46, No. 11. http://www.christianitytoday.com/ct/2002/october7/2.46.html. Accedido diciembre 21, 2012.
[54] Ibid.

enseñó que el texto crítico es mejor. (TBT, Vol. 1, #14, 1964, Nueva York, USA).

Un examen del fascículo mencionado de la revista no reveló nada escrito por Lloreda. Examiné los demás fascículos del año mencionado y por el número de edición, con el mismo resultado.

Tres páginas más adelante hay más información errónea: "La decisión final de los cambios estuvo en manos del Comité Editorial en Nueva York…" No hubo ningún comité en Nueva York que hizo cambios. El autor del libro no solamente no pudo proveer documentación para esta afirmación, sino que los hechos de la historia indican lo contrario.[55]

La página 62 tiene más información que necesita corrección:

> [la 1960] …se conforma mucho al texto crítico de Wescott [sic] y Hort de 1881. Los hermanos que vivieron durante el tiempo cuando se introdujo la del '60 lo vieron inmediatamente, y fue la razón por la cual la rechazaron.

Si esto fuera cierto, el autor no hubiera tenido dificultad en documentar casos de personas en la década de los sesenta que rechazaban la 1960 expresando tal motivo explícitamente con citas de libros o artículos, y al parecer él toma su propia afirmación como una prueba real. En cuanto al otro asunto mencionado, si la 1960 "se conforma mucho" al texto griego de Westcott y Hort, ¿por qué la 1960 no elimina ninguno de los 48 versículos eliminados o puestos entre corchetes en dicho texto griego controversial?[56]

La página 65 contiene una declaración que no pasa la prueba del escrutinio:

> En Números 33:52 la del '60 sustituye la palabra "pinturas" por "ídolos de piedra", lo cual es igual que la Vulgata y admite la práctica de tener pinturas con imágenes para su veneración o adoración.

Este versículo en la RV 1960 dice "Echaréis de delante de vosotros a todos los moradores del país, y destruiréis todos sus ídolos de piedra, y todas sus imágenes de fundición, y destruiréis todos sus lugares altos"; Si alguien leyera este versículo y concluyera que "admite la práctica de tener pinturas con imágenes para su veneración o adoración" demostraría que está utilizando una hermenéutica defectuosa. El diccionario bíblico de la *Concordancia Strong* tiene "figura (grabada en piedra, pared o cualquier objeto)" como uno de los significados de la palabra hebrea correspondiente, por tanto la 1960 no tenía que haber dependido de la Vulgata para la traducción "ídolos de piedra".

Al fin del siguiente párrafo de la página 64 aparece una suposición injustificada, arbitraria y sin fundamento:

> La palabra o el concepto de "superstición" tienen que ver con el misticismo que impera en la iglesia Católica Romana. Es por esta razón que se emplea en la del '60 en Actos (Hechos) 17:22. También hace de la palabra MISTERIO en Revelación 17:5 una cosa oculta, llamándola "un misterio…", en vez de hacerla directamente parte del nombre de la Gran

---

[55] Nida, Eugene A. "*Reina-Valera Spanish Revision of 1960.*" *The Bible Translator*. julio 1961, p. 111.

[56] Fowler, Everett. *Evaluating Versions of the New Testament*. Watertown, WI: Maranatha Baptist Press, 1981, p. 30.

Ramera. Hay más ejemplos, pero con estos basta para ver que la Reina-Valera 1960 fue diseñada por un Católico que quería que los "hermanos separados" regresaran a la Santa Madre Iglesia Católica y Romana.

En cuanto a Hechos 17:22, la palabra "superstición" a la que el autor se opone no aparece en la 1960, ¡sino en la KJV y la RVG! En Apocalipsis la 1960 deja en minúscula "misterio" y le añade "un" antes de dicha palabra para conformarlo a la gramática. Increíblemente, ¡Donate utiliza esta teoría de conspiración insostenible para luego declarar que es suficiente para ver que la 1960 fue diseñada por un católico!

Se podría continuar analizando el libro más a fondo, pero esto es más que suficiente para demostrar que está plagado de errores y que carece de objetividad.

Artículo en *El Fundamentalista*

En la edición de Enero/Febrero de 2002, el pastor Arturo Muñoz (padre), que en aquel entonces era el editor de *El Fundamentalista*, escribió un artículo en su revista criticando duramente a los grupos en contra de la Reina-Valera. En la parte más áspera de su artículo, los acusó de ser "Nazi-bautistas, con un espíritu como el de Hitler, creyéndose que ellos son la raza aria del cristianismo". Este es uno de los pocos casos de los cuales tengo conocimiento en los que, en el proceso de defender la Reina-Valera 1960, alguien se excedió claramente en un escrito público (excepto en el internet, muchas veces por personas desconocidas en el fundamentalismo). Aunque es fácil enfurecerse cuando se sabe de personas que dicen tonterías y blasfemias como que la 1960 enseña canibalismo y evolución, que vino del infierno, etcétera, creo que no nos da licencia para actuar como ellos en nuestras respuestas. Aunque no se justifica su mala reacción, hace falta tomar en cuenta que han sido provocados los que favorecen la 1960. Para indicar que yo no estaba de acuerdo con la forma en que Muñoz tildó a los oponentes de la Reina-Valera en su artículo, expresé mi desacuerdo con lo que dijo en la primera edición de mi análisis de la primera conferencia de Landmark.

Los extremos irrazonables siempre producen reacciones, y si uno no se cuida, esas reacciones pueden llegar a ser tan irracionales como el extremismo que lo provocó.

Análisis de múltiples afirmaciones incorrectas en el libro "del elefante" en contra de la Reina-Valera

Esta sección es un breve y simple análisis crítico del libro *El Elefante en la Sala – La Influencia Modernista en la Biblia Hispana*. Fue editado por el Pastor Mickey Carter, y publicado por *Landmark Baptist Church* en Haines City, Florida. Los autores que contribuyeron fueron los siguientes: Mickey Carter, Phil Stringer, Gail Riplinger, David Cloud, Carlos Donate, Bill Bradley y Allen Johnson.

1. **Observe si fue justo declarar "...la revisión de la Reina-Valera 1960 fue hecha por liberales..."** (tapa posterior) "los liberales revisaron y mercadearon la 1960..." (página 29) "seleccionaron profesores de seminarios modernistas para hacer el trabajo de traducción para la RV 1960". (página 42)

Ni uno de los seis miembros del comité editorial (el único comité con el derecho de hacer decisiones finales) fue mencionado en el libro, y no se presentó ni una prueba de que los revisores en verdad eran liberales en su teología.

El año 2002

2. **Observe si he hecho "ataques personales feroces e injustificados contra Bautistas fundamentales"** como se acusa en la página 44.

Vea mi carta dirigida al Pastor Mickey Carter, e inmediatamente verá si es cierto: http://en.literaturabautista.com/letter-pastor-carter

3. **Tome nota de si el mismo Eugene Nida introdujo cambios textuales a la RV 1960**, como se acusa en la página 55.

> Decisiones finales en cuanto al texto de la revisión Reina-Valera estuvieron a cargo del comité editorial que se diseñó para el programa, porque una vez que se nombró el comité, los representantes de las Sociedades Bíblicas Nida y Twentyman solamente fueron consejeros al comité, y no tuvieron voto en las decisiones.[57]

4. **Observe cuántos autores del libro ni siquiera hablan español.**

Cinco de los siete autores ni siquiera hablan español. Y uno de tan sólo dos autores que habla español no se crio hablándolo. Los que no hablan español no tienen que vivir con las decisiones que quieren tomar por nosotros, pues no pueden leer ninguna Biblia en español, y mucho menos testificar y predicar con una. Charles Keen, en un artículo sobre la Biblia en español escribió:

> Les aviso hermanos que es intrínsecamente peligroso levantarse en juicio contra una Biblia que no podemos leer, o aun por los que se han disciplinado para aprender el español como segundo idioma, tomando en cuenta los sutiles matices de otro lenguaje que fácilmente se pasan por alto por todos menos los que lo hablan desde su nacimiento.[58]

5. **Observe si las versiones que no contienen "de Cristo" en Romanos 1:16 son "biblias del Texto Crítico"** como se ha dicho en la página 110.

Esto significaría que la verdadera y original versión de Valera de 1602, la cual se elogia en el libro, sería una "biblia del Texto Crítico", pues le hace falta dicha frase en ese versículo.

6. **En una forma obsesiva, este libro trata de vincular a la RV 1960 con la RSV** (*Revised Standard Version*) en inglés no menos de 64 veces. Observe si a la 1960 le hacen falta 22 versículos como en la RSV, si profetiza que Jesús nacería de una "mujer joven" en vez de una virgen en Isa. 7:14, y si "no está aquí, pues ha resucitado" no aparece en un versículo clave acerca de la resurrección como en la RSV.

Tratar de vincular la 1960 con la RSV de tal modo fue engañoso, aún si esa versión fue consultada por los revisores de la 1960.

7. **Observe si sacaron una cita mía fuera de contexto al acusar que escribí lo siguiente: "hay versículos en la KJV que parecen enseñar salvación por obras".** (página 166)

---

[57] Nida, Eugene "Reina-Valera Revision of 1960" *The Bible Translator*. Vol. 12, No. 3, 1961. p. 111.

[58] "Carta del Dr. Charles Keen en defensa de la Reina-Valera" http://www.literaturabautista.com/?p=98

La última mitad de mi oración en la página 26 de mi libro *The Battle for the Spanish Bible* fue eliminada para proveer una impresión diferente. La oración en mi libro terminaba con lo siguiente: "...pero los abordamos con una actitud de fe, y comparamos Escritura con Escritura".

8. **Observe si es cierto que "...Eugene Nida ha mostrado que su concepto de la Trinidad es una negación de que realmente existen tres Personas individuales en la Deidad..."** (página 39)

Es cierto que el señor Green escribió tal opinión en uno de sus libros, pero ni siquiera trató de comprobarlo. Vea lo que Eugene Nida mismo escribió acerca de la Trinidad:

> Solamente en la Trinidad puede uno comprender cómo el mismo Dios puede ser creador, redentor, y santificador de la humanidad; cómo puede ser el Dios del cielo, Jesús quien vivió y murió sobre la tierra, y el Espíritu quien mora en el creyente. Solamente en la Trinidad puede uno percibir al Dios que controla el universo, y del mismo modo con compasión y ternura toca el corazón del vil pecador.[59]

9. **Observe si sacaron otra cita mía fuera de contexto** al escribirse lo siguiente en la página 141: "el texto de Westcott y Hort puede ser consultado en el proceso de traducir".

La última mitad de dicha oración de la página 115 de mi libro fue eliminada. Terminaba así: "...pero no debe formar la base para una traducción". Esto se encontraba bajo el encabezado "debe estar basada sobre una fuente del Texto Recibido/Masorético", donde también hice una recomendación por los escritos de John Burgon, quien fue un firme defensor del Texto Recibido.

10. **Observe si fue apropiado declarar en la página 36 que "ninguno de los defensores de la RV 1960 quieren discutir sus traductores"** (luego me mencionaron como una excepción).

En este libro se lamenta de esto, pero en el mismo libro nunca se menciona ni uno de los seis revisores de la 1960. Los revisores fueron: Juan Díaz Galindo, Honorio Espinoza, Francisco Estrello, Alfonso Lloreda, Henry Parra S., y Alfonso Rodríguez Hidalgo.[60]

11. **Observe si es cierto que Eugene Nida eliminó el nacimiento virginal en la Versión Estándar Revisada** como se alega en la página seis.

Nida ni siquiera estuvo en el comité de revisores de dicha versión en inglés. Se puede verificar esto en la lista de revisores de esa traducción en las páginas 74-75 del libro *In Discordance with the Scriptures* por Peter Thuesen.

12. **Observe si la Biblia en Portugués revisada con el Texto Recibido en 1994 contiene diferencias de traducción que concuerdan con algunos pasajes con la RV 1960 que fueron criticados en el mismo libro.** Tome en cuenta que se elogió esta Biblia portuguesa en las páginas 108-118 de este libro.

---

[59] Nida, Eugene. *How the Word is Made Flesh.* Princeton: Princeton University Press, 1952, p. 31.

[60] Nida, Eugene "Reina-Valera Revision of 1960" *The Bible Translator*. Vol. 12, No. 3, 1961. p. 111.

Vea Génesis 1:14, Isaías 9:3, 64:5, Levítico 17:14, Marcos 24:22, Hechos 19:27, y 2 Corintios 2:10 en la Biblia en Portugués de 1994 publicada por la Sociedad Bíblica Trinitaria. Esto comprueba que el hecho de traducir basándose en el Texto Recibido a otro idioma no garantiza que no habrá diferencias con la KJV en inglés.

13. Observe si hay una contradicción donde se acusa en la página 92 que "...los miembros del comité de la 1960 eran en su mayoría hombres modernistas y liberales. Por ejemplo, el Dr. Eugene Albert Nida estuvo en el Comité Ejecutivo".

El mismo libro nos dice "Él [Nida] no era miembro del comité de traducción..." (p. 35). Reconozco que una página dice "Comité Ejecutivo", mientras otro dice "comité de traducción". Pero la literatura de la Sociedad Bíblica Americana y las Sociedades Bíblicas Unidas que tengo a mi disposición habla de los seis del comité de la 1960 como miembros del comité "editorial" o de "revisión", además de 140 consultores, y Nida y Twentyman como "consejeros". Nida fue el Secretario Ejecutivo de la Sociedad Bíblica Americana y estuvo presente como representante de la Sociedad Bíblica en las reuniones del comité, pero él no formó parte del comité de revisión/editorial, y no tuvo voto en las decisiones una vez que se nombró el comité.[61]

14. Observe si en la 1960 hay "...un ataque sobre la severidad de la sodomía" como se acusa en la página 115.

Se dijo esto sólo porque en un caso aislado no se tradujo una palabra como "sodomita". ¡Pero la palabra sodomita/sodomitas aparece con más frecuencia en la 1960 que en la KJV! Examine Job 36:14 y 1 Timoteo 1:10. Usando la lógica de este libro, la KJV en inglés sería culpable de esta vergonzosa acusación. Por cierto, esto no es el caso. Creo en darle a la KJV el beneficio de la duda–¿No merece la Biblia en español el mismo trato?

15. Observe si fue honesto declarar en la página 92 que, según José Flores, el plan principal fue el de "...eliminar lecturas basadas en el Texto Recibido lo más posible..."

Esa es una interpretación que no concuerda con la cita de Flores de otro autor en la página 236 de su mismo libro, donde dice "...el *Textus Receptus*, que formó la base de la Revisión Reina-Valera..." y en la página 307 de su otro libro *Escribiendo la Biblia*, que el segundo principio que guio a los revisores de la 1960 fue "...acoplarse al *Textus Receptus*, el manuscrito más antiguo empleado por Casiodoro de Reina y Cipriano de Valera para su trabajo".

16. Observe si este grupo todavía insiste con la ridiculez que la 1960 enseña canibalismo y evolución.

Vea las páginas 161-163.

17. En la página quince, observe si fue apropiado ofrecer un casete de una reunión en la cual el asunto de la Biblia en español se hizo público por primera vez en la iglesia del editor del libro.

En una carta gentil e informativa enviada al editor varios meses antes de escribirse el libro, le señalé (con documentación adecuada) diez cosas que no son ciertas (y no opiniones) en el casete, con las cuales injustamente condenaban la Reina-Valera 1960.

---

[61] Nida, Eugene. "Reina-Valera Revision of 1960" *The Bible Translator*. Vol. 12, No. 3, 1961.

Estas cosas que no son ciertas fueron ignoradas en el libro, y algunas hasta se repitieron. Vea *Letter to Pastor Carter Regarding the Spanish Bible Issue:*
http://en.literaturabautista.com/letter-pastor-carter

18. **Observe si fue apropiado declarar que la frase "ofrendas votivas" es "papismo al extremo",** y como tal frase aparece en Lucas 21:5 en la RV 1960, la siguiente pregunta retórica se hizo en la página 96: "¿No comprueba esto que la iglesia Católica Romana trabajó con la Sociedad Bíblica Americana para producir una Biblia Ecuménica?"

   ¡No! Vea la *Concordancia Strong* (# 334) y el *Léxico griego de Thayer*. Ambos tienen "ofrendas votivas" para la palabra griega correspondiente.

19. **Observe si hay una respuesta a la pregunta inapropiada en la página 35: "¿Podrá alguien decirme de un solo hombre que era salvo (profesante evangélico) que estuvo envuelto en la traducción de la RV 1960?"**

   Lo siguiente fue escrito por ningún otro que un autor que contribuyó con el libro:

   > Dr. Honorio Espinosa-Chileno. *Gran líder Bautista de la Convención del Sur*. Era abogado egresado de la Universidad de Chile. Cuando se convirtió pronto llegó a ser pastor de la Primera Iglesia Bautista en Santiago."[62]

   También lea este hermoso testimonio de otro revisor:

   > Hace 18 años uno de estos sembradores "sin preocupación" con sus manos llenas de la preciosa semilla la estaba esparciendo en una de las esquinas de la ciudad de Barranquilla, Colombia. Mientras el viento soplaba fuertemente, parte de las semillas cayeron en medio de unos niños que jugaban béisbol. El evangelista, después de explicar un pasaje del evangelio de Mateo y cantar unos himnos, distribuyó unos tratados entre el grupo, guardó su órgano portátil, y se fue. Y la semilla creció sin que nadie supiera cómo. Seis años más tarde, Don Alfonso hizo una profesión pública de su fe en Jesucristo en una iglesia evangélica. ... Él dice que el día que dejó el campo de arena del juego de béisbol para oír la explicación del camino de salvación del señor Mayorga, ese día se convirtió, y aunque no asistió a una iglesia evangélica hasta que su padre falleció dos años más tarde, se mantuvo en contacto con sus amigos evangélicos. ... Hoy el Rev. Alfonso Lloreda, uno de los revisores de la 1960, es uno de los pastores-evangelistas sobresalientes de Colombia y Venezuela.[63]

   Lea también la dedicatoria de la Concordancia para la RV 1960 de Editorial Caribe. Contiene el testimonio de Carlos Denyer, quien fue secretario del Comité de Revisión (aunque sin derecho a voto):

   > A los dieciocho años aceptó al Señor Jesucristo como Salvador Personal, y durante el transcurso de una vida consagrada a Dios, fundó el coro de

---

[62] Donate, Carlos. *Inspiración y Preservación: El proyecto de la Antigua Biblia Valera*. Iglesia Bautista Landmark: Haines City, Florida, sin fecha, p. 18.
[63] *One Hundred and Thirty-Fifth Report of the American Bible Society*. 1951, p. 178.

la iglesia a la cual pertenecía y desempeñó el cargo de superintendente de la escuela dominical. En 1945 participó en la fundación de la Asociación de Iglesias Bíblicas Costarricenses...

20. Observe si hay una contradicción en cuanto a la evaluación de lo que escribí acerca de letras en minúscula en Daniel 3:25 en diferentes versiones de la KJV.

"Eso es mentira" (página 20)

"Es cierto..." (página 152)

El meollo del asunto

Los autores de este libro parecen que piensan que la controversia sobre la Biblia en español es un asunto en blanco y negro. En su forma simplista de pensar, lo único que hace falta sería traducir una nueva Biblia al español (o revisar una antigua) del Texto Recibido, e instantáneamente estaría cien por ciento de acuerdo con la KJV en inglés, y asunto resuelto, y toda esta tensión estaría prontamente en el olvido. ¡Ojalá fuera así de fácil! ¡Cuánto desearía que todo fuera en blanco y negro, pero la realidad es que hay una cantidad de "gris" en este asunto. Aquí le ofrezco un ejemplo del modo tan simplista en que tratan este asunto en la página 146:

> Ya que la Biblia Rey Jaime fue traducida exactamente del Texto Recibido, el comparar la Biblia hispana (o cualquier otra traducción bíblica) con la KJV es como compararla con el Texto Recibido. Cuando existan diferencias textuales entre la KJV con la Biblia hispana, habrá por necesidad diferencias entre la Biblia hispana y el Texto Recibido... (página 146)

Es casi como si este autor, que contribuyó con el libro, negara que hubiera diferencias en las diferentes ediciones del Texto Recibido. Un ejemplo de las variaciones en las ediciones del Texto Recibido sería Lucas 2:22. En la Reina-Valera 1960, dice "de ellos", cuando la KJV tiene el equivalente a "ella". Los traductores de la KJV siguieron una edición diferente del Texto Recibido en este versículo.

Otro autor que contribuyó también, imitó esta forma simplista de analizar el asunto en la página 50 (citando con aprobación una Confesión de Fe):

> Además, creemos que Dios puede causar que Sus palabras (escritura) sobrenaturalmente inspiradas, infalibles, e inerrantes sean preservadas– en traducción–en otros idiomas tomando como base a la Versión Autorizada de inglés (KJV), el texto preservado del Antiguo Testamento masorético, el Nuevo Testamento Griego (Texto Recibido). La nueva traducción de lenguaje no estará en contradicción a la Versión Inglesa Autorizada.

Ya que los escritores del libro están demandando una Biblia nueva en español, creo que se les debe ser más específico a los lectores (por ejemplo, cuál edición o ediciones del Texto Recibido).

Hay varias Biblias en español que claramente fueron traducidas del Texto Recibido, las cuales estaban disponibles en la fecha de la publicación del libro, pero el libro no recomienda claramente ninguna de ellas (aunque se hace mención en forma positiva). Esto demuestra que hay mucho de "gris" en este asunto, y que no es tan blanco y negro como este grupo intenta pintar el asunto.

Conclusión

A pesar que este libro contiene tanta información errónea, exagera y toma textos fuera de contexto con frecuencia, todavía se sigue vendiendo diez años después de su publicación. Es lamentable que haya quienes estén dispuestos a tratar con el asunto de la Biblia en español con la actitud aparente de que "el fin justifica los medios" al seguir distribuyendo este libro.

Segunda conferencia Reina-Valera de Landmark

Esta segunda conferencia se llevó a cabo en la Iglesia Bautista Landmark en Haines City, Florida en septiembre del 2002, de la que Mickey Carter es el pastor. Según Landmark, la conferencia se llevó a cabo para que representantes de diversos proyectos con el fin de revisar la Biblia en español presentaran sus propuestas y enseñanzas. Lo que dijeron los conferencistas, que presento aquí, fue transcrito de los casetes de la conferencia. Expondré las declaraciones que me llamaron más la atención.

Durante su sesión, Bill Bradley (quien no sabe español) afirmó lo siguiente sin documentación:

> [Bradley] Los traductores modernos de la Biblia, incluyendo los que trabajaron en la Reina-Valera 1960, no creen en la inspiración verbal de las Escrituras.

Los que hablan de este modo se olvidan de que están suponiendo lo que están obligados a comprobar.

El pastor Raúl Reyes durante su sesión expresó su desprecio por la RV 1960 con la siguiente expresión:

> [Reyes] Dios no está en favor de la 1960. Le guste a quien le guste, ¡no es la Palabra de Dios!

Si alguien cree que la RV 1960 no es la mejor traducción de la Palabra de Dios, no está obligado a usarla, pero hablar del modo que acabo de citar es una falta de respeto.

Durante su sesión, el misionero Jeff McArdle me llamó un "sacerdote jesuita". McArdle se capacitó en el instituto bíblico de Peter Ruckman, donde se acostumbra insultar a los demás fuera de su círculo, siguiendo el mal ejemplo de Ruckman. No tardó en demostrar su prejuicio al hacer la siguiente declaración increíble:

> [McArdle] Si es que llega a haber una Biblia en español perfecta, los gringos habrán estado involucrados.

"Gringos" es una referencia callejera a "americanos" o "estadounidenses". Su afirmación está tan fuera de lugar que no hace falta añadir comentario.

En otro momento durante la sesión, declaró lo siguiente:

> [McArdle] La Biblia *King James* es superior a cualquier libro o Biblia jamás escrito, y permanecerá así hasta que Cristo regrese.

Si las afirmaciones que acabo de citar no le despejan la duda acerca de su posición, tome en cuenta qué más dijo:

> [McArdle] Por tanto, cualquier Biblia futura en español debe utilizar la Biblia *King James* como su autoridad final, número uno. Y número dos,

quien sea que produzca tal Biblia en español perfecta debe hacer referencia a ese hecho, si de verdad cree que la Biblia *King James* es la autoridad final.

Por si fuese poco lo dicho anteriormente, acabaré el análisis de las declaraciones de McArdle con la siguiente cita:

> [McArdle] La Biblia *King James* es la Biblia más perfecta en este planeta. Puede corregir cualquier texto griego. Y si la Biblia *King James* puede corregir cualquier texto griego, ¡puede corregir cualquier texto en español! Por tanto les digo y declaro hoy que si llega a haber una Biblia en español perfecta, la norma textual, la regla, la directiva, ¡deberá ser la Biblia *King James*! ¡Amén! ¡Amén! ¡Amén hermano! [Muchos amenes de la congregación].

Aunque obviamente estoy en total desacuerdo, McArdle por lo menos no escondió sus verdaderas motivaciones. Es posible que algunos otros tengan la misma motivación, pero no siempre se atreven a revelarlo tan plenamente como McArdle.

He seleccionado un párrafo del discurso de Phil Stringer para analizar. Se trata de lo siguiente:

> [Stringer] La mayor parte del tiempo traducían directamente de la Biblia *King James*. Durante los primeros 56 años de la Sociedad Bíblica Americana, sus representantes sólo podían traducir de la Biblia *King James*.

Stringer no citó documentación para comprobar exactamente lo que acababa de afirmar. Sé que algunos han tratado de utilizar un par de afirmaciones del libro *An American Bible* por Paul Gutjahr tomadas fuera de contexto para hacer afirmaciones similares. Sin embargo, Gutjahr contestó una carta que le escribí y confirmó que lo estaban tomando fuera de contexto, porque la Sociedad Bíblica Americana solo estaba insistiendo en transliterar "bautizar" como en inglés y no traducirlo como "sumergir".[64] Cuando una sociedad bíblica rival acusó a la Sociedad Bíblica Americana de requerir que sus traductores usaran la KJV, ellos lo negaron rotundamente.[65]

En su discurso titulado "El Puente", Carlos Donate hizo una de las declaraciones más perturbadoras que he oído en mis años de estudiar el asunto:

> [Donate] Lo que voy a decir esta mañana, lo que voy a tratar de enfatizar, son cosas terribles. Porque voy a unir la versión del 60 con la putrefacción más corrompida que ha salido de las cloacas negras del mismo infierno. La ciénaga más apestosa que hay —del infierno, la más profunda. Y la del 60 es el puente o la puerta que nos condujo o nos quiere conducir a esa putrefacción.

> [Donate] He suplicado con los hermanos que por lo menos regresen a la antigua 1909. Pero les encanta nadar en la ciénaga.

---

[64] Carta de Paul Gutjahr, marzo 26, 2008.
[65] Strickland, William Peter. *History of the American Bible Society: From its Organization to the Present Time*. Harper & Row, 1850, pp. 154-155.

¡Me faltan palabras para expresar cuán irrespetuoso y fuera de lugar es este insulto contra esta versión de la Biblia utilizada en el departamento hispano de la misma iglesia donde Donate es miembro!

Carlos Donate presentó un segundo discurso en la conferencia, por título *"Text Types"* (tipos de texto). Al principio de este discurso Donate dijo algo preocupante:

> [Donate] Abrazan un texto crítico. Defienden una posición que tradicionalmente no es de los fundamentalistas. Han sido corrompidos y los verdaderos fundamentalistas somos los que estamos sentados en esta mañana acá.

La razón que digo que es preocupante, es su afirmación de que aquellos que estaban en la conferencia eran los verdaderos fundamentalistas. Es cierto que históricamente los fundamentalistas han favorecido mucho más las versiones basadas en el Texto Recibido que el Texto Crítico, pero nunca fue uno de los fundamentos de la fe. Esto es fácilmente verificable al leer los escritos de los primeros fundamentalistas.

Donate continuó su discurso con los siguientes comentarios que aquí destaco:

> [Donate] Despertad ganador de almas, que predicando andas por las calles, Nida y su mafia del infierno cambiaron al *hades*.

> [Donate] En realidad están amando una Biblia corrupta y perversa con métodos del infierno.

> [Donate] Otra filosofía de los alejandrinos es su ecumenicidad. Los alejandrinos y los romanistas en este caso —porque aquí vemos el texto vaticano— es de tratar de uniformar los textos. Eso comenzó a partir de la Antigua 1909.

> [Donate] Negro es negro y blanco es blanco. No hay área gris.

Aunque como fundamentalistas estamos acostumbrados a que casi todo sea blanco o negro, no se puede negar que hay cuestiones en el ámbito de los manuscritos, los textos griegos y hebreos impresos, además de las traducciones, en las que no hay claridad total y puede haber diferencias de opiniones entre buenos hermanos. No podemos cerrar los ojos a estas cosas, e insistir que no existen áreas grises. En la siguiente cita, Donate reconoce que hay variaciones en ediciones del Texto Recibido, pero se niega a tomar esto en cuenta, como si todo fuese en blanco y negro:

> [Donate] La filosofía de nosotros los antioqueños es avalar por el Texto Recibido en griego en el Nuevo Testamento. Ahora puedo escuchar algunos de ustedes me puede decir ¿cuál Texto Recibido? ¿Cuál de los muchos o tantos? ¡No entre usted en el error de los alejandrinos tratando de definir cuál, si fue Erasmo, Beza, Elzevir, o Stephanus! Lleguemos a un acuerdo de caballeros. ¡Digamos el Texto Recibido y punto! ¡La Rey Jaime y punto! Eso es lo que nosotros avalamos. Rey Jaime TR. No vamos a entrar entre las pocas o tantas variaciones entre Erasmo y Beza, la primera, tercera, cuarta, quinta, sexta edición, etcétera. Porque los del 60 no están a favor del Texto Recibido. Ellos rechazan al Texto Recibido por el aparato crítico.

> [Donate] La Rey Jaime no tiene errores. ¡Es la perfecta inerrable infalible Palabra de Dios, preservada y perfecta!

En el discurso que dio fin a la conferencia, el pastor Carter no expresó desacuerdo con lo que se había enseñado. Durante la conferencia se hicieron muchas acusaciones que se encuentran en *El Elefante en la Sala*; por tanto, trato con la mayoría de esas cosas en el análisis de dicho libro empezando en la página 35.

CAPÍTULO 6 – EL AÑO 2003
El segundo libro del elefante

En el 2003 se publicó otro libro del "elefante", éste con el nombre curioso *The Bible Believer's Guide to Elephant Hunting* (La Guía para Creyentes de la Biblia para cazar Elefantes), escrito por Jeff McArdle. La enseñanza que contiene el libro es tan aberrante como su título. Parte de la explicación por la enseñanza aberrante es que McArdle es graduado del instituto de Ruckman, y propagador de sus enseñanzas.

Cita de la página veintidós (tome en cuenta que McArdle cree que la Biblia común en inglés —la KJV— es perfecta):

> La verdad es que Dios no les debe nada a los hispanos, mucho menos una Biblia perfecta. La Biblia es un regalo de Dios, y pensar que Dios le debe algo a España y a la América Latina católica romana en cuestión de una Biblia es una suposición necia.

Cita de la página veintitrés:

> Si no puedes comprender por qué Dios rechazó a España de inclusión en la membresía de la reforma protestante, entonces tu defensa de cualquier Biblia en español es una tontería.

Cita de la página dieciocho:

> Si la *King James* puede corregir el griego, entonces ciertamente puede corregir el español.

Después de muchos argumentos típicos expresó lo siguiente en la página 99:

> Para ahora el lector debe estar convencido de que hubo una conspiración en 1960 para reinventar la Valera y hacer de ella una Biblia católica romana.

Jeff McArdle también escribió un tratado sin fecha con el título *The RV1960 Spanish Bible Vs. The Deity of Christ* (La Biblia en español RV1960 versus la deidad de Cristo).

Después de lamentarse en el tratado de un lugar en la RV1960 donde simplemente tiene "Señor" en vez de "Cristo", declara lo siguiente:

> Este es el mismo baile de zapateo que a fin de cuentas lleva a millones a un infierno ardiente. La Inquisición mantuvo la Biblia verdadera en español fuera de Latinoamérica por 400 años. Ahora las sociedades bíblicas están tratando de perpetuar la obra de los inquisidores al corromper la Biblia original Valera 1602. ¡Los latinos estaban mejor con la Inquisición!

En este tratado McArdle repitió además la acusación ya desacreditada de Carlos Donate de que Nida había hecho una traducción donde supuestamente había puesto "He aquí el puerco de Dios".

Una cita preocupante

En el año 2003 se publicó el libro *Thou Shalt Keep Them* editado por Kent Brandenburg. Se trataba de la defensa de la Biblia en inglés, pero incluyó una cita preocupante que coloca el texto de la KJV encima de todas las demás Biblias en otros idiomas, incluyendo la Reina-Valera. Se trata de la pág. 234 de un capítulo escrito por el pastor Gary La More:

> Dios no ha guiado a sus iglesias a declarar que el texto detrás de ninguna otra traducción sea perfecto. Los bautistas que hablan español no declaran que el texto detrás de la Reina-Valera sea perfecto. Ya que el hombre tiene que vivir de toda palabra, los santos pueden saber dónde se hallan esas palabras. Tienen que estar detrás de la KJV, porque solamente allí el Espíritu ha guiado a sus iglesias a declarar que estén perfectamente preservadas.

Artículo de Sheldon Swearingen

En el año 2003 el misionero en México, Sheldon Swearingen, publicó un artículo titulado *The Word of God in Spanish*.[66] Se publicó en una revista publicada por la misma iglesia en Arizona que había proclamado por un tiempo que la verdadera Palabra de Dios en español era Enzinas en vez de la Reina-Valera. En el artículo mencionó que había empezado en el año 1985 su propia traducción de la Biblia al español, y que se alinearía a la *King James*. Reconoció en su escrito que todavía estaba estudiando el español cuando empezó el proyecto. Lo siguiente es un ejemplo de una cita del artículo, respondiendo a un misionero que le dijo que debería dejar la Biblia *King James* a un lado en el campo misionero:

> Si puedes dejar la antigua *King James* a un lado por cualquier razón y mirar a otra Biblia (en inglés o en otro idioma), entonces no crees que la Biblia *King James* es el estándar, no solamente para el inglés, sino para todos los otros idiomas.

Otra cita: "Estos son sólo unos ejemplos de muchas excusas para predicar y apoyar 'Biblias' malas en español". No habló de la existencia de ninguna Biblia buena en español en su artículo, excepto la que todavía no había acabado. Eso lleva a la pregunta, ¿Con qué predicaba en el campo misionero? ¿Con una Biblia "mala"? ¿O será que no predicaba en español por pensar que todas las Biblias eran malas? Habló de las Biblias existentes en español con desprecio, como en el caso de referirse a Biblias en español entre comillas. A pesar de esto, se había atrevido a afirmar que no quería enredarse en debates y se aventuró a citar a Tito 3:9, donde dice: "Mas evita las cuestiones insensatas, y las genealogías, y las contenciones, y disputas sobre la ley; porque son sin provecho y vanas". En el artículo reportó que había acabado el Nuevo Testamento y dos libros del Antiguo Testamento. No se sabe si acabó esta revisión.

---

[66] *Pur-r-r fect For Women*, Vol. 14, Num. 5, septiembre-octubre 2003.

CAPÍTULO 7 – LOS AÑOS 2004-2006

Artículo por Humberto Gómez

En el año 2004 el misionero Humberto Gómez publicó un artículo titulado *El Asunto de la Biblia en Español*.[67] Parte del motivo era para anunciar que había iniciado una revisión en el año 2000. Para justificar su trabajo de revisión, se puso a criticar la Reina-Valera. De los tres versículos en la Reina-Valera que criticó, dos de ellos se aplicaban a la edición de 1909, y el otro a ambas, la 1909 y la del 60. Lo interesante es que ninguno de los tres versículos demostraba una desviación del Texto Recibido o del Texto Masorético. Simplemente consistía de casos donde había varias formas de traducir las palabras claves.

Humberto Gómez criticó a la 1909 por tener "las evangelizantes" en Sal. 68:11 (en la edición en inglés de su artículo lo trató como si promoviera mujeres evangelistas). ¡Sin embargo, la palabra hebrea clave que se refiere a "anunciar" (buenas nuevas por implicación) está en género femenino!

Después de sermonear sobre la exactitud con que se debe traducir, colocó su traducción de Salmos 12:6-7 en la conclusión, ¡en la cual dos palabras claves hebreas masculinas fueron traducidas como femeninas!

Cita del artículo:

> Hemos tenido mucho cuidado de no insultar a hombres, Biblias o ministerios. Estamos tratando de unir y no de dividir. Si la verdad divide, que así sea. Pero no causaremos división por ser absurdos.

Lamentablemente no cumplieron con esta promesa, como documentaré en breve. Documentaré cómo han hecho lo contrario.

Otra cita del artículo: "Si alguien más produce una mejor revisión que la nuestra, más precisa, más pura, nosotros nos haríamos a un lado y apoyaríamos tal versión". Si ésta es realmente su actitud, ¿por qué declaró que la RVG es perfecta? En la edición en inglés del mismo artículo se escribió: "En nuestra opinión, nuestra Biblia es perfecta..." Sin embargo, hizo cientos, quizás miles de cambios después que declaró que pensaba que era perfecta.

Artículo por Allen Johnson

En el año 2004 se publicó una edición especial en español de la publicación del ministerio del Pastor Mickey Carter *The Landmark Anchor*. Esta edición incluyó un artículo por Allen Johnson titulado *Analizando la Traducción de la Reina-Valera 1960: Sus Textos, Traductores, Técnica, y Teología*. Se trataba de la traducción de un discurso que presentó en la reunión anual de la *Dean Burgon Society* el año anterior. En su artículo Johnson presenta a la 1960 como deficiente en cuatro áreas: (1) Textos (2) Traductores (3) Técnica de traducción; y (4) Teología.

Bajo la categoría de textos, Johnson presentó unas citas de los que dicen que hay algunas desviaciones del Texto Recibido en la RV 1960. Eso no lo niego. El asunto es si al fin y al cabo hay suficientes desviaciones para declarar que la 1960 no está basada en el Texto Recibido sino en el Texto Crítico. Johnson citó a dos escritores. Lo interesante es que esos mismos escritores han declarado en escritos (que Johnson no citó) que la

---

[67] http://reinavaleragomez.com/es/node/29. Accedido diciembre 20, 2011.

1960 a fin de cuentas sí está basada en el Texto Recibido. Breneman, en la misma Biblia de referencia con el texto de la 1960 de la cual Johnson citó, dice que "La versión que usamos aquí, la Reina-Valera, [1960] se basó en el *Textus Receptus*".[68] En el mismo artículo de Nida citado por Johnson, aparece la siguiente afirmación: "Esta revisión [1960] no sigue un texto crítico".[69]

Bajo la sección de la supuesta deficiencia de los traductores, Johnson presentó lo siguiente como si fuera evidencia de que los revisores de la 1960 eran liberales y modernistas:

> No más para el récord, a seguir compartimos algunos detalles acerca de algunos consultores y revisores de la RV 1960. Dr. Alfonso Rodríguez Hidalgo (Presbiteriano) estudió en el Seminario Teológico Princeton, estuvo envuelto en las SBU y un miembro de la Comisión de Fe y Orden. Alfonso Lloredo [sic] escribió un artículo atacando al TR y alabando al TC. Dr. Honorio Espinosa [sic] (convención del Sur) estudió bajo A.T. Robertson, un proponente del TC. Gonzalo Báez Camargo (Metodista) trabajó con las SBU como autor contribuyente. El mismo Eugene Nida hablando de la RV 1960 dijo, "Aun así, en algunos casos en donde un texto crítico era de preferirse sobre el Texto Recibido, el comité sí hizo algunos cambios leves, particularmente si dichos cambios fueron en pasajes no muy bien conocidos..." de su libro [revista], The Bible Translator, Vol. 12, No. 3, julio de 1961, pg. 113).
>
> Como puede ver, eran modernistas y liberales, no exactamente el tipo de persona en quien confiaría para traducir la Palabra de Dios (en cualquier idioma).

Johnson dijo confiadamente que se podía ver que eran modernistas y liberales. ¿Qué evidencia proveyó para demostrar esto? No citó nada de los escritos de los revisores, de testigos, o investigadores imparciales que comprobara que eran modernistas. Además, el párrafo está plagado de errores. De que Lloreda escribió un artículo atacando el Texto Recibido es una acusación de Carlos Donate que demostré en la página 34 que carece de documentación. Honorio Espinoza no estudió con A.T. Robertson, porque Robertson había fallecido antes que Espinoza fue a estudiar en el Seminario Bautista del Sur. Báez-Camargo era consultor, no revisor de la 1960.

Bajo la sección de la técnica de traducción, el autor protestó de la siguiente manera:

> También es obvio que los traductores de la RV 1960 emplearon equivalencia dinámica en vez de equivalencia formal. Los que respetan las meras palabras de Dios emplean equivalencia formal traduciendo cuidadosamente toda palabra tan literalmente como sea posible. Los que realmente creen en inspiración verbal solamente usarían esta técnica ya que ¡toda palabra es importante!

Para Johnson, parece que cualquier caso de no traducir lo más literalmente posible consiste en traducir utilizando principios de la equivalencia dinámica. Pero —¿tradujo la KJV con la que él compara la 1960 "toda palabra tan literalmente como sea posible?" En

---

[68] Breneman, J. Mervin, editor general. *Biblia de Estudio Harper Caribe*. Nashville: Editorial Caribe, 1980, p. 994.

[69] Nida, Eugene A. "Reina-Valera Revision of 1960." *The Bible Translator*. julio 1961, p. 117.

la KJV la frase *God save the King* (Dios salve al rey) aparece cinco veces, la cual es una expresión cultural británica de honra al rey. Pero su fuente en hebreo no contiene la palabra "Dios", y "viva" es una traducción más literal que "salve". La KJV contiene anacronismos, como cuando traduce algunos términos monetarios con el del sistema británico, como *pence, penny* y *pound*. Los ejemplos que Johnson proveyó de la 1960 son casos aislados, tal como lo que proveí de la KJV.

Bajo su último punto de teología de la traducción, el autor presentó tres versículos, uno de los cuales involucra diferencias en ediciones del Texto Recibido, y uno representando una posible traducción. Uno de los versículos era Lucas 2:22, donde la diferencia se debe a la variedad entre ediciones del Texto Recibido. A pesar de esto, Johnson declaró que las Biblias que dicen como la 1960 en este pasaje eran falsas, y declaró que producen "teología mala". Si esto fuera cierto, entonces varias ediciones del Texto Recibido serían falsas, y enseñarían teología mala.

Lo siguiente es un ejemplo de cómo el autor trágicamente insulta a los que utilizan la RV 1960 en su artículo:

> Desgraciadamente, muchos han tragado la RV 1960 con toda su corrupción. Pero ¿qué se esperaba? Cuando se combinan textos corruptos, traductores modernistas, y técnica equivocada el resultado será error, no verdad.

Publicación de mi segundo libro

Entre el 2004-2005 publiqué mi libro *La Historia de la Biblia Reina-Valera 1960* en inglés y en español. En el libro documenté paso a paso cómo se llevó a cabo la revisión y se incluyó información biográfica acerca de los hombres involucrados en la revisión. Con la documentación provista se demostró que mucho de lo que se había dicho por el movimiento en contra de la Reina-Valera era incorrecto. Se había hecho la acusación de que los hombres detrás de la 1960 simpatizaban con el catolicismo, pero en el libro se documentó que casi todos sufrieron alguna clase de persecución (y en un caso encarcelamiento) por su firmeza contra Roma. Se había acusado que eran modernistas, pero se documentó que tenían una tendencia conservadora en su teología, basado en los escritos que dejaron tras de sí. Se documentó caso tras caso de que, los que no están involucrados en la controversia, consideran que el texto de la RV 1960, a pesar de unas desviaciones de menor importancia, al fin de cuentas está basada en el Texto Recibido. El libro todavía está a la venta, y espero revisarlo y ampliarlo en el futuro.

Mientras los latinos dormían…

En el año 2005 el pastor Gary La More de Canadá publicó un libro de 418 páginas titulado *While Latinos Slept…* En el libro se lamenta del orden de palabras en la Reina-Valera, de divisiones de versículos, la ortografía de números y nombres, y aún el hecho de traducir del griego de forma muy cercana. A continuación ofrezco ejemplos de esto:

En la sección II, que cubre de las páginas 149-418, la mayoría (60%) de las protestas no se aplican a la 1960 para nada (lo cual es indicado por tener la referencia en negritas). Sólo encontré una sola advertencia de esto en el libro, un tanto escondida en la página diez. La advertencia no se incluyó en la parte traducida al español. Un lector de español sin conocimiento de inglés o griego fácilmente podría llegar a creer que todos los pasajes tratados en las páginas 149-418 están traducidos incorrectamente en la Biblia común en español.

Después de señalar en la página 49 que en 2 Cor. 5:18 la RV 1909/1960 tiene "Cristo" en vez de "Jesucristo" (por causa de diferencias entre manuscritos), La More escribe increíblemente:

> Uno no se da cuenta cuánto odio hay para el Señor Jesucristo hasta que uno se pone a estudiar seriamente el asunto de versiones.

Como si eso fuera poco, el autor insulta a los que utilizan la 1960 del siguiente modo en la página 106: "Sin duda los revisores de la RV 1960 han estado alimentando a cucharadas a mis hermanos latinos por años".

El título del capítulo cinco es "¿Cuál es la Santa Biblia en Español?" Pero ni él sabe, porque no contesta su propia pregunta. No recomienda ninguna Biblia en español en su libro de 418 páginas. Solo recomienda la Biblia *King James* en inglés.

Once de las denuncias del autor en contra de la Biblia en español en la segunda parte se debe simplemente a dejar fuera el artículo "el". Hay casos en que las reglas de gramática del español no requieren un artículo cuando ya está implícito. La KJV no tradujo los artículos griegos el 100% de las veces tampoco, como en el caso donde dejaron fuera los artículos en *Alpha and Omega* en Apocalipsis 1:11, cuando aparece en la Reina-Valera con los artículos traducidos del griego en "el Alfa y la Omega". En el libro se lamenta en la página 347 de que la Biblia en español sigue a Westcott y Hort al omitir "el" en Gál. 4:14, sin embargo, ¡el artículo fue omitido en la KJV en este mismo versículo! Si los criterios del propio autor se aplicaran a la Biblia en inglés, se tendría que rechazar la KJV también.

En el libro abundan protestas en contra del orden de las palabras, tales como criticar "fe y servicio" en lugar de "servicio y fe" (p. 394), o "noche y día" en vez de "día y noche" (p. 363), o "Jesucristo" en lugar de "Cristo Jesús" (p. 363). Hay muchas protestas más sobre el orden de palabras, ¡incluso tres por dicho motivo en tan sólo una página! (p. 414). Sólo en raras ocasiones se puede seguir el orden exacto de las palabras del griego sin violar las reglas de gramática del idioma al que se está traduciendo.

Hay muchas protestas en el libro de que los revisores de la 1960 añadieron palabras a las Escrituras. Uno debería recordar que los traductores de la KJV hicieron esto en miles de lugares, lo cual se manifiesta en forma de letras en bastardilla en ediciones modernas. Uno de los problemas de la técnica de palabras en bastardilla que se tuvieron que añadir es que no es una ciencia exacta. Implica muchas decisiones subjetivas en el momento de decidir cuales palabras deben ser colocadas en bastardilla. Los revisores de la 1960 decidieron no poner palabras en bastardilla, ya que en la literatura moderna esto representa énfasis en las palabras.

El 18% de las denuncias del autor en contra de la RV 1960 en la segunda parte del libro tiene que ver con el tiempo, el modo, el género, la voz, la persona o las mayúsculas/minúsculas. ¿Los traductores de la KJV creyeron que deberían seguir todos los elementos gramaticales de los idiomas originales, sin excepción? Una breve mirada al prólogo de su Biblia de 1611 nos da la respuesta:

> Tal como el discurso del rey, que él proclama en el parlamento, siendo traducido al francés, holandés, italiano y latín, es todavía el discurso del rey, aunque no sea interpretado por cada traductor con la misma gracia, ni quizás cada frase en forma adecuada, ni así que exprese por igual el sentido en todas partes.

de los comités de la AV1611, sin el conocimiento de ellos, y que dan luz y revelación avanzada más allá de las investigaciones de los más grandes estudiantes de la Biblia 300 años después. (p. 136)

Entre esas dos páginas se pudo notar que Ruckman enseñó que el Espíritu Santo insertó cosas en la KJV sin el conocimiento del comité de traducción, y que lo que otros consideran errores en la KJV viene a ser "revelación avanzada". ¡Increíble! Dichas enseñanzas carecen de fundamento bíblico simplemente porque no aparecen en la Escrituras. Aquí hay más citas destacables:

> Donde el griego dice una cosa y la AV [Versión Autorizada de 1611] dice otra, bote el griego. (p. 147)

> Donde el griego perverso dice de una manera, y la AV dice de otra, se puede asegurar de que Dios le juzgará a usted en el Juicio por lo que usted sabe. Puesto que usted no conoce el griego (y aquellos que lo conocieron lo alteraron para autosatisfacerse), usted va mejor por el texto de la AV1611.[74]

En las dos citas anteriores quedó demostrado el menosprecio que Ruckman (y los que ha influenciado) tiene de los idiomas originales. Esta enseñanza del año 1970 tardó tiempo en infiltrase en el fundamentalismo, pero su infiltración está documentada en los libros de unos cuantos escritores defensores de la KJV en los años siguientes, que citaron o elogiaron a Ruckman en sus escritos.

Me preocupa que libros con ideas tan extremas estén circulando en español, entre círculos fundamentalistas. ¡Que Dios nos ayude a velar por nuestras iglesias e instituciones, y poner en práctica la advertencia de 1Tesalonicenses 5:21: "Examinadlo todo; retened lo bueno"!

---

[74] En esta cita no seguí la edición del español del todo, porque no fue traducido adecuadamente.

CAPÍTULO 8 – EL AÑO 2007

La literatura de Robert Breaker

Robert Breaker, quien es graduado del instituto de Peter Ruckman, por más de diez años ha distribuido panfletos y libros, además de publicar artículos en su sitio de internet sobre el tema. En su sitio de internet, él había publicado la siguiente observación de su viaje a una conferencia promoviendo la revisión de la Valera 1602 de Monterrey en agosto del 2001:

> Ellos comprobaron que por cada versión de 1960 vendida, la Iglesia Católica recibe algo de las ganancias…Ellos también mostraron la conexión entre la Iglesia Católica y los del comité de traducción de la 1960. Ellos aún mostraron la conexión entre la Iglesia Católica y las sociedades bíblicas y cómo el Vaticano recibe una comisión de las ganancias (creo que era 10%) por cada Biblia vendida. Yo le aseguro que tenían la evidencia documentada.[75]

Cuando lo confronté por correo electrónico acerca de la evidencia documentada, se negó a compartirla, diciéndome que yo debería llamar a las sociedades bíblicas para la evidencia. Yo insistí acerca de la evidencia, y luego confesó sus dudas acerca de la validez de la información y la quitó de su sitio.

En el año 2007 Breaker publicó la segunda edición de su libro *The History and Truth about the Spanish Bible Controversy*. En la primera página, Breaker niega que la controversia sea nueva:

> Esta controversia no ha existido por solamente unos pocos años, como quieren que se crea los que defienden la revisión popular en español, la 1960. Sus raíces se extienden claramente a través de las edades.

Sin embargo, cuando menciona al grupo que intentó revisar el Nuevo Testamento de Enzinas a mediados de los noventa, Breaker escribe que fue el primer grupo del cual tiene conocimiento que tomó una posición firme por la que pensaron era una Biblia pura en español. ¿Por qué quiere negar que la controversia sea nueva? Tal vez lo niega para proteger a los responsables de la controversia. Probablemente lo niega también porque no quiere que se vinculen enseñanzas novedosas y extremas acerca de la KJV con la controversia actual. Si se confiesa que es nueva, es más fácil identificar cómo y cuándo empezó la controversia, porque todavía existen millares de testigos que vivieron y sirvieron al Señor antes de la controversia, y son capaces de corroborar cómo y cuándo empezó.

Robert Breaker tiene una opinión muy baja de la traducción 1569 de Casiodoro de Reina, y hasta acusa dicha traducción de haber "plantado la semilla para la controversia de la Biblia en español".[76] Breaker lamenta que en la presente controversia "[a]tacan a los

---

[75] http://www.robertbreaker.com/honduras/pages/dalyjrnlAug2001.htm. Accedido marzo 27, 2002.

[76] Breaker III, Robert. *The History and Truth about the Spanish Bible Controversy*. Breaker Publications, 2nd Edition, 2007, pp. 23-24.

traductores de otras versiones y la credibilidad de ellos".[77] ¡Pero como acabo de documentar, Breaker es uno de los más culpables de esto mismo!

Breaker habla de la historia de la Biblia en español en general con un desprecio que en realidad debería ofender al hispano que ama su Biblia y está agradecido por la labor y sacrificio de traductores y revisores del pasado. Lo siguiente viene de su conclusión en la página 103:

> La historia de la Biblia en español ha sido una de corrupción con versiones católicas (conteniendo lecturas textuales críticas humanas) teniendo la producción más grande. En vez de una Biblia pura basada enteramente sobre textos puros, por el contrario, a los hispanos se les han dado traducciones católicas o híbridas católicos-protestantes.

En la página 103 de su conclusión, Breaker admite que aún los fundamentalistas que están en contra de las Biblias en español que se han venido usando, se están peleando entre ellos:

> En vez de que los fundamentalistas se unan para luchar contra la apostasía y las sociedades bíblicas ecuménicas, los encontramos peleando entre ellos, y atacándose unos a los otros. Aún los que diligentemente buscan una Biblia pura en español no pueden unirse para una meta común.

Breaker no expresa ninguna duda en afirmar que él cree que la KJV es perfecta.[78] No obstante, aunque defiende y promueve la 1602 Preservada, en ninguno de los dos libros que vengo citando se atreve a decir lo mismo de ésta o de cualquier otra Biblia en español. Observe lo que dice: "¿Tendrán algún día los hispano-hablantes una traducción pura en su idioma? Todavía es de esperarse." (p. 103)

En la página 96, hablando de la RV 1960, el autor la presenta como "...lo mejor de lo peor —la menos corrupta de las Biblias en español de la nueva era, apóstata, del texto crítico". En la página 93 presenta a la 1960 como "ecuménica, pro-católica".

En la página 94 Breaker me acusa que si alguien ataca la 1960, yo digo que esa persona es "un liberal". Él no proveyó ninguna cita de mis abundantes escritos sobre el tema para comprobarlo. Solo citó lo que yo había citado de Domingo Fernández donde él habló de los ataques de los liberales contra la Reina-Valera en general, que promovían tales versiones como Dios Habla Hoy. En el contexto no se trataba de la controversia moderna en el fundamentalismo.

En su libro Breaker repitió varias cosas que primero aparecieron en literatura de Carlos Donate las cuales han sido desacreditadas. Por ejemplo, en la página 48 Breaker hace la siguiente acusación:

> Este señor Nida es el mismo hombre quien dijo que en vez de traducir *el cordero de Dios*, era perfectamente aceptable traducirlo *el puerco de Dios*.

Para supuestamente comprobarlo, Breaker coloca una nota al pie de la página refiriéndose a una fuente diferente a la que Donate había utilizado, pero proveyendo solo

---

[77] Breaker, Robert. *Una Breve Historia de la Biblia en Español*. Breaker Publications, Quinta Edición, ¿2011?, p. 69.
[78] Ibid., p. 32.

el título y página. Pero note lo que dijo Nida del asunto en esta fuente, del cual Breaker no citó:

> En uno de los idiomas de Nueva Guinea, que hablan personas que no tienen conocimiento de las ovejas, sino que valoran mucho a sus cerdos que cuidan, un traductor de la Biblia propuso la sustitución de "pastor de cerdos" en lugar de "pastor" [de ovejas]. Tal ajuste, obviamente, crearía serios problemas porque los cerdos son considerados animales impuros en la Biblia. Este tipo de adaptación cultural puede ser descartado por ser mal concebido...[79]

¿No dice Nida exactamente lo contrario? ¿Por qué Breaker no citó lo que Nida dijo (tomando en cuenta cuan improbable suena la acusación), en vez de proveer solamente el título del libro y la página?

En la página 53 copia otra acusación de la literatura de Donate, cuando afirma que Nida había compartido en un libro tres motivos ecuménicos que motivaron a las sociedades bíblicas a producir la 1960. Sin embargo, el libro al que se refiere no hace mención de ninguna Biblia en español, y es una referencia a cambios en el catolicismo después del Concilio Vaticano II, que se llevó a cabo después de la publicación de la RV 1960.

En el 1999 Breaker escribió un panfleto titulado *Una Breve Historia de la Biblia en Español*. Se ha expandido en forma de libro para la quinta edición del año 2011.[80] En la conclusión de la quinta edición él da la apariencia que desea unión al expresar que "Necesitamos unirnos y pelear contra Satanás y sus estudiosos en vez de pelear entre nosotros".[81] ¡Pero en el mismo libro acusa a la 1960 de provocar división, y alega que la 1960 enseña salvación por obras y que contiene ataques contra la deidad de Cristo![82] En la página 36 también afirma que la RV 1960 "lee igual que la Biblia Católica en muchas partes claves".

En su libro comparte una lógica supersticiosa para concluir cuál es la Palabra de Dios en inglés y en español. Observe:

> Como probablemente ya sabes, la Biblia *King James* es la palabra de Dios en inglés. Fue impreso primeramente en 1611. Miremos la fecha nuevamente: 1611. Lo que es interesante notar es que 1+6+1+1=9, y 9 es el número de fruto en la Biblia. Hay nueve frutos del espíritu [sic] en Gálatas 5:22 y 23.
>
> ¿Sería muy extraño tratar de buscar una Biblia en español cuya fecha de publicación sumara 9? Solo hay uno: el 1602, porque 1+6+0+2=9.[83]

---

[79] Nida, Eugene & Reyburn, William. *Meaning Across Cultures*. Maryknoll, NY: Orbis Books, 1981, p. 1. Se debe mencionar que Breaker hizo referencia al libro traducido al español, por título *Significado y Diversidad Cultural* publicado el mismo año. No logré encontrar la edición en español, por tanto cité y traduje del libro en inglés.

[80] La quinta edición no contiene fecha de publicación, pero ya que menciona la RVG2010, calculo que fue publicada en el 2011.

[81] Breaker, Robert. *Una Breve Historia de la Biblia en Español*. Breaker Publications, Quinta Edición, ¿2011?, p. 70.

[82] Ibid., pp. 36, 45 y 52.

[83] Ibid., p. 36.

Aún esta lógica supersticiosa es defectuosa, porque ambas Biblias han sido editadas desde su fecha original de publicación. Breaker mismo nos informa en otra sección de su libro que la 1602 "Purificada" que él promueve ya no es la del año 1602. Nos dice que tardaron nueve años en revisar el Nuevo Testamento (la primera edición se publicó en 1999), y ocho años más tarde, en el 2007, se publicó la revisión de la Biblia completa.[84] Aunque usaron la 1602 como punto de partida, causan confusión al referirse a esa revisión como "la 1602", cuando fue revisada unos 400 años más tarde.

La traducción Valera 1602 Purificada

Según lo que cuenta Robert Breaker en uno de sus libros, la 1602 Purificada es un producto de la Iglesia Bíblica de Gracia en Monterrey, Nuevo León, México, donde Raúl Reyes es el pastor.[85] La obra de revisión empezó después que el misionero William Park enseñó griego y Evidencia de Manuscritos a los hombres de la iglesia. Para el año 2007, la 1602P estaba en su cuarta edición,[86] con la edición completa incluyendo el Antiguo Testamento publicada ese mismo año. Por un tiempo el misionero Carlos Donate estuvo involucrado, pero luego pasó a ser un consultor especial para la Reina-Valera-Gómez.

El proyecto de la 1602 Purificada tiene muchas conexiones con el Ruckmanismo. Ruckman mismo envió dinero personalmente para respaldar el proyecto, lo cual se menciona en una revista que publica,[87] y es confirmado por otra fuente.[88]

El promotor más activo de esta revisión es Robert Breaker, actualmente miembro de la iglesia de Reyes, quien se graduó del instituto de Ruckman. En su libro *The History and Truth about the Spanish Bible Controversy* él enseña que la KJV es "inerrante e infalible". Pero lo interesante es que en su libro se negó a afirmar que la Purificada era igualmente infalible. Aunque ya se había acabado de publicar la 1602P completa con el Antiguo Testamento cuando escribió su libro, note lo que escribió en la página dieciesiete:

> La triste verdad es que nunca ha habido la Palabra de Dios en español en forma perfecta, infalible e inerrante, que todos los hablantes del español puedan leer y disfrutar como nuestra bendita *King James* en inglés.

Aunque afirma que la Purificada "¡dice lo que mi *King James* dice!", no se refiere a la Purificada con los mismos términos que la KJV, sino meramente "la más pura Palabra de Dios en español".[89]

La 1602 Purificada se modernizó en forma incompleta

En la traducción 1602P "crio" fue cambiada a "creó" en Génesis 1:1, y muchos casos de la palabra "salud" fueron cambiados a "salvación", lo cual da la apariencia de que se modernizó el lenguaje. Pero un vistazo al resto de la Biblia indica que la modernización del lenguaje comparada con la 1602 original, no pasó mucho de casos aislados y la actualización de parte de la ortografía. La 1602P todavía retiene "parió" en vez de "dio a

---

[84] Breaker, Robert. *Una Breve Historia de la Biblia en Español*. Breaker Publications, Quinta Edición, ¿2011?, pp. 30-31.
[85] Breaker III, Robert. *The History and Truth about the Spanish Bible Controversy*. Breaker Publications, 2nd Edition, 2007, pp. 71-73.
[86] Ibid., p. 75.
[87] "The Bible Battle in Mexico" *Bible Believers' Bulletin*. agosto 2000, p. 1.
[88] Breaker III, Robert. *The History and Truth about the Spanish Bible Controversy*. Breaker Publications, 2nd Edition, 2007, p. 80.
[89] Ibid., p. 75.

luz", "Joseph" en vez de "José", "Bethlehem" en vez de "Belén", etcétera. Todavía retiene unas frases torpes, tales como "Díjetelo ya días há" en Isa. 48:5, "meter paz" en Mat. 10:34, "muy mucho" en Gén. 30:43, etcétera.

La 1602 Purificada siguió la KJV, pero en forma inconsistente

La Biblia KJV tiene el nombre *JEHOVAH* con mayúsculas en sólo 4 lugares: en Éxodo 6:3; Salmo 83:18; Isaías 12:2; e Isaías 26:4. Y para sorpresa, la "Purificada" tiene JEHOVÁ con mayúsculas y sólo en los mismos cuatro lugares. En Heb. 10:23 la Purificada sigue a la KJV con "esperanza", mientras el Texto Recibido tiene ἐλπίς (fe).

Aunque en muchos casos la Purificada sigue a la KJV de cerca, tienen sus diferencias. Por ejemplo, tan sólo en el libro de Génesis, se encuentran las siguientes diferencias: En Gén. 6:5 la KJV tiene *God* (Dios), mientras que la Purificada tiene "Señor". En Gén. 23:6 la KJV tiene *mighty prince* (poderoso príncipe), mientras que la Purificada tiene "príncipe de Dios". Gén. 25:25 en la KJV tiene *red* (rojo), mientras que la Purificada tiene "rubio". Gén. 28:18 en la KJV tiene *early* (temprano), mientras que la Purificada no incluye la palabra equivalente. Gén. 30:8 en la KJV tiene *great wrestlings* (grandes luchas), mientras que la Purificada tiene "luchas de Dios". Gén. 34:25 tiene "mayor" en la Purificada, mientras que la KJV no incluye la palabra equivalente. En Gén. 35:16 la KJV tiene *a little way* (una pequeña distancia), mientras que la Purificada es más específica al tener "media legua de tierra". En el capítulo cuatro cité a Reyes en que prometía que "Si éste es el Texto Recibido, y ésta es la *King James*, y este es el texto puro en español, va a ser igual". Las mismas revisiones de los críticos de la Reina-Valera demuestran que al traducir directamente del Texto Masorético y el Texto Recibido, no resulta automáticamente en una revisión que diga igual que la KJV. Lamentablemente, muchos han sido desorientados con promesas vacías como éstas.

Crítica de conferencia para promover la RVG en la iglesia de Humberto Gómez

Este informe detallado es una crítica de una conferencia que se llevó a cabo a fines de noviembre del 2007 en la Iglesia Bautista Libertad en Matamoros, Tam., México, donde el misionero Humberto Gómez era pastor en aquel entonces. Aunque él tuvo consejeros, Humberto Gómez fue el único que hizo las decisiones textuales finales para la Biblia que ellos ahora llaman Reina-Valera-Gómez (esto según lo que el hermano Gómez me ha dicho por escrito). Yo no considero que la RVG sea una perversión ni ninguna otra cosa despreciable que algunos han dicho acerca de la 1960. Les ruego a otros que no aprueban la RVG que se abstengan de usar palabras groseras en sus intentos de explicar por qué no lo utilizarían. Yo he tomado la decisión personalmente de no aprobar esta Biblia, y doy mis razones detalladas en un artículo titulado: *¿Reina-Valera-Gómez? Más de 20 razones por qué no puedo aprobar esta nueva revisión.*[90]

Las aseveraciones provienen de los videos de la conferencia. Cuando las aseveraciones se hicieron en inglés, las traduje yo mismo para este informe. Los videos no indican las fechas de las grabaciones, y no trato con las declaraciones en un orden cronológico. Yo quisiera declarar desde un principio que utilizo la KJV exclusivamente en inglés, pero yo no creo que deba ser tratada como capaz de corregir Biblias en otros idiomas.

---

[90] http://www.literaturabautista.com/?p=105

Traduciendo la Biblia en inglés a otros idiomas

Durante una de las sesiones de preguntas y respuestas, el Pastor Karl Baker, uno de los conferencistas (que estudió con Ruckman), se puso de pie e indicó que la Biblia en inglés *King James* había sido traducida a 182 idiomas. Luego agregó que debemos recordarle esto a la gente cuando dicen que la RVG fue influenciada por la Biblia en inglés. El problema con esta declaración del Pastor Baker es que no lo documentó. Ha habido toda clase de declaraciones acerca de cuántas veces la KJV ha sido traducida a idiomas extranjeras (pasando por alto el griego y el hebreo) pero con ninguna referencia a la fuente de su información. Vea mi artículo en inglés *Has the KJV been translated into hundreds or thousands of languages?*[91]

¿RVG, la primera Biblia en español de origen nacional?

Durante la misma sesión de preguntas y respuestas, el Dr. D.A. Waite, uno de los conferencistas, indicó lo siguiente:

> El hermano Daniels de Chick Publications ... Él estudió la Biblia en español. Él me dijo —yo no tengo manera de verificarlo— él me dijo lo que pienso que es cierto, y es que no hay ninguna otra Biblia en español, a excepción de la del Pastor Gómez, escrita por un original nativo solamente. [En ese momento Humberto Gómez empezó a asentir con la cabeza y aplaudió. Waite continúa:] La 1960 —gringos. [Humberto Gómez asiente con la cabeza] La 1979 —gringos. Reina-Valera — gringos. Sin nada de nosotros, este hombre [señalando a Humberto Gómez] es hispano, él es un nativo, ese es su idioma, no el nuestro. ...El único [señalando al hermano Gómez], el único original de raza hispana.

Casiodoro de Reina tuvo un poco de ayuda en su revisión según biógrafos, pero los nombres que Jorge González menciona como ayudantes en su artículo *La Biblia de Reina: Un Sueño Hecho Realidad*[92] son todos hispanos. Las declaraciones en la conferencia acerca de la influencia extranjera en la Reina-Valera son negadas por Cipriano de Valera mismo en la introducción a su revisión de 1602:

> El trabajo, que yo he tomado para sacar a luz esta obra, ha sido muy grande, y de muy largo tiempo: y tanto ha sido mayor, cuando yo he tenido menos ayuda de alguno de mi nación que me ayudase, siquiera a leer, escribir, o corregir. Todo lo he hecho yo solo.

Hubo por lo menos un revisor norteamericano en el linaje de las Biblias Reina-Valera, a saber: H.B. Pratt de la revisión 1865. Pero la RVG ciertamente no es la primera Biblia española de origen nacional. El crédito para la primera Biblia española completa traducida de los idiomas originales pertenece a Casiodoro de Reina en 1569, quien era español.

Hubo algunos de habla inglesa que tuvieron alguna conexión con la 1960, pero ellos no estuvieron en el comité de revisión con voto en decisiones textuales. Por lo tanto, el indicar en la conferencia que la 1960 fue hecha por "gringos" es simplemente incorrecto. El escritor Luis D. Salem admiró a los miembros del comité de la 1960 como "una comisión de eruditos, latinoamericanos en su totalidad ... mil veces ilustres ... orgullo

---

[91] http://en.literaturabautista.com/kjv-translated-thousands-languages
[92] http://www.literaturabautista.com/?p=95

del protestantismo hispanoamericano ... hombres de Dios ... destacados siervos del Señor".[93] Hay más documentación con respecto a los revisores de 1960 en mi libro *La Historia de la Biblia Reina-Valera 1960*.

Si su Biblia dice *Hades*, levante la mano

Poco después del mensaje del Pastor Phil Stringer, el hermano Gómez pidió a aquellos que tenían una Biblia que contenía la palabra *hades* que levantaran las manos. En mi opinión, esto fue una táctica de intimidación fuera de lugar. Tengo un artículo separado que trata con lo que se dijo acerca del infierno en las Biblias españolas anteriores durante la conferencia: "¿Por qué es que la palabra infierno aparece menos a menudo en la Biblia común en español al comparársele con la KJV?"[94]

Humberto Gómez: "Nos han quitado lo más precioso, la Palabra de Dios"

Poco después del mensaje del Pastor Stringer, el hermano Gómez hizo otro comentario controversial:

> Los ecuménicos son los que les han provisto la Biblia que traen en las manos. Eso es increíble, es vergonzoso para nosotros, hermanos. Debe ser vergonzoso [dicho mientras meneaba la cabeza]. A veces nos quejamos que nos quitan la gente, que nos quitan la adoración, la música, y se nos olvida que nos han quitado lo más precioso, la Palabra de Dios.

"Ecuménico" podría ser interpretado como participación con católicos, especialmente tomando en cuenta que esa acusación se ha hecho con frecuencia acerca de la Reina-Valera, sin documentación adecuada. No sólo no hubo absolutamente ninguna participación de católicos en las revisiones de 1569-1960, sino que hubo persecución. No se puede negar que la Sociedad Bíblica Americana (la única responsable por la 1865), y probablemente la Sociedad Bíblica Británica y Extranjera (la única responsable por la 1909), que patrocinaron juntos la 1960, han llegado a ser ecuménicos (incluyendo participación con católicos) desde el concilio Vaticano II a mediados de la década de los sesenta. Sin embargo, como está documentado en mi libro *La Historia de la Biblia Reina-Valera 1960*, los esfuerzos de parte de las Sociedades Bíblicas Unidas para explorar la cooperación con católicos no sucedieron hasta 1964. Tengo un documento que detalla la afiliación religiosa del concilio consejero de la Sociedad Bíblica Americana en el año 1960. Aunque se nombraron más de 60 delegados con su afiliación denominacional, no hubo ni siquiera un católico incluido.[95]

Si está mal utilizar Biblias españolas anteriores a la RVG porque las sociedades bíblicas que las patrocinaron ahora son ecuménicas, estaría mal utilizar la KJV porque la Iglesia anglicana, que fue en su mayor parte responsable por ella (los traductores de la KJV fueron anglicanos y puritanos conformistas) es ahora ecuménica, e incluso han tenido "bodas" para homosexuales en iglesias anglicanas por sacerdotes anglicanos homosexuales. Es equivocado tener un estándar diferente para una Biblia en otro idioma comparada con la KJV.

Conferencista: "Me gusta la fricción"

---

[93] "Un Acontecimiento Histórico" *La Voz Bautista*. [Chile] febrero 1961, p. 5.
[94] http://www.literaturabautista.com/?p=244
[95] "Attendance at the 1960 Advisory Council" *Bible Society Record*. marzo 1961, p. 47.

El Pastor Frankie Bryan (quien no sabe español) fue uno de los conferencistas invitados. Durante su mensaje él se refirió a la controversia con respecto a la RVG e indicó, "Está bien, me gusta la fricción. No me molesta. Toda mi vida ha sido una lucha y una riña". El sitio de internet de Humberto Gómez de aquel tiempo estaba asegurando a sus lectores con respecto a su Biblia española que "no estamos en ninguna controversia con respecto a otras traducciones".[96] Sin embargo, en esta conferencia ellos no sólo confesaron que estaban en controversia, sino que hasta ellos la anticipaban.

Durante su mensaje, el Pastor Bryan dio su posición en cuanto a la *King James* de la siguiente manera: "...La Biblia *King James*. ¡Creo que es inspirada, infalible, la Palabra inerrante de Dios!" Es decir, él no utilizó los términos de confianza tales como "segura" y "confiable", sino que él utilizó los términos que se usan para los manuscritos originales. El hermano Humberto Gómez ha utilizado estos mismos términos al describir su posición en su sitio web anterior: "Creemos que la [*King James*] 1611 es la Palabra perfecta de Dios. ... Creemos que es la Palabra de Dios inerrante e inspirada".[97] Dado que Humberto Gómez cree que la KJV es perfecta e inspirada, su motivo al producir la RVG es obvio, especialmente cuando la portada de su Biblia indica que él la cotejó con la KJV.

Conferencista: "¿Creo yo en la doble inspiración? ¡Su pregunta es demasiado complicada!"

Durante una ilustración en su mensaje, el Pastor Bryan mencionó que le habían preguntado recientemente si él creía en la doble inspiración. La doble inspiración es una enseñanza falsa de Peter Ruckman, quien enseña que hubo dos inspiraciones —cuando Dios inspiró los originales, y cuando Dios supuestamente inspiró la Biblia en inglés *King James*. El Pastor Bryan luego explicó por qué se oponía a la pregunta, usando la excusa de que la terminología era "demasiado complicada". Aquí hubo una oportunidad tremenda para oponerse abiertamente al Ruckmanismo, pero el conferencista se negó a hacerlo. Nadie en la conferencia entera, tal como fue presentado en el video, mencionó nada acerca del peligro del Ruckmanismo ni siquiera una sola vez. De hecho, el pastor del misionero Humberto Gómez es aparentemente uno de los distribuidores más grandes de libros y grabaciones de Peter Ruckman, basándome en el catálogo de literatura y grabaciones publicado por la iglesia.

¿Utilizaron Reina y Valera a los ingleses para escribir sus Biblias?

Durante una de las sesiones de preguntas y respuestas, el Pastor Stringer, uno de los conferencistas, se puso de pie e indicó: "¡Y la Iglesia Católica Romana acusó a Reina y Valera de utilizar a los ingleses para escribir sus Biblias!" Esta declaración es tan sensacional que el Pastor Stringer debería haber presentado documentación para respaldar su declaración. Después de haber leído toda la información biográfica acerca de Reina y Valera que pude encontrar durante los últimos diez años, esta acusación es nueva para mí. Si el Pastor Stringer quiso decir por su declaración sin documentación que Reina y Valera utilizaron a los ingleses para escribir sus Biblias españolas, entonces Valera se equivocó cuando él indicó en la introducción a su revisión 1602 que él no recibió ayuda, e hizo su trabajo solo.

El hecho de que la Biblia en español y por lo menos cinco otras Biblias en otros idiomas fueron consultadas por los revisores de la KJV 1611 es un hecho establecido, ya

---

[96] http://Gomezministries.gaius.org/ourdoctrine.htm. Accedido noviembre 21, 2005.
[97] http://www.gaius.org/humbertogomez/OurDoctrine.htm. Accedido marzo 11, 2006.

que en la introducción a la 1611 así se indica. Normalmente se consultan Biblias en otros idiomas durante el trabajo de traducción de la Biblia para ver cómo otros traductores anteriores han traducido ciertos pasajes difíciles donde el contexto puede ser poco claro. El hecho de que la Biblia española podría haber influenciado a los traductores de la KJV de algún modo no lo niego; por el contrario, es un dato muy interesante. Pero con el hermano Gómez no fue sólo un asunto de permitir que la Biblia inglesa influyera solamente en pasajes difíciles ocasionales en su Biblia. Él indicó lo siguiente en la conferencia:

> Pero el estándar para seguir, tiene que ser la Rey Jaime. Eso lo digo en público, y no me avergüenzo de ello. ¡100 porciento!

Humberto Gómez: "¡Si era correcto al principio, no hay por qué cambiarlo!"

Durante una de las sesiones de la mañana, el hermano Gómez dijo:

> Pues si aquí dice que Cristo es Dios, es que sí Cristo es Dios. Acá también, donde debe decir que Cristo es Dios, debe decir que Cristo es Dios. Es tan sencillo como esto. Ese verso que tú estás diciendo para justificarte, ese verso comprueba que estos versículos estaban bien, que deberían haberlo dejado como estaban, Cristo es Dios.

La RVG eliminó la palabra "santo" en Apocalipsis 16:5, aunque estaba en el Texto Recibido (aunque no unánime entre todas las ediciones) y ya había estado en las Biblias en español en 1569, 1602, 1909 y 1960. Estas Biblias españolas indicaban en este versículo que el Señor es santo. Estéfano 1550, una de las mejores ediciones conocidas del Texto Recibido, tiene "santo" en este versículo. El hermano Gómez indicó en ciertas palabras que si una redacción era correcta en cuanto a doctrina al principio, no debía ser cambiada. ¿Aplicó el hermano Gómez ese principio consistentemente a su RVG? ¿O utilizó él la Biblia inglesa como "el estándar para seguir" en este versículo?

En Hechos 8:12 y 15:35, las Biblias de 1569, 1602, 1909 y 1960 han tenido la palabra "evangelio". La palabra griega en cuestión es interesante, porque puede ser traducida como "predicar/anunciar", o "predicar/anunciar el evangelio". La RVG quitó la palabra "evangelio" en estos versículos. En cuanto a lo técnico, la palabra griega puede ser traducida sin "evangelio". Sin embargo, según los criterios del hermano Gómez ya mencionados, si una redacción era correcta en cuanto a doctrina al principio, no debería cambiarse. Se habían traducidos con "evangelio" en 1569, 1602, 1909 y 1960. ¿Fue este otro caso donde el hermano Gómez utilizó la Biblia inglesa como "el estándar para seguir"? Se podrían compartir otros ejemplos semejantes.

Dr. Waite: "El que estaba detrás de la 1960 era inconverso"

Cuando el Dr. D.A. Waite estaba terminando su primera sesión, alguien en la congregación le preguntó quién estaba detrás de la 1960. El Dr. Waite respondió diciendo que era Eugene Nida. Cuando se le preguntó si Nida era gnóstico, él respondió sin documentación: "Él es un incrédulo, un apóstata, y no cree en la deidad de Cristo".

Decir que Nida era el que estaba detrás de la 1960 y dejarlo así fue una injusticia. Como he documentado extensivamente en mi libro *La Historia de la Biblia Reina-Valera 1960* y en literaturabautista.com, Nida estuvo presente como representante de la Sociedad Bíblica Americana, pero no tuvo voto en decisiones textuales. Un artículo en la revista *The Bible Translator* en julio de 1961 nos indica su rol:

Decisiones finales en cuanto al texto de la revisión Reina-Valera estuvieron a cargo del comité editorial que se diseñó para el programa, porque una vez que se nombró el comité, los representantes de las Sociedades Bíblicas **Nida** y Twentyman **solamente fueron consejeros al comité, y no tuvieron voto en las decisiones**. El trabajo básico en la revisión fue hecho por un comité editorial de seis personas: Juan Díaz G. (de México), Honorio Espinoza (de Chile), Francisco Estrello (de México), Alfonso Lloreda (de Venezuela), Henry Parra S. (de Colombia) y Alfonso Rodríguez H. (de Cuba). ... En cada una de las reuniones hubo representantes de las Sociedades Bíblicas: John H. Twentyman, de la Sociedad Bíblica Británica y Extranjera, y Eugene A. **Nida**, de la Sociedad Bíblica Americana; pero ellos **no tenían voto en las reuniones**. La responsabilidad de ellos era ayudar con los arreglos prácticos de las reuniones, asistir al comité en la búsqueda de datos de los comentarios o proveer información sobre ciertos problemas exegéticos y lingüísticos, y ayudar a preparar copias para los borradores mimeografiados que había que enviar a los consultores.[98]

Sin documentación, el Dr. Waite indicó que Nida era incrédulo. Aunque Nida progresivamente se tornó menos conservador al ir envejeciendo, no se debe descartar por completo su testimonio de salvación. Nida aceptó a Cristo a una temprana edad, cuando respondió a la invitación en su iglesia "para aceptar a Cristo como mi Salvador".[99]

Sin documentación, el Dr. Waite no solo indicó que Nida era incrédulo, sino que también no creía en la deidad de Cristo. Permita a que Nida responda por sí mismo en sus escritos:

> La revelación de Dios en Jesucristo y como está registrada en las Escrituras es excepcionalmente sobrenatural, pues su fuente es nadie menos que Dios mismo.[100]

El Dr. Waite injustamente estaba tratando de representar a la 1960 como producida por un hombre a quien acusó sin documentación que era incrédulo, apóstata, y que no creía en la deidad de Cristo. Tal como hemos documentado, la verdad es muy diferente. Es un insulto a la luz de los seis revisores piadosos que revisaron la 1960 representar la 1960 en términos tan despectivos. Los revisores de la 1960 no eran fundamentalistas, pero tampoco lo eran los puritanos y anglicanos que revisaron la *King James*. Los revisores de la 1960 eran conocidos por ser relativamente conservadores en su teología, tal como se revela en sus escritos, y por lo que se escribió de ellos durante sus vidas. En mi libro acerca de la historia de la 1960, yo proveí documentación abundante acerca de los hombres que nos dieron la 1960. Por lo menos cuatro de los seis revisores sufrieron persecución de manos de los católicos. Uno de los revisores era conocido por testificar casa por casa, y pasó tiempo en la cárcel por causa de persecución.

En ese momento, durante la sesión del Dr. Waite, el pastor Mickey Carter, uno de los conferencistas, levantó su voz durante el tiempo de preguntas y dijo: "Hermano Waite, dígales también que Nida fue el que le quitó el nacimiento virginal a la RSV". El Dr.

---

[98] Nida, Eugene "Reina-Valera Revision of 1960" *The Bible Translator*. Vol. 12, No. 3, 1961. p. 111.
[99] Bankson, Benjamin A. "New Facts in Translations" *Bible Society Record*. febrero 1969, p. 26.
[100] Nida, Eugene A. *Message and Mission*. South Pasadena: William Carey Library, 1960, p. 228.

Waite respondió con un "amén", y le pidió al traductor que interpretara lo que se acababa de decir. Entonces el Dr. Waite continuó: "Nida hizo eso exactamente. Él eliminó la deidad, el nacimiento virginal de Cristo".

Se ha documentado varias veces a través de los años cómo Nida no fue un revisor de la 1960 ni de la RSV, y cómo él creía en el nacimiento virginal de Cristo; (incluyendo en mi carta al pastor Carter) pero otra vez se vuelven a repetir estos inventos sin fundamento. En cuanto a la acusación de que Nida eliminó el nacimiento virginal de la RSV, él ni siquiera estuvo en el comité de revisores de dicha traducción.[101]

Durante el tiempo de preguntas y respuestas, el último día, el Pastor Stringer, uno de los conferencistas, se puso en pie y dijo, entre otras cosas, que Nida fue "el editor de la 1960".

El hecho de que Nida no tuvo voto en las decisiones textuales ya se ha documentado.

Dr. Waite: Las Biblias en español antes de la RVG "contienen veneno"

Durante una sesión de preguntas y respuestas, se le preguntó al Dr. Waite qué se debería hacer con Biblias anteriores en español, incluyendo la 1909 y la 1960. A esto, él trágicamente respondió: "¡No se las dé a otros para que la usen, porque contienen veneno!"

Increíblemente, un simpatizante de la RVG que escribió un reportaje acerca de la conferencia, declaró que Waite había tratado el tema con "compasión", y que "nadie podía negar el Espíritu de Dios que dio testimonio de su presentación".[102] De verdad me da tristeza ver que el Dr. Waite, quien ha dedicado su vida a la noble causa de defender la KJV, poco a poco se ha vuelto más extremista en años recientes. Los primeros escritos y grabaciones de Waite demuestran un equilibrio que tristemente empieza a desaparecer al pasar los años. Note lo que había dicho en 1984, en contradicción a su posición más años después:

> Vuelve al asunto del libro que uno sostiene en su mano también. Si uno sospecha que está lleno de errores y errores y que no se puede depender de que las palabras sean precisas, y que lo puedas sostener y decir que es la Palabra de Dios mientras uno lo predica como la versión *King James*, por ejemplo. Uno no tendrá mucho alcance tampoco, si tiene dudas. ¿Está usted seguro acerca de esto? Usted lo sabe, hay que predicarlo como es. El Señor conoce sobre todo estos temas de fondo, acerca de los originales, y sobre las copias y acerca del hebreo y el griego, pero usted está predicando de uno en inglés o español, si usted es un predicador hispano, ¿verdad? No puede usted dudar del versículo en español cuando predica, ¿verdad? Tiene que predicar, "¡así dice el Señor!" ¿Es Cipriano de Valera? ¡Predícalo como es! ¡Y crea que es una buena traducción en español! ¡Créalo como la Palabra de Dios en español.[103]

El pastor del misionero Humberto Gómez provee la idea de escribir "veneno" sobre otras Biblias

---

[101] Vea la lista de miembros del comité de la RSV en las páginas 74-75 de libro *In Discordance with the Scriptures* por Peter Thuesen.

[102] Rodriguez, Emanuel. *Report on the Mexican Bible Conference.* Sin fecha, *Bible For Today.*

[103] Waite, D.A. *Bible Texts and Translations Seminar, Bible For Today*, 1984, cassette 18, side 1.

El misionero Humberto Gómez no tradujo la palabra "veneno" que usó el Dr. Waite, pero no rehusó usar esa palabra cuando el pastor de su iglesia enviadora en Ohio sugirió la idea de poner "veneno" en otras Biblias que no sean *King James*. He aquí lo que dijo el Pastor Gresham:

> Lo que hemos hecho, es que en inglés hay muchas versiones diferentes, y si alguien tiene una que no sea *King James*, les decimos que la pongan en su biblioteca personal, y que le pongan "veneno" en un lado.

¡Piense de cuán extremista es esta idea presentada en la conferencia! Ya que el pastor del misionero Humberto Gómez cree que una Biblia que no sea la *King James* es veneno, se supondría que cree que una persona que habla inglés no puede ser salva excepto con la *King James*. ¿El veneno salva? Yo personalmente no uso Biblias en inglés que no sean *King James*, ¡pero eso no me detendrá de declarar que es extrema la idea de ponerle "veneno" sobre una Biblia en inglés que no sea *King James*, y una locura! Creo que este grupo que está distribuyendo esta nueva Biblia en español ha comprobado ser extremista en muchas ocasiones. Hay que tener cuidado.

Clasificando a los que aman la 1960 con comunistas, musulmanes y modernistas

Durante su último discurso, el Dr. Waite hizo un último comentario despectivo acerca de la 1960. Al hablar acerca de que nadie les puede quitar la Biblia, él dijo:

> Los comunistas nunca se la pueden quitar. Los musulmanes nunca se la podrán quitar. Los modernistas nunca se la podrán quitar. Y los que aman la 1960 no se la pueden quitar.

En ese momento, basándome en sus expresiones faciales, aparentemente se dio cuenta que acababa de agrupar a los que aman la 1960 con comunistas, musulmanes y modernistas. [Luego dijo una frase que no se entiende al ser interrumpido por el traductor]. Después de vacilar por un instante, él continuó con una risa fuerte, y muchos se rieron en la congregación.

Menospreciando la herencia gloriosa de la Biblia española con acusaciones de herejías gnósticas

Se ocupó mucho tiempo afirmando que las Biblias en español están repletas de enseñanzas gnósticas. Un mínimo de 47 porciento de los versículos que el Dr. Waite considera redacción gnóstica en las Biblias en español se aplican a la mayoría de las traducciones de la herencia de la Reina-Valera (1569/1602/1862/1909). Él no mencionó esto durante la conferencia, porque quizás no era su intención representar al linaje entero de la Reina-Valera como corrompida con gnosticismo. No obstante, la investigación demuestra que casi la mitad de los pasajes gnósticos que él atribuyó a la 1960 se aplican a casi todas las revisiones principales empezando con 1569; Por tanto, cuando hizo la aseveración provocativa en la conferencia de que las Biblias en español antes de la RVG 2004 "contienen veneno", él tristemente estaba denunciando el linaje entero de nuestra herencia de la Biblia en español. He tratado estas acusaciones de herejías gnósticas en la Reina-Valera en más detalle empezando en la pág. 71.

Editor del controversial libro *El Elefante en la Sala* elogiado por Humberto Gómez en una forma increíble

En el 2002 el pastor Mickey Carter fue el editor general de un libro muy controversial titulado *El Elefante en la Sala*. Entre otras cosas absurdas y sensacionalistas, en este libro se acusa a la Biblia 1960 de enseñar canibalismo y evolución, y que la 1960 ataca la severidad de la homosexualidad. En él se expresa duda de que ni uno de los involucrados en la producción de la 1960 fueran salvos, etcétera. En este libro también hay acusaciones que se repitieron en la conferencia para promover la RVG, tal como acusar a Nida de haber introducido cambios textuales en la 1960, después que supuestamente había eliminado el nacimiento virginal de la RSV. Estas acusaciones en el libro del *Elefante* fueron refutadas con abundante documentación (vea el análisis del libro empezando en la página 35) el mismo año de su publicación. Sin embargo, el mismo grupo continúa haciendo acusaciones similares aunque se ha documentado desde hace tiempo que no son ciertas. Para algunos, aparentemente, el fin justifica los medios.

En mi correspondencia con el hermano Gómez, yo le advertí acerca del libro del *Elefante* varias veces, porque él se estaba identificando con el grupo que lo escribió. Él no quiso oponerse públicamente al libro, y en su conferencia en noviembre de 2007 era obvio por qué. Él presentó al editor del controversial libro con las siguientes palabras de elogio:

> Yo quiero honrar de una forma especial, lo íbamos a hacer mañana, pero este hombre es en mi libro es el más grande de los campeones nuestros en la defensa de la pureza de la Palabra de Dios. Este hombre pagó un precio muy caro, carísimo, carísimo. Y el trabajo que hemos logrado nació en el corazón de este hombre. Y yo doy gracias a Dios por este hombre, Dr. Mickey Carter…Déle un fuerte aplauso. Pastor, ¡gracias! ¡No te puedo agradecer lo suficiente por el precio que pagaste por nosotros! Amén. Y ahora lo estamos disfrutando. Nuestra Biblia no se mejoraba. Ahora es mejor que nunca. Gracias por ser un campeón. Yo sé que pagaste un gran precio. Yo sé que fuiste malentendido y todo eso, pero pastor, ¡gracias! ¡Gracias! …Este hombre, hermanos, fue ¡campeón, campeón, campeón, campeón!

El hermano Gómez le permitió al pastor Carter pasar al púlpito para defender el libro del *Elefante* poco después de la segunda sesión del Dr. Waite. Humberto Gómez no escribió el libro del *Elefante*, pero él permitió que se defendiera desde su púlpito, y elogió al editor de una forma que jamás he oído nadie ser elogiado (como llamarle campeón cuatro veces seguidas). El hermano Gómez no se ha separado de los que han sido extremadamente controversiales, sino que está agradecido por estos personajes controversiales que "ablandaron la tierra" con el libro del *Elefante* y otra literatura polémica. Esto fue evidente cuando el hermano Gómez presentó al pastor Carter con las siguientes palabras antes de predicar: "El hermano pagó un precio muy caro, sin embargo, nosotros estamos cosechando lo que él sembró".

Es cierto que el pastor Carter merece respeto y honor por los muchos años que ha estado en el ministerio y por todos los predicadores que ha ayudado a capacitar. Sin embargo, el hermano Gómez no lo estaba honrando por eso, sino por lo que yo considero que es un asunto muy controversial que benefició al hermano Gómez.

AHORA tenemos una Biblia pura en español

Varios conferencistas dijeron que **ahora** tenemos una Biblia pura en español, o algo similar. Podría mencionar a otros conferencistas, pero sus sentimientos probablemente se expresan en las palabras del pastor Karl Baker, quien es graduado del instituto bíblico de Peter Ruckman, en su segundo sermón de la conferencia:

> Y ahora, Dios les ha dado la Palabra de Dios [dicho mientras mostraba una copia de la RVG]. ... Dios les está dando algo más perfecto. ... Ahora conlleva una perfección y una pureza. ... Ya no me preocupo por el Libro. ... El Dios de gracia les ha dejado ahora un Libro puro [dicho mientras mostraba una copia de la RVG]. ... Hemos estado orando que Dios les diera una Biblia pura.

¿Qué hay de malo con esta declaración? Que claramente implica que no hemos tenido una Biblia pura en español, hasta que Humberto Gómez revisó la RVG allá por el año 2004 (la fecha que aparece en mi copia más antigua). Claramente están preparando el camino para un movimiento de especie "Reina-Valera-Gómez solamente", el cual temo conllevará mucha polémica y división como nunca hemos visto antes en el mundo hispano fundamentalista, amenazando el avivamiento que hemos visto en muchas áreas en años recientes. Cuando salieron revisiones anteriores a la luz (como la 1909 y la 1960) no fueron promovidas como "ahora tenemos una Biblia pura", como está ocurriendo con los líderes detrás de la RVG.

Dude las credenciales de otros revisores, pero no dude las mías

Durante una sesión de preguntas y respuestas en la última mañana de la conferencia, el hermano Gómez puso en tela de juicio las credenciales de los revisores de la 1960 en el área de griego y hebreo, y continuó diciendo: "La mayoría de los hispanos fueron usados nada más para el lenguaje solamente". Luego preguntó si hubo excepciones, y en ese momento su traductor Carlos Donate respondió que Carlos Denyer era la excepción. Quizás Denyer fue a un seminario bíblico, pero personalmente no tengo conocimiento de ello. Él fue traductor profesional cristiano, traduciendo en inglés y español (pero no griego y hebreo). Él no fue miembro del comité de revisión de la 1960 con voto en las decisiones textuales, sino secretario después en el proyecto quien tomaba registro de las decisiones y ayudaba a asegurar que los cambios se hicieran con consistencia cuando era necesario.

¿Qué de los seis verdaderos revisores en el comité de la 1960? Yo tengo documentación en mi posesión sobre tres de los seis en cuanto a su preparación en idiomas bíblicos. Según el registro oficial de las clases que tomaron, Alfonso Rodríguez Hidalgo y Alfonso Lloreda tomaron griego y hebreo como parte de sus títulos en el Seminario Teológico de Princeton. Honorio Espinoza tomó clases de griego y hebreo en el Seminario Teológico Bautista del Sur.[104] Juan Díaz Galindo era profesor de hebreo. En cuanto al quinto revisor, Francisco Estrello se inscribió en un seminario en el exterior, donde es más difícil obtener registros oficiales de clases, por tanto no tengo esa información a la mano. En cuanto al sexto y último revisor, (Enrique Parra), se conoce poco de su trasfondo académico excepto que dio clases en el Seminario Bíblico Inter-Americano en 1947, y que luego llegó a ser director de una escuela cristiana. Ya que él dio clases en un seminario bíblico, se supone que debió haber estudiado en un seminario teológico, donde tradicionalmente se incluyen clases de idiomas bíblicos.

---

[104] El seminario no envía los registros oficiales de clases a petición de terceros, pero me enviaron una lista de clases obligatorias para su título durante el tiempo cuando Espinoza se inscribió y se graduó, e incluía griego y hebreo.

Si el hermano Gómez va a dudar de la preparación académica de los revisores de la 1960, especialmente en el área de los idiomas bíblicos, lo reto a que revele su preparación académica, especialmente en el área de griego y hebreo. El dudó de las credenciales de los revisores de la 1960 a pesar de haber admitido lo siguiente acerca de su proyecto:

> Cuando nuestros críticos dijeron que no teníamos la habilidad, la aptitud, la capacidad, la destreza, la educación, las credenciales para hacer tal trabajo como este, no puedo discutir con ellos. Como cuestión de hecho, puedo decir amén a eso.[105]

Evidencia de extremismo entre los colaboradores principales de la RVG

Poco después del mensaje del Pastor Stringer, la primera noche de la conferencia, el hermano Gómez se refirió al misionero Carlos Donate como uno de sus "colaboradores principales". ¿Por qué es significativo esto? Durante un breve período cuando el misionero Humberto Gómez estaba contestando mis cartas, le envié una grabación digital de Donate diciendo que la 1960 salió "de las cloacas negras del mismo infierno" (Vea la página 42). El hermano Gómez estaba de acuerdo que era tan ofensivo, que hizo mención de esto poco después de enviarle la grabación en un discurso "Los problemas de la Biblia en español" en la reunión de la *Dean Burgon Society*, en Canadá, en el 2005:

> Han habido ataques de izquierda a derecha concerniente a la Biblia en español. Supe de un misionero americano que dijo cosas tan malas acerca de la Biblia en español, que los hermanos hispanos nunca le van a escuchar ni oír. Y nunca aceptarán la verdad. Oí a un misionero americano [tome en cuenta que Donate nació en Nueva York] que dijo que la Biblia Reina-Valera viene del infierno. ¡Sí, estoy seguro que van a convencer a los mexicanos que necesitan una revisión! ¡Por supuesto que no! … ¡Con razón los hermanos mexicanos en todo el mundo hispano están a la defensiva en contra de cualquier cosa que tenga olor a revisión u olor a americano! … Estoy pagando el precio por la gente que ha hecho tal cosa. A veces, cuando alguien oye el nombre "Humberto Gómez", algunas personas inmediatamente me identifican con esa gente.

El hermano Gómez ciertamente se ha identificado con algunas de esas personas ahora, por lo menos con el que mencionó que había declarado que la Reina-Valera venía del infierno. En su conferencia en que se promovió la RVG, el hermano Gómez identificó a Carlos Donate como uno de sus "colaboradores principales" en su proyecto de revisión. Quizás el misionero Carlos Donate no estaba colaborando con el hermano Gómez en el momento de su discurso en Canadá en 2005, pero el hermano Gómez sabía por adelantado exactamente cuán controversial era Carlos Donate, y a pesar de esto, con el tiempo le permitió llegar a ser uno de sus "colaboradores principales".

Se documentan más ejemplos del punto de vista extremista empezando en la página 64 del presente libro. El hermano Gómez no se ha distanciado de algunos que han sido extremadamente controvertidos, sino que en algunos casos les ha ofrecido participar en su proyecto, se ha identificado públicamente con ellos, y los ha elogiado.

¿Una figura decorativa?

---

[105] Gómez, Humberto. "*Spanish Bible Progress*". Reunión anual de la *Dean Burgon Society*. julio 23, 2009. Grabación de audio.

Cerca del medio día del último día de la conferencia, el hermano Gómez declaró lo siguiente acerca de su participación:

> No me digan a mí que no hay estudiosos detrás de este libro sagrado. Hay muchos cerebros más. ... [Menciona a tres americanos en ese momento: Waite, Donate y Michael Lemma] Y yo no más soy uno que lleva la voz tronante, es todo no más. Dios me llamó a hacerlo, y quise pagar el precio. Todo lo que se necesitaba es alguien que se pusiera de pie en el vallado, que se pusiera firma, que diga "lo vamos a hacer para la gloria de Dios". Y está hecho.

Yo no sé hasta qué punto el hermano Gómez estuvo involucrado, pero hay varias razones ya mencionadas que me hacen sospechar que él fue fuertemente influenciado por americanos que querían acomodar la RVG a la Biblia en inglés aun en lugares donde la Biblia en español ya seguía el griego o hebreo cuidadosamente. Ya que él no permitió que otros tuvieran voto en las decisiones textuales (esto según lo que me ha dicho en correspondencia personal), revela que pudo haber sido influenciado fácilmente comparado a un grupo de hombres debidamente preparados en los idiomas originales. Que se haga una revisión por un solo hombre en nuestros tiempos de colaboración fácil a larga distancia para un idioma con más de 300 millones de hablantes no es correcto, en mi opinión. Algunos se refieren a casos donde hubo revisiones hechas por un solo hombre, pero la mayoría de ellos fueron durante una era de persecución inquisitorial, o cuando el sistema de comunicación todavía era rudimentario comparado a hoy en día.

No se garantiza un texto fijo

Momentos antes de despedir a la congregación el último día de la conferencia, el hermano Gómez dijo:

> Ha sido un trabajo de perfección tremendo. Hemos estado trabajando, trabajando, trabajando. Tremendo. Hermanos, también debo decirles esto. Ha sido un proceso tremendo. Por si algunos se preguntan, ¿la Biblia va a seguir cambiando, va a seguir cambiando? Esperemos que no, hermanos. De hecho, los colaboradores nuestros hemos llegado a la conclusión hermanos que terminando este diciembre, vamos a detener, y si Dios quiere que hagamos una revisión en unos cuatro, cinco años, algo que sea grave, lo corregimos. De lo contrario, si ya no hay nada de gravedad, si es cuestión de preferencias, eso olvídese; ya se quedó así y lo más seguro es que así se va a quedar ya como va a estar en diciembre.

***¿King James*, el estándar para la Biblia en español?**

Durante un tiempo de preguntas y respuestas en su conferencia, Humberto Gómez dijo que la base de una traducción debe ser el Texto Masorético y el Texto Recibido. Pero note lo que Humberto Gómez añadió momentos después:

> Pero el estándar para seguir, tiene que ser la Rey Jaime. Eso lo digo en público, y no me avergüenzo de ello. ¡100 porciento!

¿Qué hay de malo en esto? Sería tan erróneo como declarar que para la Biblia en inglés, ¡el estándar a seguir debería ser la Biblia en español!

En una conferencia en la iglesia del pastor Phil Stringer en Chicago en marzo de 2007, Humberto Gómez declaró lo mismo, añadiendo que él creía que la Biblia en inglés era perfecta. El hermano Gómez tuvo una declaración doctrinal pública en su antiguo sitio de internet en donde declaró que la Biblia *King James* en inglés es inspirada.[106]

Dios inspiró su palabra en hebreo y griego y no en inglés, por tanto el inglés no debe ni puede ser el estándar para otros idiomas. Casiodoro de Reina tradujo su Biblia del griego y del hebreo en 1569, ¡cuarenta y dos años antes de la creación de la Biblia en inglés *King James* de 1611!

No hubo preguntas difíciles

Se dedicó considerable tiempo para preguntas y respuestas durante la conferencia. Yo creo que las preguntas revelaron que la gran mayoría de los que hicieron preguntas ya simpatizaban con el proyecto de la RVG. He anotado la clase de preguntas que yo sentí se debería haber preguntado, aunque algunas se podrían modificar un poco para que suenen más diplomáticas. Estas son las preguntas que me surgieron de los videos de la conferencia:

- ¿Por qué no se formó un comité, en lugar de que solamente el hermano Gómez fuera el que tomara las decisiones finales?
- ¿Hubo un comité de hombres que escogió al hermano Gómez como el único revisor del proyecto desde el principio? Si así fue, ¿quiénes formaron ese comité?
- ¿Por qué no se presentó documentación cuando se declararon cosas sensacionalistas en la conferencia? (tales como que Nida supuestamente fue el editor de la 1960, de que él supuestamente eliminó el nacimiento virginal de la RSV, de que era un incrédulo, etcétera).
- ¿Cuáles son las credenciales académicas del hermano Gómez?
- Si sus consejeros tenían más credenciales académicas que él, ¿por qué el hermano Gómez no pasó a ser un consejero, en vez del único encargado de hacer las decisiones finales?
- ¿Por qué se permitió defender al libro del *Elefante* en la conferencia, cuando se había desacreditado con abundante documentación varios años antes?
- ¿Por qué se permitió a un hombre responsable de algunas de las acusaciones más escalofriantes (diciendo que la 1960 vino del infierno, que Nida tradujo "el Cordero de Dios" como "el puerco de Dios", etcétera) que llegase a ser uno de los "colaboradores principales" del proyecto RVG, si el hermano Gómez de verdad estaba tratando de mantenerse alejado de controversia?

Conclusión

Aún si yo estuviese a favor de que se revisara la Reina-Valera, yo no acudiría a un grupo tan controversial para producirla, porque creo que están usando tácticas cuestionables y una actitud negativa. Aparentan, por medio de las declaraciones y actitudes documentadas aquí, como que estuvieran tratando de empezar alguna especie de movimiento controversial RVG-solamente. Le ruego al lector que tenga cuidado. Si no está de acuerdo con la RVG, tenga cuidado con la forma de oponerse a ella. Al oponernos, no debemos imitar la conducta y métodos beligerantes del grupo con el cual estamos en desacuerdo. Para los que todavía están a favor de la RVG, tengan cuidado de no transmitir o defender métodos abiertamente divisivos y la actitud de que "el fin justifica los medios", como se reveló en esta conferencia. No debemos permitir que el mundo hispano fundamentalista se divida.

---

[106] http://www.gaius.org/humbertogomez/OurDoctrine.htm. Accedido marzo 11, 2006.

CAPÍTULO 9 – EL AÑO 2008
Análisis del video de Humberto Gómez acerca de supuesto gnosticismo en la Reina-Valera

En una conferencia en su iglesia en el 2007, y en un video titulado *Gnosticism & the Spanish Bible* a principios del 2008, el misionero Humberto Gómez y el Dr. D.A. Waite hicieron la acusación que la Reina-Valera ha sido infectada por el gnosticismo. He escuchado detenidamente la grabación de la conferencia y el video, y aquí ofrezco mi análisis.

Mientras Humberto Gómez trabajaba en su revisión, yo le escribí diciendo que una de mis inquietudes era que seguramente atacaría versiones anteriores para justificar su nueva revisión. El hermano Gómez me aseguró que eso no iba a suceder. Lea por sí mismo y descubra si el hermano Gómez cumplió su palabra o no.

Uno de los pasajes en la Reina-Valera 1960 que atacaron con más vigor fue Lucas 2:22. Presentaron este versículo como evidencia de porciones gnósticas en la Reina-Valera. Pero en el video y en la conferencia, cuando trataron este versículo, no confesaron que tiene apoyo en el *Textus Receptus* (Texto Recibido). En realidad la variante de la Reina-Valera 1960 en este versículo refleja la mayoría de los manuscritos, y es la variante de los Nuevos Testamentos griegos de Estéfano y Erasmo. También es la traducción de la Biblia francesa *Ostervald* 1996 basada en el Texto Recibido. En cuanto a este versículo, acusan que Cristo tenía que ser pecador porque hace referencia a la purificación "de ellos". Sabemos que la Biblia enseña que Cristo no fue pecador; por tanto, no es posible que se refiera a una purificación de pecados de Jesús. Hay muchas posibles explicaciones para la referencia a pureza, incluso que se refería a la purificación de los judíos que iban al templo para llevar a cabo ritos de purificación (para más información, vea la pág. 161). Al acusar que la Reina-Valera tiene variantes gnósticas en este versículo, ¡están alegando que hay lecturas gnósticas en el Texto Recibido!

El pastor Mickey Carter, uno de los conferencistas en esta conferencia en la iglesia de Humberto Gómez, declaró que no hubo un plan gnóstico detrás de la Reina-Valera 1909. Pero cuando me puse a analizar los versículos en la 1960 que acusaron de ser gnósticos, ¡correspondía a la 1909 el 87 por ciento de las veces! 80 por ciento de las veces que acusaron que un versículo en la 1960 era herejía gnóstica, se aplicaba a la Reina-Valera de 1862. 47 por ciento de las veces que acusaron que un versículo en la 1960 era herejía gnóstica, se aplicaba a la Reina-Valera de 1569 y 1602. En otras palabras, o lo dijeron en ignorancia, o estaban fingiendo como que solo atacaban la 1960, pero en realidad estaban despreciando el linaje entero de la Reina-Valera. Dado que en esta misma conferencia el Dr. Waite declaró que las versiones en español antes de la Reina-Valera-Gómez contenían veneno, aparentemente estaba denunciando el linaje entero de la Reina-Valera. Es triste notar que el Dr. Waite, quien ha dedicado su vida a la noble causa de defender la Biblia *King James*, se ha vuelto menos balanceado en años recientes.

¿Cuál fue la documentación primaria que ofrecieron para comprobar históricamente que los gnósticos de verdad corrompieron manuscritos específicos que todavía siguen vigentes? Ninguna. Que los gnósticos corrompieron manuscritos, y estos manuscritos sobreviven hasta el día de hoy, es una teoría especulativa y conspiratoria del Dr. Waite y el hermano Gómez. Algunos que han escrito acerca de una posible conexión gnóstica lo hacen con más precaución y cuidado. Por ejemplo, el libro *Forever Settled*, escrito por Jack Moorman y publicado por la *Dean Burgon Society* (del cual el Dr. Waite es presidente) dice lo siguiente: "Esta omisión **parece ser** una mutilación del texto sagrado en las manos de herejes, **probablemente** gnósticos". Ninguna vez en la conferencia o en el video oí que el Dr. Waite o el hermano Gómez declararan que cierto pasaje "quizás o posiblemente fue manipulado por un gnóstico". Siempre hicieron la acusación en forma afirmativa. Aunque no lo dijeron directamente, estaban dando la impresión que los revisores de la Reina-Valera 1960 eran gnósticos. Esto quedó demostrado cuando una persona en la conferencia se puso en pie y preguntó quién estaba detrás de la 1960, y si era un gnóstico.

El Dr. Waite y el hermano Gómez presentaron su material como si todos los traductores y revisores en el linaje de la Reina-Valera hubieran sido engañados por variantes gnósticas por cientos de años.

Cuando trataron de comprobar que la influencia gnóstica en la Reina-Valera incluía negar la resurrección de Jesucristo, como en otros casos, basaron sus acusaciones en evidencia superficial. Los dos versículos presentados como "evidencia" de la negación de la resurrección de Jesucristo en la Reina-Valera fueron 2 Corintios 4:14 y Romanos 10:7.

En cuanto a 2 Corintios 4:14, la molestia era que al tener la frase "con Jesús" en vez de "por Jesús", esto resulta en la negación de la resurrección de Cristo. Pero lea el versículo entero: "Sabiendo que el que resucitó al Señor Jesús, a nosotros también nos resucitará con Jesús, y nos presentará juntamente con vosotros". ¡La primera parte del versículo presenta la resurrección como un hecho! Además, la palabra griega en cuestión aquí fue traducida en la *King James* como *with* (con) en Marcos 16:20 y en otros lugares, por tanto la 1960 no despreció al griego ni borró nada al traducir este pasaje. Note también la frase "con Jesús" en la KJV y la RVG2010 en Col. 3:1: "Si, pues, habéis resucitado **con Cristo**..."

En cuanto a Romanos 10:7, lo siguiente fue alegado por el hermano Gómez:

> Si usted tiene su Biblia 1960, la palabra "volver a subir" fue borrada. No más dice "para subir a Cristo de los muertos". En otra palabra, como si Cristo todavía estuviese en la tumba, como si todavía no hubiese sido resucitado.

En realidad, los revisores de la Reina-Valera 1960 tradujeron este versículo literalmente. Los Nuevos Testamentos interlineales por J.P. Green y Thomas Newberry, ambos basados en el Texto Recibido, tienen la frase *Christ to bring down,* (Cristo para bajar) sin la frase "volver". La palabra *again* en la *King James* no aparece en el griego, pero aparentemente fue añadida por motivos de aclaración. Pero los revisores de la Reina-Valera no borraron nada que aparezca en el griego como implica Humberto Gómez. Note también el contexto. La última parte del versículo anterior habla de traer abajo a Cristo, y luego hace el contraste con hacer subir a Cristo. El comentarista Bautista respetado del siglo XVIII John Gill, nos dice en su comentario bíblico lo siguiente en cuanto a este pasaje: "Estas frases son proverbiales, y con frecuencia se usan para expresar cosas imposibles". Note también dos versículos más adelante, donde aparece un versículo bien conocido acerca de la resurrección de Cristo, el cual termina así: "...y creyeres en tu corazón que Dios le levantó de los muertos, serás salvo". Nadie ha dicho directamente que los revisores de la 1960 no creían en la resurrección de Cristo, pero la naturaleza de la querella en contra de este versículo demuestra esta implicación. Esto es un insulto a los revisores de la Reina-Valera de 1960, los cuales tenían una tendencia a ser conservadores en su teología. Inclusive un revisor de la 1960 escribió un bello poema acerca de la resurrección de Cristo titulado "¡Él vive!"

En palabras sencillas, la forma en que acusaban ciertos pasajes de contener herejías gnósticas fue algo así: "La Reina-Valera 1960 en este versículo solamente dice 'Jesús', pero la Reina-Valera Gómez y la Rey Jaime en este versículo dicen 'Señor Jesús.' Quitaron a 'Señor' porque los gnósticos no creían que Jesús era Dios". Más o menos de esta forma trataron el asunto, de una manera simplista.

Ahora debemos preguntarnos si podemos tomar la Reina-Valera Gómez y la *King James* y compararlas a la Reina-Valera 1960 del mismo modo. Si podemos declarar que la Reina-Valera Gómez y la *King James* contienen herejías gnósticas al hacer la misma comparación al revés, ¿no comprobaría eso que la fórmula que usaron para determinar herejías gnósticas es defectuosa? Vea Apocalipsis 16:5. La Reina-Valera 1960 se refiere a Cristo como "el Santo" en este versículo, y está de acuerdo con el Texto Recibido de Estéfano de 1550. Vea ahora la Reina-Valera Gómez y la *King James*. No dicen que Cristo es "el Santo" en ese versículo. ¿Comprueba ese versículo que hay herejía gnóstica en la Reina-Valera Gómez y la *King James*? Si la respuesta es no, ¿por qué se está tratando la Reina-Valera 1960 y versiones anteriores en una forma diferente?

En el video el Dr. Waite trató de usar a John Burgon para justificar su conspiración de corrupción de manuscritos a manos de gnósticos. Pero si uno lee el libro de Burgon titulado *The Causes of the Corruption of the Traditional Text of the Holy Gospels,* 1896, páginas 191 y 197, uno verá lo que creía este defensor del Texto Recibido en cuanto a otras posibles razones para las diferencias entre manuscritos. En cuanto a las razones de las diferencias entre manuscritos, él incluye las siguientes:

1. Descuido en el proceso de transcribir.
2. Enmiendas al texto de parte de los que eran sanos en doctrina. Burgon dijo que él sospechaba que ellos tenían tanta culpa como los que tenían motivos menos nobles.

Burgon expresó esas dos cosas en las siguientes palabras, que hemos traducido:

> Estamos preparados para hacer la mayor concesión para descuidos, aun para transcripción licenciosa; y podemos inventar las excusas por el afán erróneo, la oficiosidad, si hombres prefieren llamarlo así, de los que con frecuencia no dudaron en adoptar enmiendas conjeturales al texto. … Yo no digo que los herejes fueron los únicos ofensores aquí. Estoy inclinado a sospechar que los ortodoxos fueron tan culpables como los impugnadores de la verdad.

Al leer sus propias palabras, es obvio que Burgon implicaba que no era posible conocer con exactitud la razón exacta de cierta diferencia entre manuscritos. Sin embargo, en los versículos en la Reina-Valera de los cuales el Dr. Waite y el hermano Gómez se quejaron, ellos afirmaban saber la razón exacta cada vez, sin presentar el asunto como una teoría. Ellos escogieron tratar el asunto en una forma de conspiración, en vez de un análisis balanceado que tomara en cuenta otras posibilidades tal como lo hizo John Burgon.

Concluiremos con las siguientes palabras de Burgon, las cual contradicen lo que se intentó hacer en el video y en la conferencia:

> Nuestro deber como críticos no es de inventar teorías para explicar los errores de copistas; sino para acertar donde ellos han errado, donde no. … de ninguna manera es seguro seguir el descubrimiento de una

depravación del texto con una teoría para explicar su existencia. Permítame decir que tales teorías raras veces son satisfactorias. En los mejores de los casos son especulaciones, nada más.[107]

---

[107] Burgon, John. *The Last Twelve Verses of Mark*, 1871, pp. 100-101.

CAPÍTULO 10 – EL AÑO 2009
Conferencia en contra de la Reina-Valera 1909

En abril del 7-9 del 2009 se llevó a cabo una conferencia en la que se criticó severamente la Valera 1909 en la Iglesia Bautista Los Olivos, Balch Springs, Texas. El motivo aparente fue para convencer a sus miembros que abandonen la RV 1909 que se venía usando en la iglesia y cambiarla por la RVG. Los conferencistas principales fueron D. A. Waite y Humberto Gómez. Las ponencias fueron presentadas por Waite, con una traducción informal por el hermano Gómez, quien añadió muchos comentarios extras. Las citas provienen del video de la conferencia.

A los diez minutos de la primera grabación, se hizo referencia a la 1909 como "una Biblia que tiene el mismo título para Jesús que para el Diablo". Esto tiene que ver con los pasajes de Isa. 14:12 y 2 Ped. 1:19. Esto es tan injusto como decir que la RVG tiene el mismo título para Jesús y el Diablo porque en Apoc. 5:5 Jesús es "el León de la tribu de Judá" mientras que Satanás es un "león rugiente" en 1 Ped. 5:8. Este asunto se trata con más profundidad en la página 154.

A los quince minutos se burlaron de la redacción de Éx. 14:13 en la 1909 al interpretarlo como si Dios pudiese enfermarse.

A los 30 minutos se atrevieron a decir: "Hemos tratado [de] mantener la cordura, la calma, de ser quietos".

A los siete minutos de la segunda grabación se burlaron de la 1909 al referirse a "esposas" como "mujeres". El conferencista Waite demostró su ignorancia del idioma y la cultura al preguntar "¿cuántas mujeres quieren que sus esposos les digan "mujer" solamente? ¿Por qué usarías una Biblia en español que le dice "mujer" a tu esposa?

A los diez minutos presentaron el pasaje de Sal. 68:11 como si aprobara mujeres predicadoras evangelistas en la 1909. Sin embargo, la 1909 tiene "las evangelizantes" (no evangelistas). En hebreo es en referencia a mujeres. No obstante, la RVG2010 hace referencia a "aquellos", género masculino. Para más detalles acerca de esta acusación, vea la página 90.

Se ocupó mucho tiempo diciendo que los cambios en la 1909 se deben a herejes gnósticos que supuestamente manipularon los manuscritos. Para leer más acerca de mi respuesta a esta teoría, favor de ver la página 71.

A los veintiséis minutos hicieron referencia a la 1909 como un experimento: "Y desafortunadamente la 1909 fue el primer experimento que hicieron en español para introducir el texto crítico".

A los veintinueve minutos dirigieron su atención a la RV 1960. Se dijo lo siguiente en un comentario hecho por Humberto Gómez:

> Si ustedes quieren leer hermanos, tenemos el libro de los principios de traducción de la Biblia 1960 donde ellos dijeron "nosotros hemos abandonado el Texto Recibido".

Inmediatamente Waite continúa, dando la impresión que se refería a los revisores de la 1960 como gnósticos: "Y los gnósticos no creían que Jesús era Señor". Regresando a lo que se dijo anteriormente, no existe un principio de traducción de la 1960 que diga "nosotros hemos abandonado el Texto Recibido". Se demostrará esto en breve.

A los 35 minutos del tercer video, Humberto Gómez hizo la siguiente acusación:

Y luego aquí hermanos vemos en esta versión [1909] hermanos versículos que niegan que Jesucristo es el Hijo de Dios. Y hermanos esto fue el principio hermanos. De veras hemos dicho que la 1909 comenzó hermanos a usar el Texto Crítico y ya para la 1960 ellos dijeron no vamos a volver al Texto Recibido, nos vamos a ir cien por ciento al Texto Crítico.

A los 37 minutos del segundo video, Humberto Gómez declaró lo siguiente:

Ellos dijeron, y el Dr. José Flores dijeron, [sic] "vamos a hacer a un lado el Texto Recibido, totalmente divorciado de él, y todos los cambios van a ser basados en el Texto Crítico y en la Biblia, la Americana, Revisión Estándar". Está en el libro. Yo tengo el libro, tengo la página, yo le doy una copia si quiere; ellos lo dicen ahí bien claro: que ellos decidieron seguir la Biblia Americana que está basada, la American Standard Version, está basada en textos críticos.

La documentación acerca de la historia de la Reina-Valera 1960 no dice incondicionalmente que los revisores de la RV 1960 se divorciarían totalmente del Texto Recibido, y que todos los cambios se basarían en dichas Biblias americanas, o que iban a ir cien por ciento siguiendo al Texto Crítico como afirma el hermano Gómez. Lo que más se acerca a tal afirmación (pero que no alcanza comprobarlo) de lo cual tengo conocimiento es lo siguiente del libro de José Flores, *El Texto del Nuevo Testamento*, página 232:

Un principio añadido a la lista primera del Comité de Revisión de la Reina-Valera fue que: «Dondequiera que la versión Reina-Valera se ha apartado del Textus Receptus para seguir otro texto mejor, nosotros no volveremos al Receptus.» El punto 12 de los «Working principales» [sic] dice: «En casos de duda sobre la correcta traducción del original, consultaremos preferentemente la English Revised Version de 1885, la American Standard Version de 1901, la Revised Standard Version de 1946 y el International Critical Commentary.»

Según entiendo la primera parte de la cita, indica que cuando los revisores de la 1960 notaban que en un caso dado la Valera 1909 no seguía el Texto Recibido, ellos lo dejaron como estaba si seguía un texto mejor. La última parte de la cita simplemente menciona algunas de las Biblias que se iban a consultar preferentemente, además de un comentario bíblico. La cita no dice que iban a seguir dichas Biblias, o basarse en ellas. Puede haber una diferencia muy grande entre <u>consultar</u> una fuente, y <u>seguir</u> o <u>basarse</u> en ella.

Seguramente sonaba convincente decir "Está en el libro. Yo tengo el libro, tengo la página, yo le doy una copia si quiere", pero Humberto Gómez no citó de la fuente, sino que lo parafraseó en la forma más conveniente para él.

Otra razón por la cual lo que se alegó es imposible, es que uno de los principios de traducción para la 1960 fue el siguiente, escrito por el mismo José Flores: "Ceñirnos al *Textus Receptus*, el manuscrito más antiguo que emplearon Casiodoro de Reina y Cipriano de Valera para su trabajo".[108]

Se documenta en la página 105 que los revisores de la KJV consultaron algunas fuentes dudosas, incluyendo *Rheims*, la Vulgata Latina y la Septuaginta. Si este hecho no

---

[108] Flores, José. *Escribiendo la Biblia*. Grand Rapids: Editorial Evangélica, sin fecha, p. 307.

debe arruinar nuestra confianza en la KJV, ¿por qué se está tratando a la Reina-Valera de una forma diferente al acusar que por haber consultado tales versiones, nuestra Biblia no es digna de confianza o está corrompida?

A los 36 minutos del tercer video se puede leer en la pantalla que proyectaban una imagen de Powerpoint con el título "Español 1909 —Niega que Cristo es el Hijo de Dios". El único versículo que se trató en ese punto fue Lucas 4:41. Al tratar este versículo en la 1909 se declaró:

> Eso es falso. El Hijo es igual que el Padre. Esa es una doctrina satánica. Y muchos, desafortunadamente, muchos creyentes siguen esta doctrina en algunos versículos porque tienen Biblias que lo hacen así.

Si fuera cierto que siguen una doctrina que enseña que el Hijo no es igual al Padre, no serían creyentes. Por tanto, la última oración no tiene sentido. La acusación de Lucas 4:41 se centra en que le falta la palabra "Cristo" en la primera parte del versículo. Pero si se fija atentamente, la primera parte del versículo son voces de demonios. El versículo comienza diciendo, "Y salían también demonios de muchos, dando voces, y diciendo…" ¡Lo que dijeron o no dijeron los demonios no es la base correcta para determinar doctrina! Por tanto, estaba fuera de lugar usar esta parte del versículo como fundamento para declarar que la 1909 "niega que Cristo es el Hijo de Dios". Además, la forma en que interpretaron este versículo viola principios básicos de la hermenéutica, porque el versículo mismo que alegan niega que Cristo es el Hijo de Dios en la 1909, acaba diciendo: "…porque sabían que él era el Cristo".

Hubo varios otros puntos provocativos en la presentación de Waite que Gómez tradujo que deseo destacar, pero sin profundizar. Todos sin una justificación adecuada, tal como el ejemplo que acabo de analizar:

1. "Español 1909 —Niega que Jesús es Señor".
2. "Español 1909 —Niega que Dios era el Padre especial de Jesús".
3. "Español 1909 —Niega que Jesús es Cristo".
4. "Español 1909 —Niega la resurrección corporal de Jesús".

Como se documentó, dijeron cosas escalofriantes y provocativas acerca de esta noble versión antigua que en el mismo año de la conferencia cumplía 100 años de ser una versión confiable para el mundo hispano. Es una tragedia que se haya pisoteado dicha versión con acusaciones absurdas en vez de honrarla en su centenario como se merecía.

Crítica del libro "Por qué la Biblia Reina Valera Gómez es la Perfecta Palabra de Dios"

Por qué la Biblia Reina Valera Gómez es la Perfecta Palabra de Dios es un pequeño libro de 46 páginas publicado por *Chick Publications* en el año 2009. Se basa en la versión de un libro en inglés[109] escrita acerca de la versión *King James* por Gary Miller, con la edición en español aplicada a la RVG editada por David Daniels.

Al comparar entre las versiones en inglés y español de este libro, hubo varias cosas que me llamaron la atención. Una es que la versión del libro en inglés señala que una de las evidencias de que la KJV es supuestamente perfecta es porque no tiene derechos reservados, y hasta usaron un texto bíblico para tratar de probarlo. Pero si se fija en la portada de la RVG, verá que sí tiene derechos reservados. Por tanto, en la versión en

---

[109] *Why the King James Bible is the Perfect Word of God.*

español del libro tuvieron que dejar afuera ese criterio de perfección de una traducción, porque demostraría que la RVG no cumple con los criterios de perfección que se inventaron para la KJV. Otra cosa interesante es que la versión en inglés del libro enseña una doctrina que quedó afuera (por lo menos en nombre) de la versión en español. Es una doctrina de hombres que llaman *"Doctrine of Utilization"* (Doctrina de Utilización). La versión en inglés no explica esta doctrina en detalle, pero creo que se refiere al hecho de que la KJV se ha utilizado por cientos de años. Eso no se puede decir de la RVG, y entonces explicaría por qué quedó eliminada de la versión en español que enseña la supuesta perfección de la RVG.

Algo que también me llamó la atención fueron varias declaraciones que David Daniels, el editor del libro aquí analizado, hizo en un libro publicado en el 2003 en inglés con el título *Answers to your Bible Version Questions*. En la página 168 dice, "Yo no soy erudito del español, por tanto yo no puedo juzgar en sí la traducción de ese idioma". Si él mismo confesó que no tiene el conocimiento del español para juzgar adecuadamente, ¿cómo llegó a la conclusión de que la RVG era perfecta, y aún así editar un libro que enseña tal cosa? En la página 130 del mismo libro también dice que "...no creo que el nombre de un hombre debe estar sobre una Biblia"... La página 32 revela que él cree que la Biblia en inglés es perfecta, pero no cree lo mismo de ningún Nuevo Testamento griego: "Yo sinceramente espero que alguien haga un Nuevo Testamento griego para igualar a nuestro Nuevo Testamento perfecto en inglés, la KJV". En la página 166 expresó su opinión de que la traducción de la Biblia a otros idiomas debería ser del inglés.

Regresando al libro *Por qué la Biblia Reina Valera Gómez es la Perfecta Palabra de Dios,* al pie de la página 43 en el libro hay una nota indicando que cierta palabra griega en Filp. 2:6 se tradujo erróneamente en la 1960 como "aferrarse". Busqué la palabra griega en el *Diccionario Conciso Griego-Español del Nuevo Testamento* editado por Elsa Tamez y encontré lo siguiente: "Algo a que aferrarse, algo que conservar". Vea también la última parte de la nota para este versículo en la Biblia con notas de Scofield.

El libro presenta la RVG como perfectamente preservada y traducida (p. 46), y habla con desprecio de otras Biblias como la Vulgata Latina (p. 40). Estoy de acuerdo en que la Vulgata no es la más confiable, pero el hecho es que la KJV y la RVG (sin dejar de mencionar la RV 1960 y versiones anteriores) demuestran rasgos del latín. Por ejemplo, la RVG2010 y la KJV tienen "mansiones" en Juan 14:2, mientras que la RV 1960 y las ediciones anteriores de la Reina-Valera tienen "moradas". "Mansiones" como aparece en la KJV y la RVG2010 corresponde exactamente con la palabra latina *mansiones* de la Vulgata Latina en Juan 14:2, mientras que la traducción de la Reina-Valera se acerca más al significado primario de la palabra μονή en griego. Pero si la 1960 llega a hacer algo similar en otro pasaje y no la RVG o la KJV, la 1960 es acusada de perversión. Eso es un doble estándar.

En la página seis aparece una palabra clave inquietante a la cual quiero dirigir la atención. La oración es la siguiente, con énfasis sobre la palabra clave:

> En las próximas lecciones veremos por qué no todas pueden ser las Palabras de Dios y por qué **solamente** la RVG son las palabras de Dios perfectamente preservadas en español.

No trataré con la perfección que se alega para la RVG en la oración anterior, puesto que la analizaré más adelante. Note cómo se usó la palabra "solamente" en la oración para excluir las demás traducciones en español. Lo que se puede notar aquí es un sutil intento de imponer un movimiento "RVG solamente". Por el contrario, aunque apruebo y recomiendo la 1909 y la 1960, no estoy a favor de un movimiento "1960 solamente". Solo he oído del caso de un hombre que estaba a favor de un movimiento semejante, y a él le escribí una carta: *Carta de desacuerdo con un hermano que quiere empezar un movimiento "Reina-Valera 1960 Solamente"*.[110] La Biblia nos dice en 2 Tim. 2:9 que "la palabra de Dios no está presa". La Palabra de Dios en español no está presa a la determinación de un individuo o grupo de hombres. Teníamos la Palabra de Dios antes de la RVG, y todavía la tenemos en una forma confiable y adecuada en la Reina-Valera.

El más grave defecto del libro es que empieza partiendo con la premisa de que la RVG es perfecta sin comprobarlo. O sea, el libro empieza con una conclusión sin comprobar y la sigue repitiendo, a lo cual se le llama un razonamiento circular. El autor trata la afirmación de que la RVG es perfecta como un hecho documentado, y no mera opinión. El libro usa citas de la Biblia como si comprobara que la RVG es perfecta, pero la verdad es que la Biblia no hace mención de traducciones de la Biblia, y menos la RVG.

Aunque la Palabra de Dios es perfecta en los originales, no puede ser perfecta en una traducción por el hecho de que Dios no es el traductor. Todos los traductores humanos son imperfectos. En miles de ocasiones se encuentran con palabras en griego y hebreo que tienen múltiples significados bajo diferentes contextos, y eso los obliga a interpretar. En algunos casos hay palabras en griego y hebreo donde hay dudas en cuanto al significado exacto, y los léxicos solo ofrecen teorías. No hay ningún ser humano que sea capaz de interpretar la Biblia perfectamente sin equivocarse en los más mínimos detalles, y es igual con los traductores. Nada de que el hombre toca (incluyendo traducciones) resulta perfecto a menos que Dios intervenga y haga un milagro directo (como en el caso del Espíritu Santo cuando inspiró a los escritores bíblicos). Si Dios hubiera hecho un milagro al dirigir las decisiones de revisión de la RVG, no hubiera necesidad de haber hecho ningún cambio textual desde que se presentó en el año 2004. Un milagro que resulte en una RVG perfecta significa que Dios tendría que haber dado a Humberto Gómez y a sus consultores una revelación especial, algo que nunca ocurrió con ningún otro revisor en ningún idioma. Yo sé que nadie está diciendo que el hermano Gómez recibió una revelación o fue partícipe de un milagro, pero este libro analizado aquí no demuestra que la RVG sea perfecta, y sólo estoy explicando la imposibilidad de la perfección de una traducción. El hecho de que una traducción no pueda ser perfecta no significa que la única alternativa sea una traducción no confiable. Al contrario, la posición histórica del cristianismo es que las buenas traducciones son confiables y adecuadas.

El hecho de que la RVG no pueda ser perfecta queda demostrado en que se han publicado diferentes ediciones. Tengo varias ediciones de la RVG en mi biblioteca, y aunque todas dicen que son la edición "2004" (excepto la más reciente RVG2010) he encontrado diferencias. Por ejemplo, en una que obtuve en el 2006 en Hechos 19:2 tiene la frase "desde que creíste" cuando una edición digital más reciente tiene "cuando creíste". Podría ofrecer más ejemplos, pero no quiero aburrir a los lectores y distraerlos de la crítica del libro. Tal como este libro, algunos promotores de la RVG a veces dicen que ambas, la RVG y la KJV son perfectas. Si fuera así, sería imposible que tengan diferencias. Si ambas fueran perfectas, no podrían tolerar ningún grado de incertidumbre o variación entre una y la otra. Pero compare Hechos 7:20 en la KJV con la RVG. La

---

[110] http://www.literaturabautista.com/?p=228

KJV no tiene la palabra *God* (Dios) y la RVG sí la tiene. No es posible que ambas sean perfectas y tengan semejantes diferencias. (Proveo muchos más ejemplos en el estudio "Análisis del texto de la Reina-Valera-Gómez"[111]

En la página ocho se enseña que es una "mentira" enseñar que solo los escritos originales fueron inspirados. Para no ser acusado de sacar una cita fuera de contexto, aquí presento el párrafo entero:

> Mucha gente afirma que sólo los "manuscritos originales" (las tablillas originales, cueros de animales o manuscritos escritos físicamente por Moisés, David, Pablo, etc.) fueron "inspirados", pero que las copias hechas de esos originales contienen errores y no son confiables. ¡Eso es mentira! Las Escrituras en verdad nos dicen que los manuscritos originales fueron inspirados. Pero Dios también hizo que Su pueblo hiciera copias fieles de esos manuscritos originales para mantener Sus palabras perfectas disponibles para el hombre.

En la página doce se continúa la ampliación de esa enseñanza al afirmar que las traducciones también pueden ser inspiradas:

> Pero a las copias exactas y a las traducciones correctas también se les llama Escritura. Son tan inspiradas como los originales, conocidos también como "manuscritos originales".

El problema con esta enseñanza es que las traducciones no fueron exhaladas por Dios, y eso es lo que tendría que haber ocurrido para que una traducción sea inspirada. La palabra "inspiración" proviene de una palabra compuesta en griego que significa "exhalado por Dios".[112] La inspiración ocurrió una sola vez a través de una etapa de tiempo, para nunca volver a ocurrir. Si se dijera que la Reina-Valera es inspirada, por ejemplo, sería equivalente a decir que Dios exhaló la Reina-Valera. Sabemos que eso no es posible, porque entre otros factores se conoce la historia del origen de la Reina-Valera.

En el libro se enfatiza que Timoteo tuvo las Escrituras en copias desde niño en 2 Tim. 3:15, y el versículo siguiente nos señala que "Toda la Escritura es inspirada por Dios". Un detalle que no se señaló es que en el versículo quince la palabra griega traducida como "Escrituras" es diferente a la palabra griega traducida como "Escritura" en el versículo dieciséis. El versículo dieciséis está hablando de cómo la Escritura fue <u>dada</u> originalmente, no necesariamente la condición de perfección de cada copia o traducción entonces en existencia, pues siempre existió la posibilidad de cometer errores humanos al copiar o traducir.

Se debe tomar en cuenta que la RVG no es la única traducción que han declarado perfecta grupos de fundamentalistas aislados trabajando entre hispanos en tiempos recientes. Hay un grupo que ha declarado que la 1865 es la "perfecta e inspirada ... palabra de Dios en el lenguaje castellano".[113]

---

[111] http://www.literaturabautista.com/?p=412

[112] La palabra compuesta es *theopneustos*, que deriva de *theos* (Dios) y *pneo* (soplar, inspirar). Eugene Carpenter y Philip Comfort. *Glosario Holman de Términos Bíblicos*. B&H Publishing, 2003, p. 310.

[113] http://www.valera1865.org/es/page12/page12.html. Accedido enero 4, 2012.

Estos grupos, deseando remplazar la Reina-Valera, se están peleando entre ellos mismos. ¡Volvamos a la armonía que había en el fundamentalismo hispano antes que surgiera esta controversia mayormente a mediados de la década de los noventa!

Aunque el editor de *Por qué la Biblia Reina Valera Gómez es la Perfecta Palabra de Dios* cree que una traducción puede ser perfecta, enseña que ninguna fue perfecta en español hasta la RVG. Note lo que dice en la página 42, refiriéndose a la 1602:

> No era perfecta pero, para entonces, era la mejor. Alguien tenía que corregir aún los errores que quedaban. ... El resultado fue la Biblia Reina-Valera-Gómez. **Finalmente** todas las palabras de Dios se habían traducido al español. [Énfasis añadido]

El primer pensamiento que viene a mi mente al leer semejante cosa es —"¡qué arrogancia!" Por cientos de años el mundo hispano solo tenía lo mejor posible, ¿pero "finalmente" ahora, a través de este grupo con un líder miembro de una iglesia ruckmanita[114] por más de veinticinco años, Dios le ha dado a los hispanos una Biblia perfecta en la RVG?

La enseñanza de que hay, o puede haber, una traducción no solamente confiable sino perfecta hecha por hombres es una enseñanza nueva en el fundamentalismo hispano. Por varios años he invitado a cualquiera que esté en desacuerdo que envíe documentación donde se indique lo contrario por medio de la sección de comentarios en mi sitio web. En tres años nadie ha intentado comprobar con documentación que dicha enseñanza no es nueva en el fundamentalismo hispano. Colosenses 2:8 nos advierte lo siguiente: "Mirad que nadie os engañe por medio de filosofías y huecas sutilezas, según las tradiciones de los hombres, conforme a los rudimentos del mundo, y no según Cristo". No debemos rendirnos a quienes buscan imponer una teología nueva y errónea de las Escrituras. A pesar de todo, podemos dar gracias a Dios por tener su Palabra en nuestro idioma en una forma confiable, autoritaria y fidedigna.

Artículo del pastor Carter

En el 2009 el pastor Carter escribió un breve artículo titulado *The Spanish Bible Versions* en la publicación de su ministerio *The Landmark Anchor*. Empieza su artículo indicando que surgió "…un alboroto cuando señalé que la versión 1960 fue hecha por los mismos liberales que hicieron la RSV…" Lo trágico de esto es que dicho escándalo era totalmente evitable —¡porque la versión 1960 **no** la hicieron los mismos liberales que hicieron la RSV como él afirma! No proveyó ninguna documentación para apoyar su declaración, como se le ha solicitado.

Al principio de su artículo también indicó que unos años atrás había "descubierto" que la Biblia antigua en español había sido remplazada por la nueva versión hecha en 1960 en su seminario. Sin embargo, en la página dos de su libro del *Elefante*, Carter admitió: "pude revisar algunos pasajes con el hermano Ortiz pero no descubrí ningún problema". Danny Ortiz fue el pastor hispano bajo el Pastor Carter antes de Elmer Fernández, y el Pastor Ortiz predica con la RV 1960.

En su artículo el autor aduce varias cosas inquietantes, como la siguiente:

---

[114] Para la evidencia correspondiente, ver p. 96.

Muchos buenos predicadores en español siempre predicaron la verdad doctrinal de la KJV mientras que sabían que la 1960 que sostenían no concordaba con lo que estaban predicando.

¿¡Cómo!? Hay diferencias entre la KJV y la 1960, pero no hay doctrinas de la KJV que no se encuentran en ningún lugar en la 1960, como esta afirmación parece implicar. Hay veces que una doctrina es más clara en un versículo dado en la KJV, pero como señalé en el capítulo 15, hay veces que la 1960 es más clara en algún pasaje doctrinal.

CAPÍTULO 11 – EL AÑO 2010
Crítica del libro que promueve la RVG solamente
La Biblia de Dios en Español

El siguiente es un análisis del libro *La Biblia de Dios en español: Cómo Dios preservó sus palabras en español a través de la RVG* publicado en 2010 por Chick Publications y principalmente escrito por Emanuel (Manny) Rodríguez. Además del editor, Humberto Gómez aparece también como titular de los derechos reservados del libro.

Esta crítica presenta los temas aquí en el orden en que fueron originalmente escritos en el libro. He utilizado encabezados a través de esta crítica para separar los distintos temas en discusión. La mayor parte de la crítica consiste en señalar pasajes en la Reina-Valera 1909 y 1960 las cuales creo fueron tratados injustamente. Una gran parte de los pasajes del libro que no están cubiertos en esta crítica, se cubren en la Parte Tres "Vindicación de los versículos más criticados en la Reina-Valera".

¿Primera versión española que es declarada infalible?

En la página 81 se puede encontrar la siguiente declaración: "Hemos concluido que no hay absolutamente ningún error textual en la RVG, ¡ninguno!" La página 199 también hace la afirmación de que la RVG "¡Es perfecta!" Después de leer estas declaraciones, no pude evitar preguntarme si esta es tal vez la primera vez en la historia que una versión en particular en español ha sido declarada textualmente infalible y perfecta dentro de las páginas de un libro. Hasta donde yo sé, esta enseñanza de que una versión en particular en español puede ser o es infalible es una doctrina relativamente nueva en el fundamentalismo hispano. Digo "relativamente nueva" y "por primera vez en un libro" porque sé de un graduado de la escuela de Ruckman, quien declaró recientemente en un artículo que otra Biblia en español es infalible.[115] Por más de un año he tenido la siguiente invitación donde aparece este capítulo en mi sitio de internet: "Si estoy equivocado y alguien en el pasado ha declarado en un libro que una versión en particular en español sea textualmente infalible, le invitamos a exponer la documentación por medio de la sección de comentarios en la parte inferior de esta página". Al momento de la impresión de este libro, nadie ha aportado documentación contraria.

La única manera que una traducción pudiese ser perfecta sería si el traductor o revisor fuera perfecto para tomar decisiones perfectas en cada ocasión. La RVG se revisó varias veces entre 2004 y 2010, y supongo que se seguirá revisando a pesar de la afirmación de su supuesta perfección. Independientemente de la cantidad de veces que un traductor intente evitar la interpretación, traducir la Biblia implica enfrentarse con miles de palabras que pueden traducirse de varias maneras. A pesar de que sigan repitiendo que la RVG no contradice la versión *King James*, todavía hay pasajes donde la interpretación es diferente entre ambas. Algunos ejemplos incluyen Juan 1:1 y Marcos 1:8, sólo para empezar. Son los hombres los que hacen la traducción, —no Dios. El hombre nunca puede hacer algo perfectamente excepto cuando Dios hace un milagro demostrado; por ejemplo, cuando los escritores bíblicos fueron inspirados. Si Humberto Gómez no es perfecto o si no fue inspirado por el Espíritu Santo como los santos hombres de Dios (1

---

[115] http://www.valera1865.org/es/ahi_viene_gomez/index.html. Accedido marzo 7, 2012.

Ped. 1:21) al momento de escribir las Escrituras, entonces su revisión no puede ser perfecta. Es así de simple.

Información vital que falta en la biografía de Humberto Gómez

El capítulo uno está dedicado a un perfil biográfico del misionero Humberto Gómez. Lo primero que me llamó la atención es la falta de cualquier mención de títulos académicos o estudios de idiomas originales, que serían de esperar teniendo en cuenta la magnitud de este proyecto de revisión. Se han planteado preguntas sobre la preparación académica del hermano Gómez, y este libro no hizo nada para responder a las preguntas. Dado que él hizo las decisiones textuales finales en su revisión (después de obtener asesoramiento de sus consejeros), las personas deben tener derecho a saber la preparación académica de un hombre que quiere que se use su Biblia exclusivamente.

Sin nombrar quienes son los críticos de la RVG, en la página 162 hay una queja acerca de cómo "Las credenciales académicas de los críticos son escasas y no existe un registro de sus logros eruditos". Los títulos académicos de al menos ocho que ayudaron con la RVG se mencionan, pero ¿por qué no se menciona la formación académica del hombre que tomó las decisiones finales, cuyo nombre aparece en la portada de su Biblia?

¿Utiliza la RV 1960 una expresión católica que constituye enseñanzas del Papa?

La página 156 contiene una acusación preocupante alegando que la 1960 contiene una expresión católica en Lucas 21:5 que constituye "enseñanzas del papa". Sin embargo, una simple mirada a la *Concordancia Strong* sirve para demostrar que "ofrendas votivas" es de hecho una traducción correcta (incluye "ofrenda votiva" en la definición de la palabra griega subyacente).

¿Fue el principio de trabajo del comité de la RV 1960 "eliminar el *Textus Receptus* tanto como fuera posible?"

Que el principio de trabajo de la comisión era "eliminar el *Textus Receptus* tanto como fuera posible" se alegó en la página 153. La nota al pie de esta acusación nos dirige a una declaración en un libro de José Flores que explica algunas desviaciones del Texto Recibido, pero la parte "tanto como fuera posible" es muy exagerada. Eso es ponerlo amablemente, porque se conoce que José Flores dijo casi lo contrario a lo que se acusa. En su otro libro *Escribiendo la Biblia*, Flores da una lista más completa de los principios que gobernaron la RV 1960. Note especialmente el punto dos:

1. Conservar en lo posible el fondo y la belleza del estilo de la Versión Reina-Valera.
2. **Ceñirnos al *Textus Receptus*, el manuscrito más antiguo que emplearon Casiodoro de Reina y Cipriano de Valera para su trabajo.** [Énfasis añadido]
3. No sacrificar términos castizos por el deseo de introducir términos regionales.
4. Suprimir palabras de dimensión vulgar y términos arcaicos en desuso.
5. En pasajes dudosos, en la traducción del hebreo o griego al castellano, consultar preferentemente las Versiones Revisada Inglesa y la Standard Americana, además del Comentario Crítico Internacional.

Juan Díaz Galindo, quien fuera miembro del comité de revisión, proveyó exactamente la misma lista de cinco puntos en un artículo de su autoría (ambos omiten la RSV), con la pequeña excepción de la adición de las fechas a las dos Biblias mencionadas, que van desde 1881 hasta 1901. Se sabe que estas Biblias en inglés no fueron las únicas traducciones utilizadas, ya que también consultaron traducciones en español, francés, portugués y alemán.[116]

¿Fueron los revisores de la RV 1960 tan audaces en confiar en Biblias en inglés como la RVG lo fue en basarse en la KJV?

A continuación se hace la siguiente acusación en la página 90:

> Así como los revisores de la 1960 no titubearon en confesar su dependencia en los Textos Críticos y las principales traducciones en inglés basadas en ellos, con la misma valentía confesamos nuestra dependencia en la VKJ.

Hay varias cosas equivocadas en esta declaración:

1. Está documentado que Humberto Gómez ha declarado (en referencia a su labor de revisión) que la KJV fue el estándar para seguir y que según él la KJV es inspirada, perfecta e infalible (ver página 89 del libro aquí analizado). Ninguno de los involucrados con la 1960 creía que ninguna Biblia en inglés que consultaron fuera inspirada y perfecta. Hay una gran diferencia entre consultar una revisión comparada con hacerla su estándar a seguir. Esta afirmación en el libro es incorrecta y debe retraerse junto con muchas otras declaraciones.
2. Los revisores de la 1960 también consultaron traducciones en otros idiomas aparte del inglés, así como ediciones antiguas de la Reina-Valera. Esta información pertinente se dejó fuera del libro.
3. Con la documentación que cité en la página anterior, se demostró que los revisores de la 1960 hicieron referencia a "consultar" Biblias en inglés, lo cual no es lo mismo que "confesar su dependencia" en ellas, como afirma el autor.
4. Está documentado que Humberto Gómez declaró que él cotejó su revisión con la KJV, pero lo mismo no puede decirse acerca de los revisores de la RV 1960, quienes consultaron varias traducciones según fue necesario en varios idiomas.
5. Este libro, lo cual es típico de material en contra de la RV 1960, proporciona verdades a medias sobre lo que los revisores de la 1960, consultores, o representantes de la Sociedad Bíblica dijeron acerca de su base textual. Cada vez que los revisores de la 1960 u otros involucrados han dicho algo positivo acerca de los textos críticos o traducciones modernas, los críticos de la 1960 lo repiten, para lo cual están en su derecho (yo he repetido algunas de esas mismas declaraciones en mi libro sobre la historia de la RV 1960). Sin embargo, notablemente ausente de su material son las declaraciones hechas por las personas que les encanta citar que son parte de la documentación y han sido reproducidas en mi página web desde hace años y en mi libro que proporcionan una perspectiva más equilibrada.

---

[116] Nida, Eugene A. "Reina-Valera Spanish Revision of 1960." *The Bible Translator*. julio 1961, p. 113.

Por ejemplo, está documentado que Nida declaró: "Esta revisión [1960] no sigue un texto crítico" en un artículo que los críticos de la 1960 usan para tratar de que se entienda exactamente lo contrario.[117] Francisco Estrello, revisor de la 1960, escribió:

> Esta revisión es sustancialmente la misma; el texto no se ha tocado; la integridad del texto se ha respetado tal y como aparece en la versión castellana que hemos usado hasta hoy. Solamente en unos cuantos casos se han hecho ciertos cambios ligeros como en 1 Timoteo 6:1 en que "Señor" ha sido sustituido por "Dios" ya que así aparece en el *Textus Receptus* y en todos los manuscritos más importantes.[118]

Lista de 38 pasajes problemáticos en la Biblia común en español basados simplemente en la sospecha

A partir de la página 67 hay una lista de 38 versículos los cuales acusan de corruptos en la RV 1960, incluyendo veinte que afectan la RV 1909. Antes de continuar, creo que cualquier revisión en español, no importa cuán confiable sea, —no está exenta de tener errores mínimos, ya que fue traducida por seres humanos y no por el Espíritu Santo mismo. Sin embargo, debido a la naturaleza sensible de nuestra dependencia de traducciones fiables, creo que uno no debe ser frívolo en el proceso de acusar una revisión de tener errores, ni hacer declaraciones basadas meramente en la sospecha.

Yo reconocí de inmediato esta lista de 38 pasajes, ya que habían estado en Internet desde hace tiempo. Hace varios años investigué cada una de las 38 quejas y preparé una vindicación para cada una de ellas sin tener que recurrir a textos críticos. Compartí mi investigación con el autor de la lista, quien me contestó admitiendo que su lista se basaba en sospechas. Sin embargo, no trató de refutar mi investigación en forma específica en ninguno de los 38 pasajes, a pesar de que le di una copia anticipada antes de publicar mi investigación en mi página web. No se ha retractado de ninguna de ellas, y ahora aparecen en un libro como si se basaran en una extensa investigación en lugar de meras sospechas.

Para darle un ejemplo de lo mal documentada que es esta sección del libro, permítame dirigir su atención al primer versículo de la lista de 38 acusaciones. La primera acusación de la página 67 es la siguiente: "En Génesis 2:7, la RV 1960 dice que el hombre fue un 'ser' viviente en vez de un 'alma' viviente". La palabra hebrea en que se basa la palabra en cuestión es *Strong* # 5315. ¡Es nada menos que irónico que la RVG tradujo la misma palabra hebrea subyacente en disputa como "ser" en Génesis 9:12! (y otros lugares también).

En base a declaraciones en la introducción y la conclusión, la lista de 38 pasajes se presenta a quienes podrían no estar informados como si se trataran exclusivamente de casos de dependencia de textos críticos en la RV 1909 y 1960, y no en pasajes que en la página 81 se defienden en la RVG como "...traducciones alternas, polisemias o variantes de equivalencia formal y/o alternativas de traducción".

Para los 37 pasajes restantes, le invito a que lea el siguiente artículo en inglés: *Refutation of 38 objections to the common Spanish Bible from a proponent of the new Gomez Spanish Bible*[119] o el capítulo 18.

---

[117] Nida, Eugene A. "Reina-Valera Revision of 1960" *The Bible Translator*. julio 1961, p. 117.
[118] Estrello, Francisco E. "Latest Revision of the Reina-Valera Bible" Bulletin of the United Bible Societies. 3rd Qtr. 1955, p. 18.
[119] http://en.literaturabautista.com/38-objections-spanish-bible

Cinco pasajes supuestamente equivocados en Biblias en español anteriores

En la página 188 se encuentra uno de los muchos esfuerzos para promover la RVG por medio de denunciar versiones en español anteriores. Aquí aparece un párrafo aduciendo que hay errores en cinco pasajes en versiones en español sin especificar. Yo reconocí de inmediato la lista, porque yo había escrito al autor hace varios años solicitando una aclaración, proveyendo una oportunidad para impugnar mi respuesta a la misma. Yo envié dos correos electrónicos y una carta postal, pero nunca recibí una respuesta. A continuación los extractos de una carta que mandé originalmente a este escritor en relación con estos cinco pasajes:

[Comienzo de extractos de mi carta, la cual ha sido editada]

Salmo 12:6-7

En la traducción de Humberto Gómez, él puso "las" (género femenino) en vez de "los" (género masculino o neutro) en el Salmo 12:7, como se encuentra en todas las Biblias en español de la línea de Valera donde me he fijado. La pregunta es la siguiente: ¿Es la palabra subyacente masculina o femenina en hebreo? Según Jack Moorman, cuyos libros son recomendadas por la organización encabezada por el Dr. Waite, la palabra hebrea subyacente es masculina. Aquí está su cita:

> Surge un problema: el hebreo, al igual que otros idiomas, tiene género gramatical, y aquí el pronombre es masculino, mientras que "las palabras" es femenino. Los antecedentes más lejanos posibles aun del versículo cinco o el versículo uno son masculinos.[120]

¿Qué hicieron los traductores de la KJV 1611? En el Salmo 12:7 pusieron una nota marginal que dice: "Heb. Él, i. cada uno de ellos".

Debido a la forma que lo tiene la Reina-Valera 1909 y 1960, ("los" masculino o neutro) no se puede decir que el Salmo 12:7 no enseña preservación, ya que puede referirse tanto a las palabras del Señor y las personas mencionadas en el versículo cinco, en mi opinión. En la KJV, mediante el uso de *them* (neutro) puede referirse a uno o ambos. Sin embargo, el hermano Gómez sin proporcionar justificación alguna cambió una palabra hebrea masculina a femenina en español en el Salmo 12:7, para que la promesa de preservación sólo pueda ser referencia a las palabras del Señor y nada más. Yo creo en la preservación de las Escrituras (la Biblia lo enseña en docenas de lugares) pero no estoy a favor de manipular lo que la Biblia dice al traducir del idioma original a fin de fortalecer una doctrina.

Dialogué con el hermano Gómez por correo electrónico acerca de este asunto varios años atrás, pero cuando le pedí que demostrara que la palabra que tradujo como "las" es femenino en hebreo, él ignoró mi pregunta. Pero ahora usted está afirmando atrevidamente que él tiene razón en Salmo 12:6-7 y las otras Biblias españolas están en error. Con el debido respeto, creo que esto requiere algunas explicaciones de su parte (sin mencionar al hermano Gómez).

Éxodo 25:18-22

---

[120] "Psalm 12:6-7 and Bible Preservation" por Jack Moorman http://www.fundamentalbiblechurch.org/Foundation/fbcpresv.htm. Accedido diciembre 21, 2012.

Este "error" no se aplica a algunas versiones comunes de la Biblia en español, tales como la Reina-Valera 1960, por tanto su declaración podría ser desorientadora. Pero de todos modos, ni siquiera hay un error en la Valera 1909. "Cubierta" es uno de los significados de la palabra hebrea *happoreth*. Vea lo que dice el diccionario *Strong*.

Juan 3:5

He leído este versículo una y otra vez y no puedo encontrar ninguna diferencia en absoluto de significado entre la KJV y la Reina-Valera 1909 y 1960.

Mateo 4:3

La única diferencia que pude encontrar fue "el" agregado en la KJV antes de "Hijo de Dios". No pude encontrar "el" en las ediciones Estéfano 1550 ni Scrivener 1894 del Texto Recibido. Tal vez la gramática inglesa justifica esto, o es de alguna manera implícito en el griego, así que le doy a la KJV el beneficio de la duda. Pero ¿qué hay de malo en la Biblia en español aquí? ¿Estuvo mal seguir el griego en lugar de la KJV? Si Humberto Gómez estaba haciendo del Texto Recibido su autoridad final, ¿cómo se le ocurrió poner "el" en este pasaje?

Mateo 26:63

Este es el único pasaje en su lista que parecía tener quizás un poco de mérito. La única diferencia es que la KJV tiene "Y el sumo sacerdote respondió y le dijo a él:" (mi traducción de la KJV) comparado a "Entonces el sumo sacerdote le dijo:". En primer lugar, la forma en que aparece en la 1960 no cambia el significado del versículo de ninguna manera, y en segundo lugar, cuando se dice "le dijo", la gramática en español no requiere que se incluya "a él", porque ya es implícito en la primera frase. Hay casos (aunque raros) cuando la KJV excluyó alguna palabra porque el contexto no lo requería. Le ofrezco ejemplos si los solicita. (Fin de extractos de mi carta)

Muy fuera de contexto

En la página 65 aparece una cita de mi libro *The Battle for the Spanish Bible* de 2001 en la que yo estaba defendiendo Job 2:9 en la RV 1909. Sin embargo, en el libro aquí criticado (*La Biblia de Dios en Español*), mi cita es mal utilizada como si fuese prueba de la influencia de Eugene Nida en la RV 1960. Lo interesante de todo esto es que la redacción de 1960 en Job 2:9 coincide con la KJV y RVG. Yo estaba explicando que en este pasaje la 1909 traduce la palabra clave de una manera muy literal, mientras que la 1960 (por no hablar de la RVG y la KJV) se centra más en el significado real. Si el autor hubiera seguido mi cita con la siguiente oración, hubiera sido obvio a los lectores que me estaba refiriendo a un caso muy específico de traducir el significado real en lugar de la palabra real; yo no estaba hablando de ninguna manera de que la revisión de 1960 no era literal en general.

Información sobre Nida muy desorientadora

Este libro presenta a Eugene Nida como si fuera ecuménico cuando la RV 1960 se estaba revisando. Que él más tarde en su vida se volvió ecuménico no se cuestiona, pero todas las instancias de trabajo conjunto con católicos que he visto como las que se menciona en este libro aquí criticado fueron años después que la RV 1960 se había finalizado. A inicios de su vida Nida fue conocido por ser relativamente conservador, e incluso fue pastor interino de una iglesia fundamental independiente en 1939.[121] En los años previos a 1960 fue franco contra el catolicismo (para la documentación, véase mi libro *La Historia de la Biblia Reina-Valera 1960*). Cuando se considera esta información, es un error declarar lo siguiente en la página 60 del libro aquí analizado:

> Este hombre, que dirigió la revisión de la RV 1960, consideró "gratificante" ver a católicos y protestantes trabajando juntos con éxito.

He comparado personalmente muestras de escritos teológicos de Eugene Nida con muestras de escritos de traductores de la versión *King James* e invito a los lectores a hacer lo mismo. El siguiente enlace contiene escritos de traductores de la KJV: *Books by or about KJV translators* http://en.literaturabautista.com/books-by-or-about-kjv-translators

¿Es esto realmente "una total herejía?"

En la página 210 del libro aquí repasado se afirma que la RV 1960 enseña una "total herejía" en Romanos 11:31, debido a la palabra "desobedientes" en el versículo. Sin embargo, ¡exactamente la misma palabra griega en 1 Pedro 2:7-8 y 1 Pedro 3:20 se traduce "desobedientes" en la RVG!

¿Afirma la RV 1960 que Jesús fue pecador?

En cuanto a Lucas 2:22, en la página 212 se encuentra la siguiente afirmación: "Al decir que Jesús necesitaba purificarse, la 1960 está diciendo que Jesús fue pecador". Véase el análisis de este versículo en la página 161 del presente libro.

¿Es esta frase en la RV 1909 "católico romano?"

En la página 212 aparece una acusación donde se aduce que la frase "la virgen" en Mateo 1:23 en la RV 1909 es "católico romano, exaltando a María como 'la virgen perpetua'". Si aplicamos este mismo criterio a la RVG2010, ¡la haría católico romana por referirse a María como "la virgen" en Lucas 1:27! En realidad el griego tiene η, lo cual es un artículo definido, y en español el artículo definido para el género femenino es "la", tal como la RV 1909 aquí. El griego no tiene artículo indefinido al igual que el español, pero hay veces que la gramática lo requiere al traducir; en otras ocasiones, está al criterio del traductor. Esto es una demostración del hecho de que el traductor está obligado a interpretar miles de veces al traducir la Biblia.

¿Dice la RV 1960 que Jesús no podía ser Dios?

En la página 215 se encuentra la siguiente acusación lamentable acerca de Filipenses 2:6: "Tres versiones dicen que Jesús no podía ser Dios por Su creencia acerca de Dios. ¡Eso es herejía!" La disputa es simplemente sobre cómo traducir la palabra griega *harpagmos*. La KJV lo tradujo como "robo", la RVG como "usurpación", y la RV 1960 como "aferrarse". El asunto final aquí es el significado de la palabra griega. El diccionario *Strong* es muy breve aquí, tal vez porque esta palabra sólo aparece una vez en la Biblia. El diccionario *Strong* nos dirige a *Strong* # 726, donde se define en *Strong* como "apoderarse". Sin duda una persona razonable estaría de acuerdo en que "apoderarse" involucraría o implicaría agarrar o aferrarse a algo. Si la palabra clave fue

---

[121] http://calvarylife.org/75/1930/missions_ministry.html y
http://calvarylife.org/75/1930/index.html. Accedido julio 3, 2007.

traducida dentro de límites razonables del significado en el idioma original, ¿cómo podría esta traducción en la RV 1960 ser una herejía?

¿Falsedad en el texto?

En la página 234 se afirma que hay falsedad en el texto debido a que la frase "el hermano de" no está en 2 Sam. 21:19 en la RV 1909 ni en la 1960. El único problema con esta acusación es que dicha frase no está en el texto hebreo masorético tampoco, aunque el libro deja afuera esa información equilibrada en este caso y en muchos más. Algunos traductores han tomado alguna libertad en la traducción de este versículo, añadiendo palabras en cursiva al texto en un intento honorable de evitar una aparente contradicción. Sin embargo, los traductores de español no deben ser culpados por tener un motivo igualmente noble al traducir el texto literalmente como estaba sin añadir al texto esa frase. Si se aplica la misma acusación al texto masorético hebreo, también sería calificado como un texto falso.

¿Traducción incorrecta de acuerdo a qué?

En la página 233 hay una afirmación de que la palabra "quita" en 2 Sam. 14:14 se tradujo incorrectamente en Biblias anteriores en español. Sin embargo, la KJV —que fue declarada perfecta en este libro— ¡traduce la palabra hebrea subyacente como *take* (tomar o quitar) no menos de 58 veces!

¿Se promueven mujeres predicadoras en Biblias anteriores en español?

La página 235 contiene una acusación sin fundamento contra Biblias anteriores en español que hemos oído antes de los escritos del hermano Gómez. La acusación contra el Salmo 68:11 esta vez es la siguiente: "Esta no sólo es una mala traducción sino que viola el mandato de Dios contra las mujeres predicadoras".

De todas las Biblias en español que he comparado, a partir del Antiguo Testamento Ferrara de 1553, todas tienen el género femenino en este versículo. Incluso la Biblia *Geneva* en inglés, considerada como basada en el texto Masorético en el Antiguo Testamento, agregó "mujeres" para proporcionar el versículo en género femenino. Comentaristas bíblicos de reputación como Albert Barnes están de acuerdo de que en hebreo la palabra clave en el Salmo 68:11 se encuentra en género femenino: "La palabra [en hebreo] se utiliza en el género femenino, y se refiere a la costumbre oriental en la cual las mujeres celebraban las victorias con canciones y danzas". La Biblia en español simplemente ha estado traduciendo este pasaje a través de los siglos en una forma estrictamente literal. ¿Por qué es que de repente está mal más de 400 años después? Hace varios años, cuando Humberto Gómez estaba en contacto conmigo, le pregunté por qué estaba traduciendo la palabra en cuestión en el Salmo 68:11 en género masculino, si estaba en género femenino en hebreo. Nunca respondió a la pregunta. Los promotores de la RVG, algunos que van al extremo de decir que su traducción es absolutamente libre de errores textuales, son los que tienen que explicar por qué el Salmo 68:11 se tradujo como está en la RVG y no al contrario.

Con el género femenino establecido en este versículo —debemos preguntarnos si aún se refiere a mujeres predicadoras aquí. Aunque el libro admite que varias ediciones de la Reina-Valera (como la 1960) se refieren meramente a mujeres que llevaron o anunciaron buenas nuevas, ¡ponen a esas traducciones en la misma "mala" categoría como las revisiones que acusan de referirse a mujeres evangelistas! La RV 1909 es un ejemplo de una revisión que la edición del libro en inglés acusa de utilizar el término de "mujeres evangelistas". En realidad la 1909 utiliza el término "las evangelizantes", el cual no es el término normal para "evangelistas".

Buscando el pelo al huevo

En la página 235 hay una queja contra la RV 1909 sobre Eze. 26:18 por el uso de la palabra *éxito* en lugar de un significado más común, como *final*. En la explicación se implica que la 1909 es correcta cuando el autor admite que "Éxito rara vez significa 'final'". Es cierto que *éxito* no es normalmente considerado como equivalente a final, pero ese significado está incluido en el diccionario de la respetada Real Academia Española y pudo haber sido más común hace 100 años cuando se produjo la 1909. Que esta traducción en la RV 1909 se ponga en la categoría de "mala" es uno de muchos ejemplos de intentar buscar el pelo al huevo en este libro.

Más confiados que los traductores de la versión *King James*

En la página 233 aparece una denuncia contra varias ediciones pasadas de la Reina-Valera por tener una forma de la palabra *Menúha* en Jueces 20:43 en lugar de "fácilmente". Los traductores de la KJV colocaron "con facilidad" en el texto, pero también incluyeron la siguiente nota marginal en su edición de 1611: "O, desde Menuchah, etc". La Biblia *Bishops* en inglés de 1568, universalmente reconocida como basada en el Texto Masorético en el Antiguo Testamento, tiene *Menuha* en el texto. A la luz de la nota de los traductores de la KJV en el margen, el autor de este libro que escribió, "Menucha no es un lugar" tiene más confianza en sí mismo que los traductores de la KJV.

¿Es esto realmente un ejemplo de otra traducción "completamente erróneo?"

En la página 236 el libro hay una queja de la palabra *magos* en Mateo 2:1, 16 y 17 en la RV 1909 y 1960. En la edición en inglés se añade que esto es "otra traducción horrible". Cabe señalar que "mago" conlleva un significado secundario al referirse a una "persona singularmente capacitada para el éxito en una actividad determinada", aparte de señalar que "Se dice de los tres reyes que fueron a adorar a Jesús recién nacido" (véase el diccionario de la Real Academia Española). La manera como se vertió en la Reina-Valera es una transliteración de la palabra griega subyacente (*magos*), y se acerca a la definición que figura en la *Concordancia Strong*: "G3097 μάγος *mágos* de origen extranjero [H7248]; mago, i.e. científico oriental; por implicación mago".

¿Dice la RV 1960 que Dios quita la salvación?

En la página 219 hay una grave acusación: que la redacción "eliminado" de la RV 1960 en 1 Cor. 9:27 "...da a entender que Dios quita la salvación o la vida de la persona salva". La disputa se trata sobre la traducción de una palabra griega (*Strong* # 96), que se define de la siguiente manera: "G96 ἀδόκιμος *adókimos* de G1 (como partícula negativa) y G1384; no aprobado, i.e. rechazado; por implicación indigno (literalmente o moralmente)".

No hay ninguna diferencia práctica entre convertirse en un náufrago (la manera como la tradujo la KJV) o ser eliminado (o rechazado como dice el griego). El escritor en su breve explicación admite en la edición de este libro en inglés que este versículo no tiene nada que ver con la salvación, pero para colocar la RV 1960 bajo la categoría de "mala", tiene que hacer que la traducción de la 1960 se aplique a la salvación, a fin de acusar que se está diciendo en ella que Dios le puede quitar la vida o la salvación a una persona salva.

Una de las declaraciones más absurdas en todo el libro

La página 218 contiene un intento de enseñar gramática con un plan encubierto que falla miserablemente. La lección desorientadora con respecto a la palabra *estáis* en Juan 13:10 hace la siguiente afirmación:

> Dos palabras diferentes en español se pueden traducir "*are*" en inglés. Una describe una condición temporal. La otra es permanente. La RVG es la única Biblia en español que usa la palabra correcta en este idioma, enseñando que la salvación es eterna, no algo que sólo dura por un tiempo breve.

La forma en que este libro presenta "estáis" como si fuera una referencia solamente a una condición temporal es una verdad a medias. No es una regla fija que se pueda aplicar a todas las situaciones. Por ejemplo, se entiende que "está enfermo" es una condición temporal, pero "está muerto" no.

Que "estáis" no siempre se refiere a una condición temporal, se puede observar en los pasajes doctrinales en la que la RVG utiliza el término. Si aplicamos los mismos criterios para todos los pasajes doctrinales de la RVG que contienen "estáis", serían sólo temporales una serie de verdades doctrinales. Que este libro está acusando falsamente a todas las otras Biblias españolas de enseñar que la salvación sólo dura un corto tiempo debido a la forma en que se traduce este versículo es evidencia de que algunos detrás de la RVG están intentando iniciar un movimiento divisivo "RVG solamente".

La mala gramática: el fundamento para otra acusación

En la página 214 hay un cargo similar al que acabo de señalar en Juan 13:10. Este tiene que ver con "estaba" en Lucas 5:17. El libro lo denuncia de la siguiente forma: "El poder del Señor para sanar nunca se terminó. Esta es una mala traducción y una mala doctrina". Aquí acusa de que "estaba" en la RV 1960 para este versículo indica una condición temporal y, por tanto, ponen esta traducción en la categoría de "mala". Lo irónico es que la misma RVG utiliza "estaba" en el mismo lugar exacto en el versículo. La única diferencia es la palabra que sigue a "estaba". La RVG tiene "estaba allí", mientras que la 1960 tiene "estaba con él". La edición del libro en inglés pone la traducción de la 1960 como "estaba (temporalmente) con él". ¿Cómo es que la 1960, teniendo "estaba con él" causa que el poder del Señor sea temporal, mientras que la traducción "estaba allí" en la RVG causa que no sea temporal? Eso no tiene sentido, sea en la gramática o en la teología. Para ilustrar cuán absurda es la acusación, note cómo la RVG tiene "Jehová estaba con él" en Génesis 39:23. Si siguiéramos la lógica de este libro en su extensión lógica, tendríamos que decir que la RVG enseña que el Señor estaba con José sólo temporalmente, y que la cercanía del Señor se acabó en Génesis 39:23.

¿Dicen varias Biblias anteriores en español que Dios es uno de muchos dioses?

La página 208 hace la siguiente acusación:

> En español, las palabras "delante del Dios Jehová" significan que Él es uno de muchos dioses.

La frase supuestamente ofensiva es "Delante del Dios Jehová" en 2 Cr. 26:18 en la RV 1865 y 1909. Al hacer una búsqueda rápida se encuentra que hay expresiones similares en la RVG, como "del Dios Altísimo" en Génesis 14:18. Si esta acusación fuera correcta, ¡entonces la RVG también enseñaría que Dios es uno de muchos dioses!

Aparece en la siguiente página una acusación similar con respecto a Esdras 6:8, donde en la RV 1865 y 1909 se utiliza la frase "este Dios". Sin embargo, ¡la RVG en el Salmo 48:14 utiliza la misma expresión (este Dios) de la que se quejaron en Biblias anteriores en español!

¿La KJV, una variedad independiente del Texto Recibido?

Edward Hills, el autor de *The King James Version Defended*, se conoce por haberse referido a la KJV como una variedad independiente del Texto Recibido. El libro aquí revisado señala esto en las páginas 93-94, y también da parte del contexto de la declaración de Hills. Cabe señalar que la declaración de Hills en el contexto es para señalar cómo a veces la KJV fue independiente del Texto Recibido, y no que la KJV deba ser tratada como una especie de sustituto para el Texto Recibido, para la traducción en otros idiomas. Cabe señalar también que en las páginas 229-230 de su libro, Hills niega que la KJV sea inspirada, que no está por encima del griego y el hebreo, y niega que la KJV sea absolutamente perfecta, aunque él sostiene que es digna de confianza. Esto demuestra que el difunto Dr. Edward Hills no hubiera estado de acuerdo con muchos puntos de vista defendidos en el libro aquí analizado.

¿Cambiado para enseñar falsa doctrina?

En la pagina 231 aparece una lamentable acusación de blasfemia contra la RV 1960 con respecto a Hechos 15:18, donde tiene "desde tiempos antiguos" en lugar de "desde la eternidad", como en la RVG. Este libro aquí analizado acusa que el cambio se realizó "para enseñar la falsa doctrina de que Dios llegó a existir en tiempos antiguos o que Su conocimiento empezó en tiempos antiguos". Se puede notar que esta afirmación conspiratoria carece de fundamento una vez que nos fijamos en el griego. La KJV traduce esto como "desde el principio del mundo", que podría ser considerado por algunos como una referencia al momento de la creación, cuando se llevó a cabo hace aproximadamente 6,000 años. Si fuéramos tan estrictos con la KJV como este libro es con la Reina-Valera, tendríamos que concluir lo mismo de la KJV, lo cual sería un error. La palabra griega subyacente es la # 165 de *Strong*. La *Concordancia Strong* la define de la siguiente manera:

> G165 αἰών *aión* de lo mismo que G104; propiamente edad, era; por extensión perpetuidad (también pasada); por implicación el universo; específicamente período (judío) mesiánico (presente o futuro):

El capítulo sobre el infierno no cubrió el meollo del asunto

El libro contiene un capítulo extenso sobre la controversia de cómo traducir las palabras *hades* en griego y *seol* en hebreo. La razón para afirmar que no se cubrió el meollo del asunto se puede ver al comparar el capítulo con mi artículo "¿Por qué es que la palabra infierno aparece menos a menudo en la Biblia común en español al comparársele con la KJV?"[122] El autor parece indicar familiaridad con mi artículo basado en una referencia en la página 146. El autor hace caso omiso y mayormente ignora los

---

[122] http://www.literaturabautista.com/?p=244

datos presentados, cuestiona la inteligencia de transliteración cuando sintió que no era útil, y sugiere que aquellos que no están de acuerdo con él deben predicar un mensaje entero acerca del infierno con transliteraciones y sin mencionar "infierno" ni una sola vez (a pesar de que las Biblias en español a las cuales se opone utilizan la palabra infierno múltiples veces). Ejemplos de hechos ignorados en el capítulo sobre el infierno que se tratan en mi artículo incluyen cómo otras traducciones de buena reputación en otros idiomas traducen *seol* y *hades*, el hecho de que algunas traducciones de la época de la Reforma en inglés como *Bishops* y *Coverdale* contienen la palabra infierno con más frecuencia que la KJV, el hecho de que los traductores de la KJV a veces colocaban traducciones alternativas para *seol* en los márgenes, el hecho de que la manera de traducir *hades* y *seol* no tiene nada que ver con textos críticos contra el Texto Recibido, el hecho de que las descripciones del infierno (independientemente de lo que usted lo llame) todavía son muy vivas, por lo menos hasta en la RV 1960, el hecho de que no hay disputa sobre la traducción de otros sinónimos para el infierno como "lago de fuego" en la Reina-Valera hasta al menos 1960; y que no hay admisión del hecho de que algunos usos del término "infierno" en la KJV y RVG sean figurativos (tal como Jonás 2:2).

¿Quién decide cómo traducir *Hades* y *Seol* en la Biblia en español?

El libro aquí revisado simplifica en exceso la cuestión de cómo traducir las palabras *hades* en griego y *seol* en hebreo, haciendo a los traductores de la KJV los árbitros finales de los traductores, de una manera que, en mínima medida, se inclina hacia el ruckmanismo. Tenga en cuenta estas declaraciones de las páginas 134 y 137, ambas relacionadas a cómo tratar la traducción de infierno:

> Cuando eruditos calificados, con el tiempo y la protección que tenían los traductores de la Biblia *King James*, decidieron que la palabra debía ser *hell* o "infierno", ¿quién está calificado hoy para argüir con ellos? ... Considerando los dos panoramas históricos, sería mejor seguir a los traductores de la Biblia *King James* en vez del trabajo original de Reina y Valera.

Aunque los traductores de la KJV tuvieron que decidir cuál palabra poner en el texto siempre que llegaban a la palabra *seol*, cabe señalar que a veces parecían estar indecisos, lo cual es evidente por las notas marginales situadas en su edición de 1611. Para ilustrar esto, considere cómo en el Salmo 49:15, donde los revisores de la KJV tradujeron *seol* como "tumba", pusieron una nota marginal en su edición de 1611, que decía "o, infierno". A tan solo seis capítulos más adelante, en el Salmo 55:15, ocurre lo contrario. Pusieron "infierno" en el texto, pero la nota marginal en la 1611 dice "o, tumba". Esto podría haberse repetido en otras partes de la KJV 1611, pero no seguí buscando más ejemplos de esta clase. Aunque produjeron una traducción fidedigna y confiable que se ha probado con el tiempo, los traductores de la KJV eran hombres falibles, por lo que sus decisiones de traducción no deben ser tratadas como la autoridad final para Biblias en otros idiomas, como se enseña en la página 94 del libro aquí revisado. Que la KJV pueda juzgar Biblias en otros idiomas es una nueva enseñanza que fue popularizada por Peter Ruckman. Observe la posición de Ruckman:

> Cualquier traducción en el campo misionero puede ser juzgada con certidumbre con una Versión *King James* Autorizada, y donde se rehúse

a adherirse al texto puede ser modificada con confianza para que coincida con la redacción de la Biblia *King James*".[123]

Lo que se está enseñando en esta sección del libro sobre la interpretación de *hades* y *seol* contradice algunas de las enseñanzas de los que se oponen a la 1960 y promueven la RVG. Observe lo siguiente, que fue escrito por alguien que no habla español, y fue uno de los ponentes en una conferencia a favor de la RVG y contra la 1960:

> Bajo ninguna circunstancia se debe eliminar la ambigüedad en el idioma de la fuente original mediante la inserción de palabras de interpretación por el traductor.[124]

¿Cuán inteligente es esto?

Esta pregunta se formula en la página 146 en cuanto a la transliteración de *hades* y *seol*. Aquí está mi sencilla respuesta a la pregunta que nos ocupa:

Es una práctica común transliterar los nombres de lugares en traducciones de la Biblia (incluyendo la RVG). Por lo tanto, transliterar otro lugar (el infierno) tiene sentido cuando se trata de palabras griegas y hebreas con significados múltiples a fin de evitar que el traductor tenga que interpretar pasajes complejos que han desconcertado a traductores en el pasado.

¿No es esto ruckmanismo?

En este libro se confiesa en la página 89 que el hermano Gómez ha declarado públicamente en relación con la Biblia en español que "el estándar a seguir tiene que ser la *King James*". La página 94 contiene una declaración que debe preocupar a todos los que se oponen al ruckmanismo: "Los verdaderos creyentes en la Biblia creen que la VKJ es la culminación del *Textus Receptus* y, por tanto, la autoridad final. Es el estándar de exactitud". La página siguiente añade la siguiente declaración:

> Insistimos en que, los traductores y revisores de la Biblia en otros idiomas, usen la VKJ como "el estándar a seguir", porque la erudición que la produjo es superior a cualquier otra traducción.

Si nos atenemos a la definición de ruckmanismo propuesta por D.A. Waite (en mi opinión es demasiada inclusiva), alguien elogiado en el libro (págs. 114-115), este libro absolutamente enseña Ruckmanismo. Observe lo que el Dr. Waite escribe en respuesta a si la KJV pueda considerarse como la autoridad final en la página cinco de su libro de 2009 *A Critical Answer to James Price's King James Onlyism*:

> "... La versión *King James* de la Biblia es la providencialmente preservada Palabra de Dios, y es en realidad (o en esencia) la autoridad única y final en todos los asuntos de fe y práctica para el mundo de habla inglesa hoy en día". COMENTARIO # 5. Esta es una definición de ruckmanismo. Es una definición de lo que cree Peter Ruckman.

Waite condena enseñanzas similares que se encuentran en el libro aquí revisado como ruckmanismo en el pasado, en su libro *A Critical Answer to God's Word Preserved*, págs. 18, 19, 64 y 65. Cómo el Dr. Waite puede endosar una traducción motivada por el

---

[123] Ruckman, Peter. *The Monarch of the Books*. Pensacola: Bible Baptist Bookstore, 1973, p. 29.
[124] William, H.D. *Word-For-Word Translating of The Received Texts*. circa 2008, The Bible For Today Press, p. 230.

ruckmanismo (si seguimos su propia definición de ruckmanismo en sus libros) es algo que sólo él puede explicar.

La iglesia que envía Humberto Gómez como misionero por los últimos 30 años aproximadamente ha sido una iglesia que promueve el ruckmanismo (véase "¿Reina-Valera-Gómez? Más de 20 razones por las qué no puedo aprobar esta nueva revisión"[125]). Tengo un catálogo de libros y casetes que envió por correo en 2006 la iglesia de Humberto Gómez en Ohio el cual contiene una lista de 1.290 casetes de Peter Ruckman y 94 copias de sus libros y folletos a la venta. Si no se puede considerar la iglesia del hermano Gómez como una iglesia ruckmanita, ¡entonces ni siquiera la propia iglesia de Ruckman podría ser considerada ruckmanita! Teniendo en cuenta que ha sido miembro de una iglesia ruckmanita durante 30 años, y ha declarado públicamente que la KJV fue el estándar a seguir en la revisión de la Biblia en español entre otras cosas, me resulta difícil creer que el ruckmanismo no jugó algún papel en la RVG.

En la práctica real, este libro y la filosofía de traducción de la RVG permiten que una traducción en inglés se convierta en el árbitro final del texto griego y hebreo. Note:

> Al incorporar la VKJ [Versión *King James*] en el trabajo de traducción de la Biblia a otros idiomas, el traductor está incorporando sus fundamentos griego y hebreo, así como las decisiones que los traductores de la Biblia *King James* hicieron en cuanto al texto. Esta es la mejor forma de los Textos Recibidos que se pueda usar en el equipo de traducción. (Página 92)

En la p. 91, en el libro se aboga por el uso de la KJV como el estándar para eliminar la confusión de múltiples ediciones del Texto Recibido. Observe cuidadosamente cómo está redactado:

> Por ejemplo, Beza fue autor de 10 ediciones diferentes de su Nuevo Testamento Griego. ¿Cuál de sus 10 ediciones escogería usted?
>
> Usar la VKJ [Versión *King James*] como estándar elimina esta confusión, porque los traductores de la Biblia *King James* incorporaron lo mejor de todas las ediciones de los Textos Recibidos.

Yo estudié ruckmanismo hace unos años y escribí un artículo con el título *The Danger of Ruckmanism as Applied to Foreign Language Bibles*.[126] Mi estudio del tema reveló que una de las razones principales por la que Ruckman sostiene la KJV por encima del griego y el hebreo se debe a la cuestión de las múltiples ediciones del Texto Recibido y el hecho de que a veces la KJV se desvía de éste un poco. La única diferencia importante entre lo que presenta Ruckman sobre el tema en comparación con este libro es que Ruckman utiliza términos impactantes como "revelación avanzada" y "el inglés corrige el griego", que este libro evita. Note la posición similar de Ruckman:

> Cualquier traducción en el campo misionero puede ser juzgada con certidumbre por una Versión *King James* Autorizada, y donde se rehúse a adherirse al texto puede ser modificada con confianza para que coincida con la redacción de la Biblia *King James*".[127]

---

[125] http://www.literaturabautista.com/?p=105
[126] http://en.literaturabautista.com/danger-ruckmanism
[127] Ruckman, Peter. *The Monarch of the Books*. Pensacola: Bible Baptist Bookstore, 1973, p. 29.

Hay muchos vínculos a diferentes niveles de ruckmanismo dentro del movimiento "RVG solamente". A manera de advertencia, no estoy seguro de que ninguna persona en particular que haya influido el texto de la RVG, incluyendo al hermano Gómez, sea ruckmanita completo al grado de promover los múltiples planes de salvación como los enseña Ruckman, y el uso de términos controversiales con regularidad como "revelación avanzada" en la KJV, "doble inspiración", etcétera. Sin embargo, un número alarmante de personas detrás de la RVG proviene de un ambiente donde se enseña y se promueve ruckmanismo en cierta medida. Con sus puntos de vista inusuales en algunos de sus escritos, tales como que la KJV en ciertas palabras es la autoridad final para la Biblia en español, es difícil creer que el ruckmanismo al que fueron expuestos en un momento dado no haya jugado ningún papel en sus puntos de vista actuales.

Los siguientes son ejemplos de vínculos al ruckmanismo de los que tengo conocimiento. En las páginas veinticinco a la veintiséis del libro aquí revisado se menciona al pastor americano que convenció a Humberto Gómez que la Biblia en español necesitaba revisarse. Ese pastor predicó con Peter Ruckman en muchas ocasiones. El director de la imprenta mencionada en la página 105 que por primera vez publicó la RVG estudió en la escuela de Peter Ruckman. En un reciente sermón habló de Ruckman en términos loables, recordando una visita a la librería de Ruckman en la que se alegró de ver a Ruckman. En la p. 122 se menciona un colaborador de la RVG quien fue pastor de una iglesia hispana en Arizona que ha tenido un pastor americano ruckmanita. En una conversación telefónica con él en el 2007 me dijo que los ruckmanitas eran buenas personas de quien se negaba a separarse. Un pastor mencionado entre las páginas 199-200, quien tuvo una fuerte influencia sobre el Hermano Gómez para continuar con la RVG y ayudó a facilitarle un doctorado honorífico, en el pasado ha traído a Ruckman a predicar en su iglesia y en su campamento. En un sermón en el año 2009 este pastor elogió a Peter Ruckman. El testimonio de la página 201 proviene de un misionero que estudió bajo Peter Ruckman (no sé si se graduó). El editor mismo del libro aquí revisado es miembro de una iglesia donde el pastor es graduado de la escuela de Ruckman. Este pastor fue autor de un folleto que aboga mucho por Ruckman. El editor del libro aquí revisado ha escrito un artículo en el que rechaza el polémico término "doble inspiración" de Ruckman, pero tiene otro artículo donde se defiende por no mantenerse muy distante de Ruckman ni exponer sus diferencias con él. En este último artículo, admite haber leído todo lo que Ruckman ha escrito en lo que respecta al asunto de la Biblia y que él ha hecho referencia a muchos de sus comentarios. Afirma que está de acuerdo y en desacuerdo con el Dr. Ruckman en muchos asuntos. La documentación para todo lo que se ha señalado en este párrafo está disponible para todo el que lo solicite.

Si uno ve el ruckmanismo como una falsa doctrina, entonces debe separarse de él y de su círculo de influencia al igual que cualquier otra forma de apostasía (Rom. 16:17). Si Humberto Gómez realmente está en contra del ruckmanismo, lo hubiera demostrado por sus acciones al distanciarse de la membresía de una iglesia ruckmanita militante desde hace décadas. En cambio, ha retenido su membresía en esta iglesia ruckmanita durante su proyecto de revisión y en su página web anterior, declaró que él era "miembro orgulloso" de esa iglesia.

¿Una falsa doctrina?

Se alega en la página 220 que la redacción de 1 Pedro 1:5 en la Reina-Valera 1865-1960 "enseña una doctrina falsa". Esas Biblias en español contienen la frase "para alcanzar la salvación" (salud en 1909), mientras que la RVG tiene "para la salvación". Al oponerse a la palabra "alcanzar", el libro afirma sin documentación que "'Alcanzar' no aparece en el griego..." Sin embargo, observe la explicación en la primera parte de la definición del diccionario *Strong* de la palabra griega subyacente (# 1519): "a o adentro (indicando el punto **alcanzado** o al que se ha entrado)..." (énfasis añadido). Otro golpe contra la acusación de falsa doctrina en este pasaje es el contexto. El capítulo comienza cuatro versículos antes dirigiéndose sin duda a los creyentes. El versículo cinco, acusado de enseñar doctrina falsa, afirma que somos guardados por el poder de Dios mediante la fe. A veces la Biblia presenta la salvación como algo que para el cristiano tendrá su cumplimiento final en el futuro, como en Romanos 13:11: "Y esto, conociendo el tiempo, que es ya hora de levantarnos del sueño; porque ahora está más cerca de nosotros nuestra salvación que cuando creímos".

Más información errónea

En la página 208 del libro se usa un argumento nuevo contra la redacción de Daniel 3:25 en varias ediciones de la Reina-Valera. Para ver lo que comúnmente se dice contra Daniel 3:25 y su explicación, favor de ver Parte 3 de este libro, "Defensa de los versículos más criticados en la Reina-Valera". El argumento nuevo en este libro es el siguiente: "Aun cuando los incrédulos en la Biblia usaban el nombre de Dios, este se escribe con mayúscula". Solo hace falta dirigirse dos capítulos más adelante en la Biblia para demostrar lo erróneo de este argumento. La RVG dice lo siguiente en Daniel 5:14, refiriéndose al Dios de Daniel: "Yo he oído de ti que el espíritu de los **dioses** santos está en ti, y que en ti se halló luz, y entendimiento y mayor sabiduría".

Análisis del tema del infierno por otro autor

En la página 222 el autor admite que la utilización de *seol* es una transliteración, pero aún así procede a afirmar que esta práctica es mala traducción en la página 225. Sin embargo, debe tenerse en cuenta que cada vez que un traductor usa una transliteración, no se está traduciendo, ¡por lo que no puede ser acusado de mala traducción en ese punto! La transliteración es útil cuando no hay un equivalente exacto en el idioma receptor, o cuando hay controversia sobre cómo traducir una palabra determinada que tiene múltiples significados, o que se encuentra en un contexto poco claro. Volviendo a lo que el escritor tenía que decir sobre la transliteración en la página 222, se encuentra la siguiente declaración: "'Seol' es sólo una transliteración de la palabra hebrea para infierno. ¿Por qué traducir todas las otras palabras pero no esta?" Esta es una pregunta injusta, porque hay otros casos en los que no se traducen palabras en la RV 1960, en el sentido de utilizar una transliteración en su lugar. La RVG hace esto también, como en los casos de las transliteraciones *raca* en Mateo 5:22, *Maranata* en 1 Cor. 16:22, etcétera.

En la página 222 el libro se opone a "sepulcro" como la traducción de *seol* en la Reina-Valera 1865 en 2 Sam. 22:6 de la siguiente manera: "Sepulcro es 'sepultura, tumba o lugar para enterrar', que ni se acerca al término griego". Una acusación similar se encuentra en la página siguiente acerca de Prov. 9:18: "Usar la palabra 'sepulcro', en vez de la traducción correcta 'infierno', es otro intento de desviar y confundir a los lectores". En primer lugar, en 2 Sam. 22:6 se usa una palabra hebrea, no griega. Que el escritor diga que sepulcro o tumba ni siquiera se acerca al significado de la palabra en el idioma original y es un "intento de desviar y confundir" traiciona el hecho de que no debe estar consciente de que la RVG siguió a la KJV en traducir la misma palabra hebrea como "sepulcro" aproximadamente la misma cantidad de veces que infierno. Como ya se ha documentado, a veces cuando los traductores de la KJV colocaron "infierno" en el texto, pusieron una nota marginal que declaró "o, tumba".

Una declaración en la página 222 hace burla de la utilización de la palabra "hoyo" en Salmos 86:13 en la RV 1865 y 1909 de la siguiente manera: "Se puede excavar un hoyo en el patio trasero de su casa. Este versículo no trata de eso". Estas Biblias en español están siendo injustamente ridiculizadas por medio de una interpretación literal; Sin embargo —si la RVG fuese interpretada literalmente en este versículo, ¡habría un caso del alma de alguien siendo liberada del infierno! ¡Seguramente los promotores de la RVG no desean que su traducción se trate con una doble moral de esta naturaleza como se encuentra a lo largo de este libro! Al transliterar *seol*, la RV 1960 trató con el problema de que el infierno suele aparecer en una forma figurativa en el Antiguo Testamento como en este versículo. La KJV traduce la palabra clave que subyace en hebreo que se encuentra en este versículo como pozo (*pit*) tres veces. La RVG la imita con los términos sinónimos "foso" y "abismo".

Teorías de conspiración para *hades* y *seol*

Las dos razones que el libro da para las transliteraciones de *hades* y *seol* en la Reina-Valera son conspiratorias en su naturaleza:

1. Parcialidad teológica:

> "... Un esfuerzo ofensivo para hacer confusa la doctrina bíblica del infierno. No puede haber otra buena explicación para tal acto". (Pág. 143)

La persona principal con quien tratan de vincular el texto de la edición 1960 (los del movimiento contra la Reina Valera) es Eugene Nida. Sin embargo, su teoría de conspiración se desmorona cuando se tiene en cuenta el hecho de que Nida creía en un infierno literal, como documenté en la página 28.

Está documentado que Francisco Estrello, uno de los seis revisores de la 1960, creía en un infierno literal. Esto es evidente en su libro *Estudios de Evangelismo Personal*[128]. En la pág. 55 él trata con Apocalipsis 21:8, que habla vívidamente del lago de fuego:

> Apocalipsis 21:8. Es triste pensar en el fin reservado para los incrédulos; Dios es justo y su justicia ha de ser satisfecha. Interesémonos en la salvación de los que han cerrado sus puertas a la Verdad.

2. Ganancia económica:

> La única razón que se puede suponer es el deseo de "vender" su Biblia y hacer dinero. Después de todo, quién quiere leer acerca del infierno, puesto que no es una doctrina muy agradable que se desee considerar". (Pág. 145)

El infierno se tradujo como tal más de una docena de veces en la RV 1960, y las vívidas descripciones no fueron alteradas. Los hechos no corresponden con la acusación.

¿Enseña la RV 1909 que hay muchos dioses?

En cuanto a Isa. 42:5, el libro hace la siguiente acusación en la página 209: "Las palabras 'el Dios Jehová' significa que él es uno de muchos dioses". Si esto fuera así,

---

[128] Publicado en 1935 por el Comité Regional de Educación Cristiana en México.

entonces lo mismo habría que decir acerca de la RVG y la KJV cada vez que apareciera la frase "el Dios". La Biblia reconoce que se afirma que existen otros dioses, pero como suele ser el caso, incluyendo en este versículo que mal representan en la 1909, la Biblia deja claro que el Dios verdadero es el que creó el mundo y sostiene la vida.

¿Dicen las otras Biblias en español que Cristo creó dentro de sí mismo?

La página 214 contiene una nueva acusación en contra de varias versiones anteriores de la Reina-Valera centrada en Col. 1:16. Refiriéndose al rol de Cristo en la creación, la RV 1865 y 1960 tienen "en él" en lugar de "por Él" como la RVG. Se hace burla en el libro de esta traducción diciendo:

> Todo fue creado "por" Jesús, el Creador, no "en" Jesús. Jesús no creó dentro de Él. Tampoco fue un instrumento "por medio" del cual Dios creó.

Esta objeción está mal por tres razones:

1. La palabra griega subyacente (*Strong* # 1722) fue traducida como "en" (*in*) 1.902 veces en la KJV. Fue traducida también como "por" (*by*) 163 veces.
2. La Biblia presenta lo que se hizo en o por Cristo de manera intercambiable, y cómo traducirlo está a la discreción del traductor en estos casos. Para ver un ejemplo de cómo las traducciones difieren en esto, note 2 Cor. 3:14. Termina con: "... cual velo se ha quitado en Cristo" (KJV). La RV 1960, a su vez, presenta el velo como quitado "por Cristo" en este versículo.
3. El libro no revela la última mitad de Col. 1:16 en la RV 1865 y 1960, que deja claro, sin lugar a dudas que todo fue creado por él y para él. La *Concordancia Strong* fuertemente reivindica el uso de "por medio de él" utilizados en la última parte de este versículo en la RV 1960 para la palabra griega subyacente (# 1223).

¿Enseña la RVG 2004 una doctrina no bíblica?

En las páginas 216-217, el libro trata la utilización de se salva/se salvan/se salven en versiones anteriores en español como algo escandaloso. Por ejemplo, para la redacción "se salven" en Lucas 8:12 en la 1865-1960 en el libro se acusa que "también puede significar 'se salven a sí mismos', una doctrina no bíblica. Lo mismo se aplica al siguiente versículo, Lucas 13:23". Algo interesante para señalar es que la edición del libro en inglés ofrece traducciones alternas al inglés para la RV 1865-1960 que son iguales que la KJV. Lo que el libro no dice, ¡es que la RVG2004 incluía la redacción en Lucas 13:23 que ahora declaran puede referirse a una doctrina no bíblica! Que los promotores de la RVG recurran a versiones de traducción (y no sólo ésta) que se encuentran en ediciones anteriores de la RVG en el proceso de criticar a otras Biblias en español, cuando se había declarado antes de la publicación de la RVG 2010 que la RVG era perfecta, es increíble (véase el libro *Por Qué la Biblia Reina Valera Gómez es la Perfecta Palabra de Dios* impreso en el 2009 antes que la RVG2010 saliera). Si "se salva" en versiones anteriores constituye "una doctrina no bíblica", entonces también sería el caso para la KJV y la RVG2010 en 1 Timoteo 4:16: "Ten cuidado de ti mismo y de la doctrina; persiste en ello; pues haciendo esto, te salvarás a ti mismo y a los que te oyeren".

Otra denuncia increíble

La página 219 contiene una de las acusaciones más increíbles en todo el libro. En cuanto a Salmo 104:4, dice: "La 1865, 1909 y 1960 dicen que sus ministros van 'al fuego flameante'. Suena como si sus siervos fueran al infierno". Tome en cuenta dos errores graves en dicha afirmación:

1. El libro omite la primera parte del versículo, que contiene el verbo que es necesario para establecer el contexto. El verbo en la primera parte del versículo indica que no sólo hace a los vientos sus mensajeros, él también hace a las flamas de fuego sus ministros. No dice ni implica de ninguna manera que sus ministros vayan al infierno o a ningún fuego.

2. En la versión en inglés de este libro tradujeron la frase en disputa como si significaría "y hacia (o hasta) las flamas de fuego sus ministros" *(and to the flames of fire his ministers)*. ¿Es esto correcto? ¡No! ¡Mil veces no! Una razón del porqué la traducción y acusación del libro no son correctas es porque en el contexto (que requiere la primera mitad del versículo), la palabra clave "a" no tiene el significado que le están dando. Además, la gramática exige la partícula "a" antes del objeto directo en español. "A" puede significar "hacia", pero sólo si el contexto lo permite. Lo que hizo este libro sería tan absurdo como interpretar la frase "Dios nos hizo a nosotros" como si significara "Dios nos hizo hacia nosotros".

El autor de esta sección del libro pone de manifiesto algo muy interesante cuando afirma que "**Suena** como si sus siervos fueran al infierno" (énfasis añadido). Como "suena" algo, sin considerar seriamente la gramática y el contexto, no debió haber sido parte de los criterios para juzgar una Biblia respetada en español, con una retórica tan dura como acusar que dice que los ministros de Dios van al infierno.

¿Despoja a Cristo de su deidad la RV 1960?

En una declaración en la página 215 extrañamente se acusa que la traducción en Apocalipsis 1:6 "para Dios, su Padre" en la RV 1960 "despoja a Cristo de su deidad". Esa acusación no es bíblica a la luz de Juan 5:18: "Por esto los judíos aún más procuraban matarle, porque no sólo quebrantaba el día de reposo, sino que también decía que Dios era su propio Padre, haciéndose igual a Dios". Aun se podría intentar comprobar que la redacción en la RV 1960 (para Dios, su Padre) es más fuerte a favor de la deidad de Cristo que la redacción de la RVG (para Dios y su Padre) en el sentido de que una persona con poco conocimiento de las Escrituras podría pensar que "para Dios y su Padre" describen dos seres diferentes. El griego tiene el equivalente de "y" aquí, pero por los matices de la gramática de la lengua receptora, las conjunciones no siempre se traducen. Las Biblias de reputación antiguas en inglés *Bishops* y *Coverdale* no tienen "y" aquí, y corresponden con la redacción de la RV 1960, con excepción de la coma.

¿Es esto una mala traducción?

Una aseveración en la página 232 señala que la traducción "subirán" en Lev. 2:12 en ediciones anteriores de la Reina-Valera es "mala". Sin embargo, note cómo la *Concordancia Strong* comienza su definición de la palabra hebrea subyacente (# 5927): "raíz primaria; ascender..." Observe también la nota colocada al margen en la edición de 1611 por los traductores de la KJV para este versículo:

> † Hebr.
> ascend.
>
> 12 ¶ As for the oblation of the first fruits, yee shall offer them vnto the LORD, but they shall not † be burnt on the Altar for a sweet sauour.

¿Refleja la Reina-Valera los textos críticos más que los textos tradicionales?

En la página 50 del libro se hace la siguiente afirmación sobre el papel de las Sociedades Bíblicas en la Reina-Valera:

> ... Deliberadamente, insertaron más textos Alejandrinos corruptos para producir una Biblia en español que reflejara los Textos Críticos, más que los Textos Tradicionales en los que se basaba originalmente.

La conclusión que acabo de citar puede ser un argumento emocional, pero no voy a responder de la misma forma. Voy a utilizar hechos y datos facilitados aun por los mismos promotores de la RVG. No se especificó una edición de la Reina-Valera en particular, por lo tanto utilizaremos la RV 1960 para esta demostración. Misionero Rex Cobb, un promotor de la RVG, afirma que hay 191 "omisiones, cambios o adiciones" en la RV 1960 en comparación con el texto griego de Scrivener.[129] No estoy de acuerdo con estos números, pero por el bien de esta demostración voy a aceptar sus números. El Dr. D.A. Waite afirma que el Texto Crítico difiere del Texto Tradicional en 8.000 lugares.[130] Si el Texto Tradicional es exactamente igual al Texto Recibido o no, se podría debatir, pero voy a usar estos números para mantener todo más simplificado. Si hay 191 "omisiones, cambios o adiciones" del Texto Recibido en la Reina-Valera de un máximo posible de 8.000, ¡esto es sólo un dos por ciento! ¿Cómo podría un mero 2% reflejar el Texto Crítico más que el Texto Tradicional?

Esta estadística se puede comparar con el respetado defensor del Texto Tradicional y la KJV John Burgon, cuya posición era en el siglo diecinueve que el Texto Recibido común era correcto en nueve de cada diez casos.[131]

Cuando el Dr. Waite defendió la KJV por el hecho de que se apartaba del Nuevo Testamento griego de Beza de 1598 (el texto griego que la KJV siguió más de cerca) en 190 lugares, utilizó el siguiente argumento:

> Como expliqué antes, hay 140,521 palabras en el Nuevo Testamento griego. 190 lugares sólo ascenderían a 0.14% de los lugares que variaban de la edición griega de Beza. Esto equivaldría a que la Biblia *King James* siguió la edición griega de Beza el 99.86% del tiempo.[132]

¡Imagine las posibilidades si una fórmula idéntica se utilizaría para defender la Reina-Valera!

---

[129] http://www.reinavaleragomez.com/node/40. Accedido diciembre 20, 2011.

[130] Waite, D.A. *A Critical Answer to James Price's King James Onlyism.* Collingswood, NJ: The Bible For Today, 2009, p. 68.

[131] Goulburn, Edward Meyrick. *John William Burgon late Dean of Chichester. A Biography: With extracts from his letters and early journals.* Vol. 2, London: John Murray, 1892, p. 278.

[132] Waite, D.A. *A Critical Answer to Michael Sproul's God's Word Preserved.* Collingswood, NJ: The Bible For Today, 2008, p. 62.

Mi evaluación general del libro

Ningún libro es perfecto, pero con tantos errores, exageraciones e información desorientadora, no entiendo cómo este libro continúa siendo promovido y distribuido. Lamentablemente, este libro es típico de libros escritos en los últimos años para desacreditar a la Reina-Valera. Hemos documentado que —en el proceso de denunciar ediciones anteriores de la Reina-Valera— se ha recurrido con frecuencia a declaraciones dogmáticas, teorías de conspiración y suposiciones de herejía. Estos libros mezclan hechos con verdades a medias y hacen muchas afirmaciones muy exageradas que no resisten el escrutinio.

Una de mis mayores preocupaciones es que la adopción de la RVG está legitimando los escritos polémicos, métodos y puntos de vista de este movimiento. También, por razones que he documentado, creo que la adopción de la RVG es un paso hacia la legitimación del ruckmanismo.

El plan de los que promueven la RVG está nublando el razonamiento contra otras traducciones que quieren remplazar. Los pasajes problemáticos que hemos cubierto apenas molestan a nadie excepto los que se proponen promover una nueva traducción de remplazo. Si el análisis descuidado de la Reina-Valera en este libro es una indicación de la erudición detrás de la RVG, no habla bien de ella.

La RVG no está por encima de las críticas, pero las críticas en contra de ella deben ser bien pensadas, estudiadas y analizadas para ser justos, aunque los que promueven la RVG sigan siendo injustos en sus denuncias contra la Reina-Valera. Le ruego al lector que tenga cuidado. Si no está a favor de la RVG, tenga cuidado cómo se opone a ella. Al oponernos, no debemos imitar el comportamiento y métodos controvertidos de aquéllos con los cuales estamos en desacuerdo.

¿Cuál Biblia en Inglés corrigió tu Biblia en Español?

En el 2010 el misionero Humberto Gómez publicó un artículo titulado "¿Cuál Biblia en Inglés corrigió tu Biblia en Español?"[133] Humberto Gómez comienza su artículo expresando frustración porque muchos de sus críticos han estado diciendo "Yo no creo que la Biblia en inglés debe corregir la Biblia en español", o cosas similares. Luego Humberto Gómez cita documentación donde indica que la RSV (Versión Estándar Revisada) se encuentra en la lista de fuentes que habrían sido consultadas entre otras Biblias en inglés en los principios del comité de la RV 1960. Hay que tomar en cuenta que existen tres versiones de una selección de los principios del comité. Humberto Gómez solo cita la que lo favorecía, y no menciona la existencia de otras versiones. La declaración de Flores que cita Humberto Gómez difiere de lo que Flores escribió en su libro *Escribiendo la Biblia*. Además, la 1960 y la Versión Estándar Revisada difieren considerablemente la una de la otra, especialmente en las áreas que causaron que la Versión Estándar Revisada fuera tan polémica. Por ejemplo, a diferencia de la Versión Estándar Revisada, la 1960 no elimina ningún versículo, no tiene a "mujer joven" en lugar de "virgen" en Isaías 7:14, ni elimina la locución "No está aquí, sino que ha resucitado" en Lucas 24:6, un versículo crucial acerca de la resurrección. Los siguientes son cinco principios de lineamientos (hubo más, pero estos son todos los que proveyó Flores) que los revisores de la 1960 abordaron según el libro de Flores *Escribiendo la Biblia*:

---

[133] http://www.reinavaleragomez.com/es/node/14. Accedido diciembre 20, 2011.

1. Conservar en lo posible el fondo y la belleza del estilo de la Versión Reina-Valera.

2. **Ceñirnos al Textus Receptus**, el manuscrito más antiguo que emplearon Casiodoro de Reina y Cipriano de Valera para su trabajo. [Énfasis añadido]

3. No sacrificar términos castizos por el deseo de introducir términos regionales.

4. Suprimir palabras de dimensión vulgar y términos arcaicos en desuso.

5. En pasajes dudosos, en la traducción del hebreo o griego al castellano, consultar preferentemente las versiones Revisada Inglesa y la Standard Americana, además del Comentario Crítico Internacional.[134]

Juan Díaz, uno de los miembros del Comité de Revisión, proveyó una lista de cinco puntos totalmente iguales en un artículo que él publicó, con la excepción de añadir las fechas de las dos Biblias mencionadas, las cuales eran 1881 y 1901 respectivamente.[135] Se sabe que estas Biblias en inglés no fueron las únicas traducciones utilizadas, ya que también consultaron traducciones en español, francés, portugués y en alemán.[136] Nida escribió que "no se hicieron modificaciones radicales en los principios básicos"[137] que gobernaron a los revisores de la 1960. Es posible que se haya consultado la RSV, aunque no se menciona en dos de tres listas de principios del comité de los cuales tengo conocimiento.

El error principal del artículo de Humberto Gómez es que trata el hecho de consultar como si constituyera "corrección". Es probable que en mis escritos he acusado a algunos de corregir la Biblia en español con la KJV, pero se trata de casos donde creen que la KJV es perfecta e infalible, y en algunos casos algunos han hecho referencia a "corregir" la Biblia en español con el inglés (vea la página 42). La fuente que Humberto Gómez utilizó para hacer su argumento solo dice "consultaremos". No dudo que al consultar Biblias en inglés (además de otros idiomas y fuentes) probablemente hubo casos donde los revisores de la 1960 obtuvieron la idea de ir con la manera de verter de la Biblia en inglés si sentían que reflejaba el sentido del idioma original mejor que la RV 1909. Si la traducción original de la Reina-Valera no estaba en error, sino simplemente estaba traducida de una forma menos entendible, el hecho de haber seguido la idea no habría constituido "corrección". No estoy en contra de consultar Biblias en cualquier idioma en el proceso de traducir. Tampoco estoy en contra de consultar la KJV entre otros idiomas y fuentes en el proceso de traducir la Biblia, con tal que no se considere la KJV como inspirada e infalible. Pero lo que algunos grupos han hecho no ha consistido de meramente consultar la KJV en casos aislados, sino de utilizarla como "el estándar para seguir". Hay una gran diferencia entre consultar una fuente bajo ciertas condiciones, y el hecho de usar una fuente como "el estándar para seguir".

---

[134] Flores, José. *Escribiendo la Biblia.* Grand Rapids: Editorial Evangélica, sin fecha, p. 307.

[135] Díaz Galindo, Juan. "Revisión de la Versión Castellana Reina Valera de la Biblia". *La Biblia en América Latina.* abril-junio 1951, p. 316.

[136] Nida, Eugene A. "Reina-Valera Spanish Revision of 1960." *The Bible Translator.* julio 1961, p. 113.

[137] Ibid., p. 112.

El hecho de que una fuente consultada no sea una traducción confiable no significa que automáticamente contaminaría la nueva revisión.[138] Como ejemplo, está documentado por medio de notas de un traductor de la KJV que en el proceso de traducir dicha revisión, se consultó la Septuaginta y *Rheims*, esta última siendo una Biblia católica publicada poco antes de la KJV. El libro *The Part of Rheims in the Making of the English Bible* presenta documentación de porciones de traducción que aparecieron en Biblias en inglés primeramente en *Rheims*, y luego en la KJV, indicando la posibilidad de influencia de *Rheims* en esos pasajes en la KJV.[139] La siguiente cita hace mención de las fuentes obvias y algunas probables que utilizaron los traductores de la KJV:

> ¿Con cuáles textos antiguos trabajaron? Ellos tuvieron la Biblia Políglota Complutense de 1517, publicada en Complutum, ahora Alcalá de Henares, España, y tuvieron la Biblia Políglota de Amberes, 1569-1572. Éstas proveyeron textos hebreos y griegos añadidas con versiones en otros idiomas. Por supuesto tuvieron la Vulgata Latina, a pesar de que era sospechosa por ser papista. Con algunos fragmentos de rollos tempranos, tuvieron un sinnúmero de comentarios por parte de los Padres de la Iglesia y eruditos antiguos. A menudo se referían a San Juan Crisóstomo (347-407 dC), cuyas obras había comenzado a editar Sir Henry Savile, con la ayuda de Andrew Downes y John Bois. Otra autoridad de referencia fue el erudito de Ginebra, Teodoro Beza (1519-1605).[140]

Aunque los traductores de la KJV la usaron con precaución, se debe tomar en cuenta que la Vulgata Latina es una Biblia católica. La Biblia Políglota Complutense también es católica, y fue iniciada por el cardenal Francisco Jiménez de Cisneros. Aunque la Biblia Políglota Complutense tiene un trasfondo católico, hay defensores de la KJV que dicen que se asemeja mucho al Texto Recibido.[141] No apruebo ciertas Biblias como *Rheims*, y sin duda Humberto Gómez tampoco, pero no se debe rechazar la KJV por este motivo, puesto que los traductores de la KJV no trataron a *Rheims* como un estándar a seguir. Algunos grupos que no aprueban ni la 1960 ni la RVG han señalado similitudes entre la RVG y la 1960, y han acusado a Humberto Gómez de consultar la 1960 en el proceso de producir la RVG. Si es cierto que Humberto Gómez consultó la 1960, significa que él mismo consultó fuentes que él personalmente no aprueba. En ese caso sería tan injusto decir que Humberto Gómez "corrigió" la RVG con la 1960 como decir que los revisores de la 1960 "corrigieron" dicha revisión con la RSV, cuando solo la consultaron entre otras versiones en otros idiomas.

En su artículo Humberto Gómez provee ocho términos donde la 1960 se aparta de ediciones pasadas de la Reina-Valera y dice algo muy parecido a las traducciones ASV o RSV en inglés. En muchos casos, Humberto Gómez confiesa en su propio artículo que la presencia de una palabra equivalente a la RSV en la RV 1960 puede ser una coincidencia.

---

[138] El misionero Humberto Gómez no alegó esto en su artículo, pero siento que dejó esa impresión.
[139] Página 63.
[140] Paine, Gustavus. *The Men Behind the King James Version*. Grand Rapids, MI: Baker Book House, 1959, p. 77.
[141] Waite, D. A. *Defending the King James Bible*. Collingswood, NJ: The Bible for Today Press, 2002, p. 47.

Es posible que en algunos de esos casos hubiera sido consultada la Biblia en inglés, pero cuando los términos coinciden muy de cerca con el significado de las palabras griegas y hebreas, no tendría que haber sido el inglés lo que "corrigió" la 1960. Por ejemplo, el artículo señala cómo Job 7:12 en la Biblia ASV tiene *sea-monster* (monstruo de mar), mientras que la 1960 tiene "monstruo marino". Sin embargo, ese término en la 1960 sigue de cerca léxicos hebreos, como *Strong* que tiene "monstruo marino" mientras que *Brown-Driver-Briggs* incluye *sea monster* (monstruo de mar) entre los posibles significados del término hebreo correspondiente. Otro ejemplo de los ocho señalados se trata del término "unicornio", el cual fue traducido como "búfalo" en la 1960. *El Diccionario de la Santa Biblia* del año 1890[142] (entre otras referencias antiguas) incluye a "búfalo" como uno de los posibles significados de la palabra hebrea subyacente; por tanto, no tendría que haber venido de una Biblia en inglés.

El hecho de consultar otras Biblias, inclusive en otros idiomas, cuando los traductores se enfrentan con pasajes problemáticos o áreas de dificultad al traducir de los idiomas originales, es una práctica normal. El prefacio de la KJV menciona que los traductores de la KJV consultaron varias Biblias en otros idiomas, inclusive en español.

No me opongo por el hecho de que el revisor de la RVG haya consultado la Biblia en inglés. Sin embargo, no es normal que el traductor o revisor declare que la traducción que consultó sea perfecta e inspirada, ni que hubiera sido el estándar a seguir, como el revisor de la RVG ha declarado y documenté en las páginas 61 y 62. Los revisores de la 1960 no declararon que las Biblias inglesas que consultaron fueran perfectas ni inspiradas. Se pueden notar numerosas diferencias de mayor importancia entre la 1960 y las Biblias en inglés que consultaron, como no seguir ningún caso de omisión de versículos enteros. Los revisores de la 1960 también consultaron Biblias en alemán, francés, portugués y español, además de tener acceso a una gran variedad de comentarios.[143]

Chick Publications acusa de que la RV 1960 está contaminada con "sabor católico"

La revista de Chick Publications, *Battle Cry* de noviembre-diciembre de 2010 contiene un artículo bajo el título "La RV 1960 contaminada con sabor católico romano". El hecho de que hagan una declaración controversial no debe sorprender al que tiene conocimiento de que Jack Chick, el fundador, refiere a otros a los escritos controversiales de Peter Ruckman.[144] La primera oración del artículo dice lo siguiente: "Una de las principales áreas de preocupación por los traductores de la Biblia en español Reina-Valera-Gómez fue el giro hacia doctrina católica romana encontrada en la versión 1960..." Vea si realmente comprobaron lo que alegaron y si lo que motivó a los líderes detrás de la RVG tuvo mérito alguno. El artículo trata de señalar que la 1960 fue "contaminada", citando a seis pasajes en dicha versión. Vea si estos pasajes que difamaron realmente revelan un "sabor católico" como dicen. Voy a citar los versículos completos de la RV 1960, lo cual no hicieron en el artículo.

El primer pasaje se trata de Juan 12:47, donde la Reina-Valera 1960 dice: "Al que oye mis palabras, y no las guarda, yo no le juzgo; porque no he venido a juzgar al mundo,

---

[142] Rand, W. *El Diccionario de la Santa Biblia*. San José, Costa Rica: Editorial Caribe, (1890, American Tract Society), p. 706.
[143] Nida, Eugene "Reina-Valera Spanish Revision of 1960" *The Bible Translator*. julio 1961, p. 113.
[144] Ruckman, Peter. *The Books of First and Second Corinthians*. 2002, p. 533.

sino a salvar al mundo". Sin citar el versículo entero ni el contexto inmediato, el autor del artículo (a quien no se nombró) procedió a afirmar que el versículo enseña a quien Dios iba a juzgar. Pero si vemos el versículo entero, no sólo la porción que pusieron en el artículo, vemos que dice lo contrario: "no le juzgo". A pesar de esto, el autor procedió a declarar triunfantemente que la redacción de 1960 estaba "reincorporando salvación por obras contra la cual Martín Lutero y otros padres de la reforma habían batallado con Roma". El versículo siguiente en la 1960 es el que indica la base sobre la que Cristo nos juzgará: "El que me rechaza, y no recibe mis palabras, tiene quien le juzgue; la palabra que he hablado, ella le juzgará en el día postrero".

Los siguientes pasajes de la RV160 se mencionaron aduciendo que enseñan una doctrina con "sabor católico". Aquí cito estos versículos de la RV 1960:

> Romanos 11:30-32 "Pues como vosotros también en otro tiempo erais desobedientes* a Dios, pero ahora habéis alcanzado misericordia por la desobediencia de ellos, así también éstos ahora han sido desobedientes*, para que por la misericordia concedida a vosotros, ellos también alcancen misericordia. Porque Dios sujetó a todos en desobediencia**, para tener misericordia de todos".
>
> Hebreos 3:18 "¿Y a quiénes juró que no entrarían en su reposo, sino a aquéllos que desobedecieron?"*
>
> Hebreos 11:31 "Por la fe Rahab la ramera no pereció juntamente con los desobedientes*, habiendo recibido a los espías en paz".
>
> Mateo 17:20 "Jesús les dijo: Por vuestra poca fe; porque de cierto os digo, que si tuviereis fe como un grano de mostaza, diréis a este monte: Pásate de aquí allá, y se pasará; y nada os será imposible".

El asterisco (*) en los pasajes de arriba representa lugares donde la RVG traduce la misma palabra griega como *desobedientes* en 1 Pedro 2:7-8. El doble asterisco (**) representa un caso donde la RVG traduce la misma palabra griega como *desobediencia* en Efesios 5:6. Vea ese versículo en la RVG2010: "Nadie os engañe con palabras vanas; porque por estas cosas viene la ira de Dios sobre los hijos de desobediencia". Si lo que la 1960 enseña de la desobediencia en los versículos anteriormente citados constituye catolicismo, entonces, para ser consistentes, se tendría que confesar que la enseñanza de Efesios 5:6 en la RVG enseña lo mismo. No acuso a la RVG de eso, pero a la vez no somos inconsistentes al tratar la 1960 con el mismo criterio.

El último pasaje mencionado es Isaías 7:14, el cual dice lo siguiente en la RV 1960: "Por tanto, el Señor mismo os dará señal: He aquí que la virgen concebirá, y dará a luz un hijo, y llamará su nombre Emanuel". El artículo acusa este versículo de "cambiar María, la madre de Jesús, a la virgen María diosa del catolicismo". El increíble razonamiento que usan es que se tradujo "la virgen" en vez de "una virgen". Si aplicamos este mismo criterio a la RVG2010, ¡la haría católica romana por referirse a María como "la virgen" en Lucas 1:27!

No le falta más ironía a todo esto el hecho de que por muchos años Chick Publications ha publicado un excelente libro por título *Conozcamos el Catolicismo Romano,* que refuta las enseñanzas de la iglesia católica con —prepárese para la respuesta— ¡pasajes de la Reina-Valera 1960!

¿Demuestra este artículo que la 1960 está contaminada con "sabor católico" o que toma un giro hacia el catolicismo? ¡De ninguna manera! Chick Publications les debe a sus lectores una disculpa y una rectificación por haberles mal informado acerca de la Biblia más común del mundo hispano.

¿Fue la RVG la primera Biblia en español preparada por un comité grande?

La tapa rústica de la RVG2010 publicada por Chick Publications y en algunas promociones dice lo siguiente: "Es la primera Biblia en español que no fue preparada por un pequeño comité". Eso implica que la RVG fue la primera Biblia en español que fue preparada por un comité grande. También sigue diciendo: "El texto fue revisado y corregido por cristianos en 13 países". De que hubo unas cuantas personas que analizaron el texto, enviaron preguntas, comentarios y sugerencias a Humberto Gómez no lo dudo. Eso quedó abundantemente claro en el libro *La Biblia de Dios en Español*. Lo que dudo es que haya habido un verdadero "comité" que revisó y corrigió el texto por mayoría de votos. Históricamente, cuando se habla de revisores o de un comité de traducción, se hace referencia a un grupo que hace decisiones textuales en base a mayoría de votos. El libro *La Biblia de Dios en Español*, que contiene la historia oficial de cómo se llevó a cabo la RVG, no hace mención de un comité que hubiera llegado a tomar las decisiones por mayoría de votos. Con frecuencia se menciona que personas asesoraron a Humberto Gómez, pero no hace mención alguna de un comité con derecho a voto. En realidad, el libro revela todo lo contrario al concepto de un comité. Por ejemplo, en la página 188 se indica lo siguiente:

> Cuando recibía tales sugerencias, el Dr. Gómez las evaluaba minuciosamente, y si las consideraba válidas, hacía los cambios en la siguiente impresión.

En correspondencia con este servidor el 24 de febrero de 2005, el hermano Gómez me aclaró que "oficialmente" nadie era consultor, y que él era totalmente responsable por todas las decisiones del trabajo.

Aún si quisieran contar a todas las personas que ayudaron al hermano Gómez de alguna forma como si formaran parte de un gran comité, no significaría necesariamente que hubiera sido "la primera Biblia en español que no fue preparada por un pequeño comité". Si la participación de todos los involucrados se pudiera contar como participación en un comité grande, ha habido otras Biblias en español con comités grandes. Por ejemplo, en el caso de la RV1960, no solo hubo seis revisores con derecho a voto, sino que también hubo 140 asesores que hicieron aportaciones. Antes de que ellos hicieran su trabajo, se habían distribuido hojas a 100 líderes evangélicos para su distribución entre pastores y laicos para indicar cambios sugeridos. En el lapso de nueve meses se habían recolectado 1.700 páginas de textos marcados y listas de cambios propuestos. (Para la documentación, ver el libro *La Historia de la Biblia Reina-Valera 1960*).

Tomando en cuenta que no hubo un comité que la preparó en el sentido como normalmente se entiende ese término, no parece correcto que la RVG se publique afirmando que "es la primera Biblia en español que no fue preparada por un pequeño comité". Ruego a los hermanos detrás de la RVG que aclaren este asunto o que lo corrijan.

Conferencias de Jeff McArdle

La "Sociedad Bíblica Valera" de Jeff McArdle ha tenido varias conferencias anuales en el estado de Florida en los Estados Unidos. Aunque no he tenido la oportunidad de escuchar muchas de sus grabaciones, si lo que voy a citar solamente es un ejemplo, están enseñando cosas muy extremas sin fundamento bíblico. Lo siguiente proviene del discurso *Pro-Catholic Modern Versions* por McArdle de la conferencia de 2010:

> Reina y Valera fueron como cualquier profeta de Dios. Ellos escribieron y ni siquiera sabían lo que escribían. Los profetas escribieron y ni siquiera sabían lo que escribían. Porque fue Dios el que escribió a través de ellos. Y la posición de la Sociedad Bíblica Valera es simplemente esto: —que Dios estaba escribiendo a través de Reina y Valera en el idioma de español.

Esto es un ejemplo perfecto de una falsa doctrina conocida como "doble inspiración". Dios acabó con la inspiración de su Palabra con el libro de Apocalipsis. Reina y Valera eran solamente traductores, por tanto no se les puede comparar con profetas por medio de los cuales Dios escribió gran parte de la Biblia. Si Dios hubiera escrito a través de Reina y Valera como los profetas, no hubieran incluido los libros apócrifos, y ambas traducciones hubieran sido iguales. Si Dios hubiera escrito por medio de Reina como por medio de los profetas, no se hubiera necesitado una revisión por Valera años más tarde.

El grupo de McArdle parece tener poca influencia en el mundo hispano comparado a otros grupos criticando severamente la Reina-Valera. Por tanto, solo proveo un ejemplo breve de las enseñanzas de sus conferencias para que el lector sea advertido.

Extremismo fuera de control en el internet

En este libro no me he concentrado mucho en acusaciones contra la Reina-Valera que se encuentran en el internet. Se podría escribir otro libro entero para señalar las exageraciones de grupos fundamentalistas que allí se encuentran en diversos sitios en contra de la Reina-Valera, que tristemente han dejado de enfocarse en los fundamentos de la fe. En vez de luchar contra Satanás, están peleando entre ellos mismos.

Un ejemplo de extremismo que se ha demostrado en esta controversia en el internet sería el caso de una iglesia en Carolina del Norte, en Estados Unidos, que ha incluido la RV 1960 en una lista nombrada "biblias de Satanás" que queman en eventos anuales que llaman "quemadero anual de libros"[145] Es probable que la gran mayoría de opositores de la 1960 mencionados en este libro no aprobarían la quema de copias de dicha versión. Pero se debe considerar que sus campañas de exageración es lo que probablemente han convencido a otros como este grupo extremista que la 1960 es "satánica".

En la siguiente página proveo dos imágenes del sitio de internet de dicho grupo. El segundo gráfico es una parte de una lista que comienza con la frase "Estamos quemando biblias de Satanás como la…" Entre la lista de Biblias que dicen que queman, se puede observar claramente la Reina-Valera 1960:

---

[145] http://kjb-1611.com/Download100.html. Accedido diciembre 22, 2011.

El año 2010

Hablando de lo "satánico", hay un escritor en el internet que promueve la 1602 Purificada que colocó a la RV 1960 al lado de una biblia satánica y la Traducción del Nuevo Mundo en el gráfico que sigue:

CAPÍTULO 12 - CONCLUSIÓN

Con todo lo que ha sido documentado, es casi innecesario afirmar que esta controversia ha dejado un legado muy triste. Ha dejado tras de sí divisiones, amistades arruinadas, y ha quitado el enfoque sobre la urgencia de alcanzar el mundo para Cristo. Con frecuencia han hecho proclamaciones que han causado controversia y confusión, en vez de crear más fe en la Palabra de Dios en español.

He demostrado que muchos en este movimiento razonan e investigan bajo ciertas suposiciones que nublan la objetividad de sus argumentos. Esta parcialidad le resta valor a la profunda investigación que muchos de ellos han hecho, aun cuando se haya llevado a cabo con buenas intenciones. He documentado que —en el proceso de denunciar ediciones anteriores de la Reina-Valera— se ha recurrido con frecuencia a declaraciones dogmáticas, teorías de conspiración y suposiciones de herejía. Sus escritos mezclan hechos con verdades a medias y hacen muchas afirmaciones exageradas que no resisten el escrutinio. Le ruego otra vez al lector no aceptar nada de este movimiento sin investigar, exigir documentación y estar dispuesto a oír las dos versiones de los hechos antes de llegar a una conclusión.

Una de mis mayores preocupaciones es que la adopción de traducciones que nacieron como producto de la controversia (como la RVG, la 1602 Purificada, la reimpresión de la RV 1865) esté legitimando los escritos polémicos, métodos y puntos de vista de este movimiento. También por razones que he documentado, temo que la adopción de estas traducciones podría llegar a ser un paso hacia la legitimación del ruckmanismo. ¡No permitamos que el ruckmanismo se infiltre en el mundo hispano!

¿Quién está creando realmente división entre los hermanos? Algunos críticos han señalado a la revisión de 1960 y los que la siguen usando como los culpables. Pero se debe tomar en cuenta que el texto de la 1960 se venía usando por décadas, con buena armonía aun con casi todos los que decidían quedarse con la 1909. No pueden culpar a los que vienen usando la 1960 por tantos años como si ellos ahora hubiesen cambiado y ellos mismos hubiesen creado la controversia. Lamentablemente los que son los más responsables por la controversia niegan su culpabilidad, y recurren a culpar a otros. En vista de que los críticos de la Reina-Valera iniciaron la controversia, está en ellos el poder de dejarnos en paz y restaurar la armonía.

En el proceso de intentar difamar diversos textos en la Reina-Valera, se ha recurrido con frecuencia preocupante a la **eiségesis** en vez de la **exégesis**. La eiségesis es el proceso de asignarle a un pasaje una enseñanza que no está ahí, insertando un significado que fluye de un interés personal. Por otro lado, la exégesis significa sacar del pasaje el significado claramente intencionado usando el contexto, otros pasajes de las Escrituras sobre el mismo tema y herramientas legítimas de comprensión, tales como léxicos griegos y hebreos.

En conclusión, hay algunas preguntas que debemos procurar contestar: Si el movimiento en contra de la Reina-Valera es bíblico, ¿por qué prácticamente no existía hace 30 años? Si el movimiento en contra de la Reina-Valera es bíblico y está tanto en lo correcto, ¿por qué se ha exagerado tanto en sus afirmaciones como he documentado? ¿Por qué siguen distribuyendo materiales aun después que se ha demostrado que contienen errores gravísimos e inconsistencias?

Mi experiencia es que algunos que están en contra de la Reina-Valera dicen que les duele que otros de su lado hayan atacado vehementemente la Reina-Valera, y que ellos no aprueban de tales tácticas. ¡Pero cuántos de ellos no se separan de los que siguen

Conclusión

insultando la Reina-Valera! ¡Cuántos críticos dicen que no creen en insultar la Reina-Valera, que les da pena que otros lo hagan, pero acaban haciéndolo poco tiempo después! Por ejemplo, en su artículo de 2004 "El Asunto de la Biblia en Español" ya mencionado, Humberto Gómez confesó que hay quienes se "sienten insultados y atacados, y en muchos casos tienen razón". Dijo que hacía falta humildad y de olvidarnos de las ofensas. Añadió además que "Hemos tenido mucho cuidado de no insultar a hombres, Biblias o ministerios. Estamos tratando de unir y no de dividir. Si la verdad divide, que así sea. Pero no causaremos división por ser absurdos". ¿Cumplió su promesa? Temo que la documentación provista indica lo contrario.

Aunque se ha refutado con documentación adecuada mucho de lo que proclaman acerca de supuestos hechos históricos o errores doctrinales en la Reina-Valera, he documentado que año tras año muchos repiten lo mismo, puesto que aparentemente suena convincente a la persona no informada. En mis escritos he formulado muchas preguntas que los críticos de la Reina-Valera se niegan a contestar. No estoy diciendo que mis escritos son intocables o que no contienen debilidades, pero cuando se hacen preguntas relevantes que llegan al meollo del asunto —¿por qué no quieren contestar? ¿Será que las respuestas francas revelarían una seria debilidad en su posición?

Si no permiten que una enseñanza o redacción de una Biblia nueva se someta al escrutinio, esa enseñanza es cuestionable. Por ejemplo, si los grupos continúan negándose a contestar preguntas relevantes acerca de cómo la RVG o RV 1865 revisada por seres humanos imperfectos puede ser perfecta, no es una enseñanza que puedan decir que haya resistido el escrutinio, sin siquiera mencionar el escrutinio de la Palabra (Rom. 3:12). Deben desear que cualquier problema con su punto de vista sea señalado para ser corregido.

Acusaciones falsas, argumentos ilógicos, afirmaciones sin sustancia, hermenéutica defectuosa, apelativos emocionales basados en presunciones falsas, y extremismo indefendible es otro legado triste de esta controversia. La veracidad le da la bienvenida al escrutinio, a la inspección y a las preguntas. Dios no necesita la asistencia de falacias, exageraciones o descuidos. El error crea temores infundados e irracionales.

Como se dijo en la introducción, algunos personajes mencionados aquí han servido a Dios fielmente por muchos años, y merecen nuestro respeto por eso, a pesar de haber dicho cosas escandalosas acerca de la Reina-Valera. Sin embargo, han hecho declaraciones públicas sobre el asunto, y no está fuera de lugar que se mencione lo que han declarado para informar al lector.

Ruckman en sus escritos hace preguntas como: "¿Qué daño hay en creer que la KJV es infalible?" Este libro fue escrito en parte para contestar su pregunta, tratando el daño causado en tan sólo un idioma. He documentado que el hecho de llevar su enseñanza a su conclusión lógica ha causado incontables problemas sobre cómo se perciben Biblias en otros idiomas que históricamente habían sido consideradas confiables.

He tratado de dialogar con varios de los que se han opuesto a la Reina-Valera mencionados en este libro, pero se ha resuelto muy poco. Uno me ha dicho que no le vuelva a escribir, otros no me han contestado, hubo otro que no sólo no contestó mi carta personal, sino que se quejó públicamente de la carta, sin responder a mis inquietudes acerca de lo que me parecía ser representaciones equivocadas, etcétera. En algunos casos, como el de McArdle, su posición es tan extremista, que al principio sentí que sería una pérdida de tiempo. No soy miembro de sus iglesias, por tanto no puedo llevarlos ante la iglesia según Mateo 18:17.

La controversia está resultando en pequeñas facciones o bandos de grupos en contra de la Reina-Valera, en los cuales muchos se mantienen aislados de los demás, excepto cuando buscan reclutar para su causa. Esto está dividiendo al fundamentalismo hispano aún más. He observado personalmente esto en algunos hermanos que antes asistían a conferencias y trabajaban en proyectos en armonía con otros por el bien del evangelio. Pero después de meterse con una de las facciones en contra de la Reina-Valera, no los he visto.

Seguramente muchos lectores acabarán indignados por la manera como se ha tratado injustamente la Reina-Valera (y así debe ser). Es natural que la persona indignada reaccione, pero ruego al lector que canalice esa reacción a algo positivo, y no tratar a los hermanos del otro lado o a otras Biblias designadas para remplazar la Reina-Valera de la misma forma que han tratado a nuestra Biblia. Romanos 12:17 nos advierte: "No paguéis a nadie mal por mal; procurad lo bueno delante de todos los hombres", y Romanos 12:21 nos dice, "No seas vencido de lo malo, sino vence con el bien el mal". Si deseas hacer algo, recomiendo lo siguiente:

- Puedes mantenerte informado acerca del tema.

- Puedes distribuir material equilibrado acerca del tema para advertir a otros.

- Puedes velar por tu iglesia, iglesias hermanas y ministerios tales como institutos bíblicos por si acaso alguien intentara infiltrarse con esta nueva enseñanza destructora de que la Reina-Valera no es confiable.

Demos gracias a Dios que no tenemos que vagar en las tinieblas sin su Palabra. Aunque no estemos todos de acuerdo en todos los detalles de cómo se llevó a cabo, podemos confiar en el hecho de que Dios no falló y su Palabra se preservó. Tenemos su Palabra en una forma confiable, autoritaria y fidedigna. Debemos amarla, leerla, compartirla y obedecerla. Que Dios nos ayude a velar por nuestras iglesias e instituciones, y poner en práctica la advertencia de 1Tesalonicenses 5:21: "Examinadlo todo; retened lo bueno".

PARTE DOS
ANÁLISIS DE VARIOS ASPECTOS DE LA CONTROVERSIA

Capítulo 13 - La doble moral en la controversia

No todos los que están haciendo acusaciones contra la Biblia en español en la controversia actual entre fundamentalistas se dan cuenta de que están implementando una doble moral con frecuencia. Las acusaciones típicas mencionadas aquí son similares a señalamientos que ya se han hecho. Lo que me motivó a escribir esto fue mi deseo de colocar la Biblia en español al mismo nivel con la KJV (*King James* Version, la versión común en inglés, a veces conocida como la Versión Autorizada), para que otros se den cuenta de que si aplicamos algunos de los estándares que se imponen a la Reina-Valera, podría llevarnos a invalidar la KJV. Esto demostraría que los criterios que algunos quieren imponer a la Biblia española en los ejemplos hipotéticos en este artículo (que se están realizando en la vida real) son irrazonables y deben ser revaluados.

Acusación típica #1 "La Reina-Valera se desvió a veces del Texto Recibido".

Por qué ésta es una doble moral: La KJV no siempre sigue exclusiva e inalterablemente el Texto Recibido sin excepción alguna. La KJV también tiene algunas pocas desviaciones del Texto Recibido, mas esto no debe invalidar la KJV.

F.H.A. Scrivener llegó a conocer íntimamente el texto de la KJV al escribir su obra *The New Testament in the Original Greek According to the Text Followed in the Authorised Version* (El Nuevo Testamento en el griego original según el texto seguido en la Versión Autorizada). Él proveyó una lista de alrededor de 60 lugares donde creía que la KJV aparentemente había seguido la Vulgata latina en el Nuevo Testamento en la página 262 de su libro *The Authorized Edition of the English Bible* (La edición autorizada de la Biblia inglesa). Jack Moorman, un autor que favorece la KJV, escribió en la página 27 de la segunda edición de su libro *When the KJV Departs from the "Majority" Text* (Cuando la KJV se aparta del Texto "Mayoritario") que "…hay un puñado de lecturas latinas en la Versión Autorizada". La pregunta debe ser si una traducción en otro idioma se basa en el Texto Recibido, no si hay desviaciones en los detalles más mínimos. Nadie está reclamando la revisión de los pocos lugares donde la KJV se aparta del Texto Recibido; por lo tanto, reclamar la revisión de los pocos lugares donde una Biblia en otro idioma se aparta del Texto Recibido en Biblias que ya se basan en el Texto Recibido es una doble moral.

Acusación típica #2 "La Reina-Valera 1960 tiene derechos reservados. No se pueden aplicar derechos de propiedad literaria a la verdadera Palabra de Dios".

Por qué esta es una doble moral: La KJV tiene un *"Royal Crown Patent"* (el equivalente antiguo de un derecho de autor), mas esto no debe invalidar la KJV.

En cuanto a la pregunta "¿La versión Rey Jaime tuvo alguna vez derechos reservados?", David Cloud, un autor que favorece la KJV, responde como sigue en la página 134 de su libro *The Bible Version Question/Answer Database*:

1. La Biblia *King James* fue producida bajo la autoridad directa de la corona inglesa y es poseída y "registrada en el registro de la propiedad literaria" por la corona de Inglaterra.

2. El gobierno inglés todavía tiene derechos sobre todas las impresiones de ese texto en Gran Bretaña, típicamente designando un impresor como el publicador autorizado y requiriendo que otras imprentas obtengan permiso de ellos.

El hermano Cloud luego continúa con otras explicaciones, como la de los derechos de autor de la KJV que no se extienden fuera de Gran Bretaña.

Acusación típica #3 "La Reina-Valera 1960 fue hecha por la Sociedad Bíblica Americana y la Sociedad Bíblica Británica y Extranjera, que están bajo el auspicio de las Sociedades Bíblicas Unidas. Tales sociedades son muy ecuménicas. No debemos confiar en una Biblia de tal fuente".

Por qué ésta es una doble moral: Los traductores de KJV estaban afiliados a la Iglesia Anglicana (incluyendo algunos puritanos conformistas), mas esto no debe invalidar la KJV.

Sería injusto juzgar la KJV por la condición y creencias de la Iglesia Anglicana de hoy (algunos líderes anglicanos han ordenado a homosexuales, han conducido bodas de homosexuales, etcétera). Por la misma razón, sería injusto juzgar a la Reina-Valera por la posición ecuménica actual de las Sociedades Bíblicas, cuando éste no era el caso en la década de los cincuentas mientras se estaba revisando la Reina-Valera. De hecho, la documentación revelada en mi libro *La Historia de la Biblia Reina-Valera 1960* demuestra que algunos revisores de la 1960 sufrieron persecución de parte de católicos aún durante los años en que realizaban su trabajo de revisión.

Acusación típica #4 "Algunos de los involucrados en la revisión de la Biblia española tenían algunas creencias cuestionables".

Por qué ésta es una doble moral: Algunos de los traductores de la KJV tuvieron creencias cuestionables, mas esto no debe invalidar la KJV.

David Cloud, un autor que favorece la KJV, escribió lo siguiente en la página 139 de su libro *The Bible Version Question/Answer Database:*

A. Las vidas de los traductores de la *King James* no fueron universalmente piadosas. Algunos de los hombres fueron sinceramente piadosos y algunos menos piadosos. Uno de ellos fue intemperante en el consumo de vino alcohólico, especialmente hacia el final de su vida.

B. Cuando se les juzga desde una perspectiva bautista, ellos de ninguna manera fueron sin culpa. Por el hecho de ser anglicanos, tuvieron muchos errores doctrinales. Al nivel humano, sostuvieron el error de paidobautismo. Aún los puritanos entre ellos estaban a favor de iglesias del estado.

Acusación típica #5 "El controvertido Eugene Nida tuvo algo que ver con la Reina-Valera 1960 de una forma u otra. Esto significa que no es confiable".

Por qué ésta es una doble moral: La represión religiosa durante el reinado del rey Jaime fue una razón de por qué los peregrinos emigraron a América, mas esto no debe invalidar la KJV.

Aunque el rey Jaime fue un poco controversial y tuvo participación con la KJV en cierta medida, él no estuvo entre los traductores. De la misma manera, Eugene Nida estuvo de cierta medida involucrado en la revisión de la 1960 cuando él sostenía un punto de vista más conservador, tal como se documentó en mi libro *La Historia de la Biblia Reina-Valera 1960*. A pesar de todo, Nida escribió que él no tuvo voto en las decisiones textuales cuando los revisores de la 1960 hicieron su trabajo.

Acusación típica #6 "La Reina-Valera tiene algunos pasajes problemáticos que podrían ser mal interpretados".

Por qué ésta es una doble moral: La KJV también tiene algunos pasajes "problemáticos" que potencialmente podrían ser mal interpretados, mas esto no debe invalidar la KJV.

Peter Ruckman, de quien advierto extensamente en mis escritos, admite en la página tres de su libro *The "Errors" in the King James Bible* (Los "Errores" en la Biblia *King James*) que hay aproximadamente 2.000 pasajes problemáticos en la KJV. De éstos, él dice que alrededor de 1.600 pueden ser explicados con el sentido común sin referencia a un léxico griego o hebreo. De los 400 que restan, él dice que aproximadamente veinte podrían considerarse problemas "difíciles", y cinco de ésos podrían ser clasificados como "muy difíciles".

Bruce Lackey, autor quien favorece la KJV, escribió lo siguiente con respecto a pasajes problemáticos en la KJV, con lo que estoy de acuerdo, en la página 46 de su libro *Why I Believe the Old King James Bible* (Por qué creo la antigua Biblia *King James*):

> Siempre habrá una necesidad de maestros que expliquen y expongan la palabra de Dios. Ninguna traducción puede remplazar jamás a los maestros designados por Dios. Es un error suponer que la Biblia debe ser perfectamente clara de pasada al lector, sin necesidad de explicación.

Acusación típica #7 "La mayor parte de los revisores de la Reina-Valera no fueron bautistas, y ninguno fue fundamentalista".

Por qué ésta es una doble moral: Ninguno de los traductores de la KJV fueron bautistas, mas esto no debe invalidar la KJV.

Los traductores de la KJV fueron anglicanos, mientras que una minoría fueron puritanos conformistas.

Acusación típica #8 "La Versión Estándar Revisada (RSV) fue consultada cuando la Reina-Valera 1960 fue revisada".

Por qué ésta es una doble moral: El Nuevo Testamento católico *Rheims* fue consultado según las notas de un traductor de la KJV, mas esto no debe invalidar la KJV.

Vea las páginas 63 y 118 del libro *Translating for King James: Notes made by a translator of King James's Bible* (Traduciendo para el Rey Jaime: notas hechas por un traductor de la Biblia *King James*) redactado por Ward Allen. También Jack Moorman, autor a favor de la KJV, en la página 248 de su libro *Forever Settled* reconoció lo siguiente con respecto a la influencia de *Rheims* en la KJV: "...Muchas mejoras en la interpretación fueron tomadas de la Biblia *Geneva*, y no unas pocas frases y palabras singulares del *Rheims*". Estoy dispuesto a dar a la KJV el beneficio de la duda de que esta acción no introdujo doctrina falsa en la KJV. ¿No merece a cambio la Reina-Valera el beneficio de la duda?

Acusación típica #9 "Los escritos de uno de los hombres involucrados con la 1960 indica que ellos creían que a veces era correcto seguir un Texto Crítico".

Por qué ésta es una doble moral: El traductor de la KJV, John Boys, escribió un libro en el que defendió la Vulgata latina.

John McClintock y James A. Strong en su obra conjunta *Cyclopaedia of Biblical, Theological, and Ecclesiastical Literature* (1880) escribieron lo siguiente en la página 869:

> Cuando la nueva traducción de la Santa Biblia fue resuelta, bajo el Rey Jaime, Boys fue seleccionado para emprender los textos apócrifos que él completó, junto con la porción asignada a algún otro grupo... su única obra publicada fue *Veterum interpretatio cum Beza aliisque recent collatio* (Londres, 1655, 8°), que es una justificación de la versión Vulgata del Nuevo Testamento.

Afortunadamente, a pesar del punto de vista de Boys, la KJV acabó basándose en el Texto Recibido, con relativamente pocas porciones de la Vulgata que son discernibles y que no afectaron la doctrina.

¿Doble moral de parte de los defensores de la Reina-Valera?

Estoy consciente de una acusación de supuesta doble moral contra nosotros que aceptamos la Reina-Valera 1960, porque algunas Biblias en inglés fueron consultadas en el proceso de revisarla, mientras que supuestamente rechazamos este mismo concepto con la nueva versión RVG. Considere los siguientes hechos:

El hecho de consultar otras Biblias, inclusive en otros idiomas, es una práctica normal cuando los traductores se enfrentan con pasajes problemáticos o áreas de dificultad al traducir de los idiomas originales. El prefacio de la KJV menciona que los traductores de la KJV consultaron varias Biblias en otros idiomas, inclusive en español. No nos oponemos por el hecho de que el revisor de la RVG haya consultado la Biblia en inglés. Sin embargo, no es normal que el traductor o revisor declare que la traducción que consultó es perfecta e inspirada, y que haya sido el estándar a seguir, como el revisor de la RVG ha declarado. Los revisores de la 1960 no declararon que las Biblias en inglés que consultaron fueran perfectas ni inspiradas. Se pueden notar numerosas diferencias de mayor importancia entre la 1960 y las Biblias en inglés que consultaron, tal como no seguir ningún caso de omisión de versículos enteros. Los revisores de la 1960 también consultaron Biblias en alemán, francés, portugués y español, además de tener acceso a una gran variedad de comentarios.[146] Para más detalles de la acusación, ver página 85.

Conclusión

Quisiera afirmar en conclusión que usted puede confiar en la KJV, las diversas ediciones del Texto Recibido y la Reina-Valera. Son seguras, confiables, fidedignas y probadas. Las cosas que he dicho acerca de la KJV no deben ser consideradas como un ataque, dado que no trato de persuadir que otros la abandonen, y es la versión que utilizo

---

[146] Nida, Eugene "Reina-Valera Spanish Revision of 1960" *The Bible Translator*. julio 1961, p. 113.

personalmente en inglés. Tenga presente que la mayor parte de la documentación en este capítulo viene de los escritos de autores que favorecen la KJV. La diferencia con las cosas negativas que otros dicen acerca de la Reina-Valera 1909 y 1960 es que ellos tratan de persuadir a otros que las abandonen, y ellos no las utilizan y no las aprueban. La Reina-Valera y las personas y organizaciones asociadas con ella no están por encima de la crítica, pero se debe ejercer cautela para asegurar que tales críticas y motivaciones no constituyan una doble moral comparadas con lo que uno permite para la Biblia en inglés.

Capítulo 14 – ¿Puede ser perfecta una traducción de la Biblia?

En años recientes se ha introducido una extraña enseñanza que hasta donde yo sé es nueva en el fundamentalismo hispano. Consiste simplemente en enseñar que una cierta traducción de la Biblia en español es perfecta. Algunos que promueven la Reina-Valera "Gómez" y la reimpresión de la Valera 1865 ahora están enseñado esto en su literatura acerca de sus respectivas traducciones en una forma dogmática. Vea cómo las siguientes observaciones demuestran la imposibilidad de sostener esta premisa en una forma bíblica y consistente.

La Biblia no enseña la perfección de traducciones

Se debe rechazar la enseñanza dogmática de la perfección de una traducción sobre todas las demás por la misma razón que rechazamos la enseñanza de la Inmaculada Concepción o la Infalibilidad Papal. La simple verdad es que ambas enseñanzas no se encuentran en la Biblia.

Los traductores no son profetas o apóstoles. La Biblia no enseña que un traductor puede ser inspirado como fueron los profetas y apóstoles, o que de alguna forma Dios guarda a los traductores de todo error posible.

En el proceso de traducir se cambian las palabras, y con frecuencia un traductor tiene que expresar algo lo mejor posible, pero de una forma que no siempre puede reflejar el énfasis, los modismos, los matices, los asuntos idiomáticos y la construcción de frases con la misma precisión del idioma original. La traducción es una tarea de aproximación. Dicho dilema no cambia cuando se traduce la Biblia. En cuanto a traductores de la Biblia, hay que tomar en cuenta que, "antes que traductor, ser humano". Cuando alguien traduce la Biblia, no ocurre un milagro como ocurrió cuando Dios inspiró a los escritores de la Biblia (2 Ped. 1:21). Si ocurriera un milagro, no hubiera múltiples versiones en un mismo idioma, ¡porque todas serían iguales! Obviamente, una traducción cuidadosa puede ser confiable y de autoridad, y se deben usar términos semejantes para describir una buena traducción para que la genta tenga confianza en ella. Pero al usar términos como "perfecta", "infalible", o aun "inspirada" para una traducción, se está enalteciendo peligrosamente una obra de hombres al nivel de los originales inspirados por Dios.

Dios no es el traductor de las versiones de la Biblia

Aunque nadie está negando mi afirmación de que Dios no traduce la Biblia, esta simple verdad llega al meollo del asunto. Las traducciones no son producto de una inspiración divina que protege al traductor de error humano. No estoy diciendo que una traducción no puede ser Palabra de Dios —pero hablando en términos técnicos, tenemos que reconocer que la Reina-Valera es una <u>traducción</u> de la Palabra de Dios, y aun así es una autoridad totalmente adecuada para cumplir su función en español. Erasmo, quien editó la primera edición impresa del Texto Recibido, afirmó: "Debes distinguir entre las Escrituras, la traducción de las Escrituras, y la transmisión de ambas".[147]

La traducción requiere interpretación

Una traducción típica de la Biblia contiene alrededor de 750.000 palabras. En miles de casos el traductor tiene que interpretar. Tan solo los Evangelios contienen más de 700

---

[147] Schnaiter, Sam & Tagliapietra, Ron. *Bible Preservation and the Providence of God*. Xlibris Corporation, 2002, p. 290.

porciones ambiguas en las cuales el griego puede ser traducido de dos formas.[148] Cuando los idiomas originales son ambiguos, es generalmente considerado mejor dejarlo ambiguo, aunque algunas veces la naturaleza del idioma receptor no lo permite. Cuando el griego y el hebreo obligan a un traductor a interpretar, ¿quién tiene el derecho de determinar cuál interpretación es la correcta? Declarar que una traducción es perfecta conlleva la consecuencia inevitable de creer que un traductor fue perfecto en todas sus interpretaciones en ella, lo cual es tan absurdo como creer en la infalibilidad del Papa cuando habla *ex cátedra*. Nadie (incluyendo un traductor o comité) es capaz de interpretar la Biblia sin la posibilidad de fallar jamás. Nunca debemos confiar tanto en las interpretaciones de un traductor al punto de declarar su obra como "perfecta" en el sentido infalible. Jer. 17:5 nos advierte: "Así ha dicho Jehová: Maldito el varón que confía en el hombre, y pone carne por su brazo, y su corazón se aparta de Jehová".

En lo que respecta al problema de llegar al significado preciso de las palabras en los idiomas originales, existen los factores de palabras originales con muchos significados, la expresión moderna con muchos significados, palabras sin equivalentes modernos adecuados, y las complicaciones de lexicografía, sin dejar de mencionar los problemas de sintaxis. La traducción con precisión de escritos antiguos no es tan fácil como suele pensar la mayoría de la gente. Los traductores de la *King James* en la introducción de su traducción escribieron que "El querer determinar cuáles cosas el Espíritu de Dios ha dejado dudoso, no es nada menos que presunción".

La costumbre en tiempos pasados era de utilizar notas marginales para que el traductor compartiera con el lector traducciones alternas o explicaciones. Así fue con las traducciones y revisiones originales de Reina, Valera y la KJV. Es lamentable que esta costumbre haya caído en desuso.

Ejemplos donde el traductor está obligado a interpretar

1 Jn. 5:3 dice lo siguiente en la RV 1960: "Pues este es el amor a Dios, que guardemos sus mandamientos; y sus mandamientos no son gravosos". En contraste, la RVG y la KJV en ese versículo hacen referencia al "amor de Dios". La pregunta surge: ¿Se refiere este versículo al "amor de Dios", o al "amor a Dios"? La razón por la cual hace falta interpretar es que el griego no indica si es "de Dios" o "a Dios". Está al criterio del traductor. Cierta medida de lógica parece indicar que se refiere al amor a Dios, porque sigue inmediatamente con una referencia a guardar los mandamientos, y seguiría el pensamiento del versículo anterior. Pero puede haber unas consideraciones léxicas o gramaticales en el contexto que lleven a un traductor a concluir que se refiere al amor de Dios.

Otro ejemplo donde un traductor está obligado a traducir es en Hechos 7:45 y Hebreos 4:8. En griego, "Jesús" y "Josué" comparten el mismo nombre. Pero en español obviamente no; por tanto, el traductor está obligado a interpretarlo. El contexto de Hechos 7:45 y Hebreos 4:8 circula alrededor de los eventos de Josué dirigiendo al pueblo de Dios a la tierra prometida. La KJV y la RVG2010 pusieron a "Jesús" en el texto, pero por lo menos en la nota marginal de la KJV 1611 se puso una nota aclaratoria para Hebreos 4:8 donde dice, "esto es, Josué". La RV 1960 colocó "Josué" en el texto en Hechos 7:45 y Hebreos 4:8.

Se podría mencionar miles de casos donde un traductor de la Biblia está forzado a interpretar. Para otro caso un poco polémico, vea el artículo "¿Por qué es que la palabra

---

[148] Nida, Eugene A. *Bible Translating*. New York: American Bible Society, 1947, p. 57.

infierno aparece menos a menudo en la Biblia común en español al comparársele con la KJV?"[149] acerca de la disputa sobre la traducción o transliteración de *hades* y *seol*. Otro ejemplo que mencionaré es una palabra que aparece miles de veces, pero cada vez requiere interpretación. Se trata de la palabra hebrea *elohím*. Significa "dioses" en el sentido ordinario, pero puede representar un dios falso, varios dioses falsos, o el Dios verdadero. Aunque el contexto normalmente facilita su interpretación, empezando con Génesis 3:5 ya hay un caso donde traductores conservadores han discrepado en su interpretación.

Para darle una idea de cuán extensas pueden ser las numerosas formas en que se puede traducir una sola palabra, vea el siguiente caso: La introducción a *Young's Literal Translation* menciona que la palabra hebrea *panim* fue traducida con 94 palabras diferentes (si uno cuenta formas idiomáticas) en la Biblia KJV en inglés. En cambio, *to destroy* (destruir) en la KJV representa 49 palabras hebreas diferentes de acuerdo a *Englishman's Hebrew Concordance*. Hay casos donde cinco traductores diferentes podrían producir cinco traducciones diferentes del mismo pasaje usando una filosofía de traducción similar.

Otros ejemplo de complicaciones de interpretación incluirían las palabras "vino", "espíritu" o "Espíritu", nombres de algunas plantas y árboles, nombres de animales raros o posiblemente ahora extintos, etcétera.

Es posible que traductores honestos, conservadores y piadosos que usen todas las fuentes a su disposición lleguen a diferentes conclusiones en sus interpretaciones. Debemos reconocer que ningún traductor o comité de traducción es capaz de interpretar cien por ciento perfectamente miles de casos como estos en la Biblia, puesto que *"ninguna profecía de la Escritura es de interpretación privada"* (2 Ped. 1:20).

Los que enseñan perfección de traducciones han demostrado inconsistencias

Un ejemplo de inconsistencia es el hecho de que en el 2004 el hermano Humberto Gómez declaró en un artículo en inglés que su traducción era perfecta, en su opinión.[150] Pero irónicamente añadió que si alguien encontrara algún error, estaría dispuesto a corregirlo. Quisiera hacer tres observaciones en cuanto a esto:

1. Si uno cree que algo es perfecto, no tiene sentido aceptar que pueda contener errores. No se debe abaratar el significado de la palabra "perfecto" cuando es usado en el sentido literal en español. Lo que es verdaderamente perfecto no goza de la virtud de poder perfeccionarse.
2. No le falta ironía a su opinión de perfección, ya que su traducción se cambió en cientos, y quizás miles de lugares entre el tiempo que se escribió ese artículo y la impresión de la RVG2010.
3. Humberto Gómez posiblemente fue el primer traductor bíblico en la historia que declaró por escrito que, en su opinión, su traducción era perfecta.

Otra inconsistencia es que se escribió un libro entero en que declararon que la RVG era perfecta en el 2009, aunque todavía no había salido a la luz la RVG 2010. Se hicieron numerosos cambios textuales después que se declaró que la RVG era perfecta. Vea mi análisis del libro en la página 77.

---

[149] http://www.literaturabautista.com/?p=244
[150] http://www.reinavaleragomez.com/node/3. Accedido diciembre 20, 2011.

Un ejemplo de inconsistencia de parte del grupo encabezado por McArdle que volvió a imprimir la Valera 1865 es que en el 2003 publicaron un libro en el que declararon que la 1865 tenía el 99% de las omisiones y añadiduras corregidas.[151] Luego en el 2005 publicaron una edición donde se corrigió dicha revisión en 50 lugares. Pero más tarde este grupo abandonó la edición con 50 correcciones y ahora McArdle declara que la edición original de 1865 es perfecta e inspirada.[152]

Aún la creencia en un Texto Recibido perfecto refuta la enseñanza de una traducción perfecta

Creo en un Texto Recibido confiable entre sus ediciones, pero no perfecto. Se debe notar que los que enseñan que el Texto Recibido es perfecto generalmente no especifican una edición específica y tangible. Pero aún la enseñanza de un Texto Recibido perfecto no respalda la creencia de una traducción perfecta. Si el Texto Recibido es perfecto y la RVG nunca se aparta del Texto Recibido como algunos afirman, ¿por qué en dicha revisión "Jesús" aparece dos veces en Marcos 2:15, pero una sola vez en todas las ediciones del Texto Recibido que he consultado (Beza 1598, Scrivener y Estéfano 1550)? ¿Por qué en la RVG Hebreos 10:23 dice "fe", cuando las ediciones del Texto Recibido que acabo de mencionar tienen *elpis*, lo cual significa "esperanza"? Podría dar más ejemplos, pero tan sólo un ejemplo de imperfección sería suficiente para demostrar que algo es imperfecto.

Para más información acerca del Texto Recibido, ver el capítulo 16 "¿Es el Texto Recibido la autoridad final?"

Algunos dicen que creen por fe que cierta traducción es perfecta

"Fideísmo" es una creencia o fe sin ningún tipo de apoyo fundacional. Creer en algo que Dios no reveló en su Palabra no es una fe bíblica. Se puede opinar algo de una cuestión no mencionada en la Biblia, pero la opinión personal no conlleva la autoridad de una enseñanza directamente de la Biblia.

Los traductores de la *King James* no creían en traducciones perfectas

En prácticamente todos los casos que he examinado, los hermanos que creen en la perfección de la RVG y la 1865 también creen en la perfección de la versión *King James* en inglés. Lo interesante en esto es que los traductores mismos de la *King James* negaron que una traducción pudiera ser perfecta. Note lo que escribieron en la introducción a su versión:

> No hay razón por la cual la palabra traducida se debe negar que sea la palabra, o prohibida que sea actualizada, a pesar de que algunas **imperfecciones y deficiencias** se puedan detectar en su traducción. Porque **¿qué cosa alguna vez fue perfecta** bajo el sol, donde apóstoles u hombres apostólicos, eso es, los hombres dotados con una medida extraordinaria del Espíritu de Dios, y privilegiados con el privilegio de la infalibilidad, no tuvieron en su mano?
>
> Otra vez, hay muchos nombres raros de ciertas aves, de bestias y piedras preciosas, etcétera, donde aún los hebreos no concuerdan entre ellos

---

[151] McArdle, Jeff. *The Bible Believer's Guide to Elephant Hunting*. 2003, p. 58.
[152] http://www.valera1865.org/es/ahi_viene_gomez/index.html. Accedido marzo 7, 2012.

mismos en sus juicios, casos donde ellos pueden parecer haber definido esto o aquello, porque ellos querían decir algo, en vez de estar seguros de lo que ellos dijeron, como S. Jerónimo en algún lugar dijo de la Septuaginta. Ahora, en tal caso, ¿no es bueno que en el margen se avise bien al lector para que busque aún más, y no concluir ni dogmatizar sobre esto ni aquello perentoriamente? Así como es un defecto la incredulidad, dudar de esas cosas que son evidentes: entonces querer determinar cuáles cosas el Espíritu de Dios ha dejado (aún en el juicio del juicioso) dudoso, no es nada menos que presunción. Por lo tanto como S. Agustín dice, la variedad de traducciones es provechosa para el encuentro del sentido de las Escrituras: tal diversidad de significado y el sentido en el margen, donde el texto no es tan claro, debe por necesidad hacer bien, si es necesario, como somos persuadidos.

Los que son sabios, deben librarse de juzgar en cuanto a diferencias de lecturas, en vez de estar cautivados por una, cuando puede ser la otra.

¿Será que el reino de Dios ha llegado a ser palabras o sílabas? ¿Por qué debemos estar esclavizadas a ellas si podemos ser libres; y utilizar precisamente una cuando podemos utilizar otra de igual valor, que es equivalente?

El origen de la creencia en traducciones perfectas

El caso más antiguo del cual tengo conocimiento es cuando líderes católicos enseñaron que la Vulgata Latina era perfecta en el siglo XVI.[153] Los casos de los escritores que indicaron la posibilidad de traducciones infalibles desde el caso de la Vulgata Latina hasta el siglo veinte fueron tan raros que prácticamente desapareció dicha creencia entre la gente educada en teología. Empezando con sus escritos en la década de 1960, Ruckman popularizó la enseñanza de que la Biblia *King James* en inglés era infalible. Él no solo enseñó que la KJV era infalible, sino que hasta donde yo sé fue el primero en escribir libros enteros dedicados a dar razones detalladas de por qué él creía que era no sólo posible sino necesario que hubiera una Biblia infalible en inglés. A través de su influencia, su literatura, sus conferencias y su instituto, Ruckman es el principal responsable de esparcir la enseñanza de que la KJV es una traducción perfecta. ¡La ironía en todo esto es que Ruckman enseñó la perfección de la KJV a pesar de que la KJV originalmente se tradujo con libros apócrifos, contenía miles de traducciones alternas en los márgenes, y los traductores mismos negaron que su traducción fuese perfecta! En realidad, es desafortunado que se tenga que señalar las debilidades de una traducción como la KJV usada grandemente por Dios. Sin embargo, los excesos de algunos de sus defensores hace que esto sea necesario.

Ruckman ha ejercido una influencia muy grande en algunos sectores del fundamentalismo, especialmente en algunos líderes de estos grupos que ahora afirman que cierta traducción en español es perfecta. Por ejemplo, el presidente de la Sociedad Bíblica Valera (el grupo que declaró que la 1865 era perfecta y la volvieron a imprimir) estudió a los pies de Ruckman y ha traducido algunos de sus libros. Hay muchas conexiones entre algunos líderes de la RVG y Ruckman, lo cual se puede leer en el

---

[153] Hills, Edward. *The King James Version Defended*. Des Moines: The Christian Research Press, 1984, pp. 196-197.

capítulo 11, *Crítica del libro promoviendo la RVG solamente "La Biblia de Dios en Español"*.

Conclusión

Es probable que muchos que creen que una traducción puede ser perfecta no han tomado en cuenta las verdades que hemos compartido en este capítulo. Personalmente, no lo trato como herejía cuando una persona en su opinión personal considere que una traducción es perfecta, con tal de que no trate esa creencia personal como un asunto doctrinal y no busque imponer esa creencia sobre otros. El problema surge cuando se enseña la perfección de una traducción como una doctrina, se trata como si fuera un fundamento de la fe, y se desprecia a otros que no comparten su creencia. El hecho de que muchos que creen que la KJV es perfecta buscan remplazar las versiones históricamente de autoridad en español y en otros idiomas, es tan sólo un ejemplo que demuestra cómo desean imponer su creencia sobre otros.

Con la teoría de la perfección de la KJV, se supondría que hubo un documento copiado perfectamente por 1500 años, e interpretado correctamente en su traducción de forma milagrosa, o la doble inspiración de los traductores de la KJV. ¿Qué otra alternativa hay al creer en una traducción perfecta?

En cuanto a los manuscritos originales, creo en su absoluta perfección, porque al ser Dios su autor (al inspirar directamente a los escritores) no puede contener errores (Tito 1:2). Sin embargo, la obra de copiar manuscritos y de traducción es una obra humana, aunque con la bendición de Dios, al llevar a cabo el cumplimiento de su promesa de que su Palabra no pasará. Dios no es responsable de los errores entre manuscritos, en las traducciones o en diversas ediciones del Texto Recibido o Masorético. Esto es porque aunque Dios se responsabilizó de asegurar que se lleve a cabo la preservación, queda demostrado que Dios encomendó los detalles de la obra a hombres sin que Él intervenga milagrosamente, como en el caso de la inspiración de los originales. La historia demuestra que Dios le ha dado al hombre falible la obra de preservar su Palabra, y es por la gracia de Dios que tenemos traducciones confiables.

Preguntas que deben contestar los que creen en una traducción perfecta

Estas preguntas llegan al meollo del asunto; entonces, no se sorprenda si los que creen en traducciones perfectas sean evasivos o rehúsen contestarlas:

- ¿Es el hombre capaz de hacer siquiera una sola cosa perfecta sin un milagro de parte de Dios?
- Si una traducción pudiera ser perfecta, ¿quién tendría el derecho de decidir cuál?
- ¿Por qué esperó Dios cientos de años para proveer finalmente una traducción perfecta en español?
- Donde haya una diferencia entre la RVG (o la revisión considerada ser perfecta) y todas las ediciones del Texto Recibido, ¿cuál cree usted que es la correcta?
- ¿Cuál fue la fuente perfecta que se utilizó para verificar que cierta traducción es perfecta? (contestar con "Texto Recibido" y "Texto Masorético" no es ser preciso, porque hay múltiples ediciones con diferencias textuales).
- ¿Cómo llegó la traducción a la perfección sin un milagro semejante a la inspiración?
- ¿Deja la traducción de ser perfecta si contiene errores ortográficos o de imprenta?

- ¿Dicha traducción es perfectamente idéntica a otras traducciones consideradas perfectas? ¿Por qué no?
- Si la forma de traducir algunas palabras en una traducción perfecta no concuerda con léxicos griegos o hebreos, ¿significa que los léxicos tienen que corregirse para reflejar la traducción perfecta?
- ¿La perfección incluye palabras en bastardillas, las cuales representan palabras que no se encuentran en el idioma original?

Refutación de un artículo que promueve la perfección de la RVG

Lo siguiente es un análisis del artículo *Can the Bible Today be Perfect?*[154] (¿Puede la Biblia en la actualidad ser perfecta?) por el misionero Emanuel (Manny) Rodríguez. El artículo está en inglés; por tanto, he traducido todas las citas que utilizo en el análisis.

Empezando con el título y a través del artículo, el escritor se burla de los que supuestamente no creen en una "Biblia perfecta" en la actualidad. Esto es injusto, porque todo creyente fundamentalista cree en una Biblia perfecta como originalmente fue dada aún si no cree en traducciones perfectas. El Salmo 119:89 nos asegura de la permanencia de su Palabra: "Para siempre, oh Jehová, Permanece tu palabra en los cielos".

Un argumento usado en este artículo por uno de los líderes de la RVG para justificar que digan que su versión es perfecta tiene que ver con el significado de la palabra griega traducida como "perfecto" en las varias ediciones de la Reina-Valera. Su argumento se centró en Santiago 1:4, donde la palabra griega *teleios* fue traducida como "perfectos". El diccionario *Strong* contiene el siguiente significado para esta palabra griega: "completo (en varias aplicaciones de trabajo, crecimiento, mentalmente y carácter moralmente, etc.); neutro (como sustantivo, con G3588) cualidad de completo".

Alguien podría usar dicho criterio para decir "yo soy maduro y completo, por tanto soy perfecto". Se podría reconocer también que aún en español a veces se usa el término "perfecto" en un sentido no literal en algunos contextos (como cuando le decimos a alguien que hizo un "trabajo perfecto".) Pero dado que como fundamentalistas creemos en manuscritos originales literalmente perfectos (en el sentido infalible), no debemos utilizar la misma palabra para una traducción si no es en el mismo sentido.

Si los líderes de la RVG solo quisieran decir que su traducción es completa y madura, su argumento tendría más validez. Pero el mismo escritor en otro escrito declaró que la RVG era "la perfecta, infalible e inspirada Palabra de Dios".[155] Por esto podemos notar que declaran que la RVG es perfecta en el sentido de ser infalible, no meramente madura o completa. El libro promovido por los líderes de la RVG implica que no podían errar al apoyarse en la obra de los traductores de la KJV:

> Con respecto al trabajo de los traductores de la Biblia *King James*, ¿cómo podría errar hoy el traductor de la Biblia a otro idioma si se apoya en los hombros de estos gigantes?[156]

---

[154] http://www.4thesaviour.com/resources/CAN+THE+BIBLE+TODAY+BE+PERFECT.pdf Accedido diciembre 15, 2011.
[155] http://www.facebook.com/#!/topic.php?uid=283674958623&topic=11484. Accedido agosto 30, 2010.
[156] Rodríguez, Emanuel. *La Biblia de Dios en español: Cómo Dios preservó sus palabras en español a través de la RVG*. Chick Publications, 2010, p. 95.

La Palabra de Dios no enseña en ninguna parte que Dios ha impartido infalibilidad a los traductores no inspirados. Es una contradicción enseñar que hombres imperfectos e infalibles pueden ser perfectos e infalibles en su traducción sin ser inspirados por Dios. La enseñanza de traducciones perfectas le concede una autoridad inapropiada al hombre falible. ¿Deben los creyentes renunciar su responsabilidad de examinar la Palabra de Dios a traductores "perfectos" para ganarse un sentido de seguridad?

El artículo empieza con el primer punto titulado "el mito de los manuscritos originales". Lo que quiso señalar el autor en este punto se manifiesta en la segunda oración del párrafo: "NUNCA existió una colección completa de los manuscritos originales de todos los 66 libros de la Biblia". De que los originales no se compilaron en un solo libro es muy probable, pero esto no justifica referirse a los manuscritos originales como un "mito". Los manuscritos originales existieron, de lo contrario obviamente no tendríamos traducciones ni Texto Recibido ni manuscritos. El hecho de que los manuscritos originales probablemente no fueron reunidos en un solo lugar no les quita su valor y no lo constituye en mito. La forma regular en que nos referimos a los manuscritos originales es en plural. Decimos generalmente "los originales" o "manuscritos originales". Ningún fundamentalista niega que la Biblia sea una colección de 66 libros, aunque ahora los tengamos compilados convenientemente en uno solo. Dado que el escritor considera que traducciones como la KJV y RVG son perfectas, y están compiladas en un solo libro, ¿será que en una forma sutil, sin decirlo, estaba tratando de implicar que dichas traducciones son superiores a los originales?

El autor declara algo alarmante desde el principio al tratar de igualar la obra mayormente humana de preservación con la obra divina de inspiración:

> Ahora, los que niegan la perfección de la Biblia para hoy dicen que la inspiración es totalmente diferente porque inspiración fue una obra sobrenatural de Dios. ¡Pero un momento! ¿Desde cuándo es que la preservación se convirtió menos que una obra sobrenatural de Dios? De acuerdo a Salmo 12:6-7 y otros versículos, ¡la preservación es providencial! Esto significa que es una obra guiada por Dios. La preservación es tanto una obra de Dios, en la cual él utiliza a los hombres. En lo mecánico pueda ser diferente, ¡pero todavía es el mismo Dios obrando a través de los medios humanos!

El escritor no explicó qué quiso decir con "en lo mecánico pueda ser diferente", dado que él cree que al igual que la inspiración, la preservación es sobrenatural y guiada por Dios. Si la preservación se lleva a cabo de forma sobrenatural guiada por Dios tal como ocurrió con la inspiración, ¿cuál es la diferencia en lo mecánico?

Una evidencia por la cual sabemos que Dios no obró de la misma forma en la preservación como en la inspiración es el hecho de que no hay dos manuscritos con porciones grandes de la era antes de que se inventó la imprenta que sean cien por ciento idénticos en sus redacciones. Si incluimos traducciones o las ediciones del Texto Recibido y los del Texto Masorético en la preservación, tampoco han habido dos traducciones o ediciones cien por ciento idénticas en sus redacciones o interpretaciones. Si Dios fuera el que hiciera la obra de preservación sin que sea menos una obra sobrenatural que en la inspiración como se afirma, significaría que Dios comete errores. Recuerde, aunque la preservación ha sido increíblemente cuidadosa, un manuscrito bizantino típico tiene de tres a cinco variantes por página.[157] Por tanto, las diferencias también afectan los manuscritos bizantinos, los cuales tienden a reflejar la redacción de las diversas ediciones del Texto Recibido más de cerca que los demás manuscritos.

El autor hace hincapié en Salmo 12:6-7 para establecer su teoría ilusoria. Este pasaje dice lo siguiente en la RV 1960 con el versículo cinco incluido para proveer el contexto ampliado:

> Por la opresión de los pobres, por el gemido de los menesterosos, Ahora me levantaré, dice Jehová; Pondré en salvo al que por ello suspira. Las palabras de Jehová son palabras limpias, Como plata refinada en horno de tierra, Purificada siete veces. Tú, Jehová, los guardarás; De esta generación los preservarás para siempre.

Quisiera hacer varias observaciones acerca de este pasaje:

1. Hay desacuerdo entre eruditos conservadores en cuanto a si el pasaje se refiere a que Dios preserva a los necesitados en el versículo cinco (en parte porque hay concordancia en géneros) o si se refiere a que preserva su Palabra. La nota marginal para la palabra clave *them* en Sal. 12:7 en la KJV edición 1611 tiene una aclaración que dice "Él, cada uno de ellos". La palabra *preserve* y sus derivados aparece 57 veces en la KJV, y se utiliza en referencia a vida, Jerusalén, vino, simiente, cuerpo, alma, espíritu, gente, ciencia y el camino de los santos.

2. Aun si aceptáramos la interpretación de que se refiere a que Dios preserva su Palabra, no da detalles de cómo y hasta qué punto se involucra Dios, y si dicha preservación incluye traducciones. Sabemos que en su soberanía Dios ha escogido hacer gran parte de su obra a través de hombres imperfectos, sin intervenir para impedir errores.

3. En la RVG cambiaron "los" (la traducción histórica del linaje de la Reina-Valera) en Salmo 12:7 a "las" dos veces, aunque en hebreo la palabra correspondiente es en masculino.

Este artículo se apoya mayormente en un solo pasaje (cuya interpretación está en disputa) e ignora datos históricos en el proceso de declarar que Dios "personalmente supervisó y controló" la preservación. Obviamente, los sentimientos o presuposiciones teológicas de este escritor antecedieron el juicio de los datos. Si uno decide de antemano lo que uno debe creer acerca de preservación, los datos históricos deben encajar bien con esa conclusión.

A veces somos tentados a no aceptar cómo Dios en su soberanía hace las cosas. Por ejemplo, Dios podría habernos dado Biblias traducidas perfectamente en tablas de piedra en todos los idiomas del mundo, pero sabemos que Dios no ha escogido hacer esto. Dios podría haber dado a los ángeles la obra de esparcir el evangelio en todo el mundo, pero Dios en su soberanía honró a los hombres al permitirles que fueran embajadores de Cristo. No debemos exigir que Dios preserve su Palabra en una forma que encontremos deseable o cómoda. Lo que Dios ha dicho y queda demostrado en la historia cancela cualquier ilusión contraria.

---

[157] Pickering, Wilbur N. *In Defense of the Objective Authority of the Sacred Text*. Documento inédito, sin fecha, p. 4

El siguiente párrafo debe preocupar a los que entienden que la preservación no se llevó a cabo en forma milagrosa como la inspiración:

> Si no tenemos la Palabra perfecta de Dios entonces Dios no pudo llevar a cabo su promesa de preservar puras sus Palabras. Eso haría a Dios mentiroso. Y si Dios sí preservó sus Palabras pero no las preservó perfectamente entonces eso haría las habilidades de Dios no mejor que las del hombre imperfecto. ¡Ambos pensamientos son blasfemia! Es imposible que Dios mienta. Y es imposible que un Dios perfecto haga una obra imperfecta.

¡Cuidado con el que dice <u>cómo</u> Dios debe hacer algo! No podemos exigir que se crea que Dios ha hecho algo de cierta forma, cuando los datos históricos indican lo contrario, especialmente cuando la Biblia no lo enseña explícitamente. Para que este punto de vista sea lógico, exige que haya por lo menos un manuscrito griego y hebreo perfectamente preservado, y que esos manuscritos sean idénticos al Texto Recibido y al Texto Masorético, y que en cambio esos textos sean idénticos a las traducciones que se afirman que son perfectas. Un estándar absoluto no puede tolerar ningún grado de incertidumbre o variación. ¿Dónde está ese manuscrito perfectamente preservado? Esta enseñanza deja muchas preguntas sin contestar e ignora muchos datos de la historia. Además, existe el peligro de que el que acepta esta enseñanza podría dudar de Dios al llegar a informarse de diferencias en manuscritos, en ediciones impresas en griego y hebreo, o entre ellos y su traducción "perfecta". El hombre no tiene derecho a exigir perfección absoluta en obras ordinarias (como lo es la traducción) que Dios ha encargado a los hombres. Aunque el hecho de traducir es algo ordinario, el que traduce la Biblia no debe tratar su obra de traducción como algo ordinario. Un traductor consagrado estará consciente en todo momento de que está traduciendo la Palabra de Dios.

Algunos similarmente tratan de presentar la cuestión de forma simplista como si fuera "La KJV es perfecta o Dios mintió". Obviamente si hubiese solo dos alternativas, y una fuese que Dios mintió, el creyente escogería la opción de que Dios no mintió. Pero es una falacia como se presenta el asunto, como si no hubiera otra alternativa. Por ejemplo, antes que hubiese una KJV "perfecta" en 1611, ¿se tendría que haber creído que Dios mintió? Antes que apareciera la RVG que algunos enseñan que es perfecta, ¿se tendría que haber creído que Dios mintió? Estas simples preguntas desenmarañan su creencia, y demuestran que es inválida.

Dado que la Biblia no abunda en detalles de cómo, qué manera y hasta qué punto su Palabra sería preservada, no está mal observar los datos históricos para verificar de qué manera Dios permitió la preservación de su Palabra, aunque no sea de la forma que personalmente nos haya gustado. No debemos aferrarnos a una presuposición teológica con un pasaje aislado, cerrar los ojos a los datos históricos que indican lo contrario, y afirmar que otra creencia es una blasfemia.

El artículo continúa con otro intento de nublar la diferencia entre inspiración y preservación:

> La preservación es tanto obra de Dios como la inspiración.
>
> La doctrina de la preservación garantiza la perfección de las Palabras de Dios. La preservación es una obra del Espíritu Santo que involucra al hombre tanto como en el caso de la inspiración.

Lo que este artículo está enseñando, ¿no se parece a una teoría de inspiración continuada? Aunque el escritor niega que su enseñanza constituya doble inspiración, vea el proceso y el resultado de su enseñanza:

1. El escritor explica la obra de preservación como si Dios obrara en la misma forma milagrosa como cuando inspiró a los originales.
2. Lo que resulta de esa preservación supuestamente sobrenatural, el escritor lo declara inspirado. (Por ejemplo, el escritor declara que la RVG es inspirada).
3. Por tanto, en esta teoría hay más de un caso de una obra divina sobrenatural que resulta en una obra inspirada.

¿Qué diferencia hay (para el escritor) entre el proceso de preservación y el proceso de inspiración? No mencionó ninguna diferencia específica. ¿Cuál es la diferencia entre los resultados de la preservación y de la inspiración según este autor? Ninguna. Ambas producen obras inspiradas de acuerdo a su teoría. Bajo esta premisa, la inspiración no acabó con Apocalipsis.

En mi opinión, la enseñanza que encuentro en el artículo se parece mucho a algunos aspectos a la enseñanza de Peter Ruckman, bajo la cual estudió el pastor del escritor del artículo. Reconozco que el escritor niega que cree en la doble inspiración (una enseñanza de Ruckman), pero ¿no es posible que haya caído en la trampa de creerla y enseñarla con la única diferencia de repudiar el término controversial "doble inspiración?" Muchos saben de la mala fama de Peter Ruckman; por tanto, cuando quieren enseñar una de sus doctrinas lo hacen en una forma encubierta. En otros casos algunos enseñan algo semejante al Ruckmanismo, siendo ignorantes del origen de la enseñanza. Si el autor no cree en la revelación avanzada de la KJV o RVG, o que la KJV corrige el griego como enseña Ruckman, entonces debe explicar cómo es posible que haya una traducción perfecta sin que los traductores hayan gozado de perfección e infalibilidad milagrosa, lo cual no sería diferente a la inspiración.

El artículo continúa, tratando de igualar la preservación con la inspiración:

> Si el involucramiento del hombre no impidió que Sus Palabras fueran perfectas en el proceso de inspiración, ¿por qué deberíamos pensar que el involucramiento del hombre impediría que las Palabras de Dios fueran perfectas en el proceso de preservación? La preservación es tanto una obra de Dios como la inspiración.

El asunto no tiene que ver con lo que Dios puede hacer, sino lo que Dios realmente ha hecho o permitido. Lo que Dios ha hecho y permitido es observable y verificable.

El escritor dedicó un párrafo entero para enfatizar que es lógico pensar que Dios preservaría su Palabra conforme a su teoría. Yo estoy de acuerdo que la premisa hasta cierto punto tiene su lógica, pero debemos cuidarnos de no aferrarnos a una lógica humana si la Biblia no indica claramente que es la lógica soberana de Dios, y si al fin no ha quedado demostrado que Dios ha obrado a través de la historia de acuerdo a nuestra lógica.

En otra sección, el autor acusa a los que no creen que la Biblia pueda ser perfecta hoy de haber recibido la idea de inconversos, modernistas y apóstatas. El artículo también nos acusa de tener una perspectiva humanista. Esto es desorientador, porque aunque creamos que las traducciones son imperfectas, creemos en una Biblia perfecta en su forma original (Sal. 119:89).

El artículo nos acusa de que hemos puesto limitantes a Dios.[158] El artículo continúa: "El poder de Dios anula las limitaciones del hombre". No dudo que Dios tiene este poder, pero esto sólo ocurre cuando Él lo decide. Dios es soberano. Señalar la imperfección de traducciones no es una falta de fe en la habilidad de Dios, como implica el artículo. Para Dios nada es imposible (Lucas 18:27), pero Dios no está obligado a hacer algo en la forma que nosotros creamos ideal o perfecta si Él en su soberanía encarga una obra al hombre sin impedir que ellos cometan errores.

A pesar de las diferencias entre los manuscritos, es destacable la preservación colectiva que existe entre ellos. No quiero dejar a los lectores con una duda acerca de la confiabilidad general de los manuscritos. Note la siguiente observación del libro *Evidencia Que Exige Un Veredicto* por Josh McDowell:

> Philip Schaff en *Comparison to the Greek Testament and the English Version* llega a la conclusión de que solamente 400 de las 150.000 [variantes] implican duda respecto del significado textual, y que solamente 50 de éstas eran realmente de gran significado. Ninguna de las variantes, dice Schaff, altera "ningún artículo de fe o precepto del deber que no esté abundantemente respaldado por otros pasajes de los cuales no hay duda, o por el tenor completo de la enseñanza escritural".[159]

El autor del artículo que analicé no reconocía en ningún lugar de su artículo que todos los manuscritos contienen diferencias, que todas las ediciones del Texto Recibido tienen diferencias, y que las traducciones que declara ser perfectas contienen diferencias entre sí. Obviamente, al omitir estos detalles gigantescos, no explicó su ilusión de cómo la preservación podría todavía ser perfecta a la luz de esos detalles que nos vimos obligados a señalar. Cuando se suprime o ignora la evidencia contraria, esto permite que el emocionalismo irracional afecte a la persona no informada. Fácilmente se puede representar en forma equivocada un hecho al omitir otros hechos. Proverbios 20:23 nos advierte que "Abominación son a Jehová las pesas falsas, Y la balanza falsa no es buena". Dios se responsabilizó de que su Palabra se preservara, pero los hechos demuestran que en su soberanía escogió al hombre falible para hacer esta gran obra.

Demos gracias a Dios que no tenemos que vagar en las tinieblas sin su Palabra. Aunque no estemos todos de acuerdo en todos los detalles de cómo se llevó a cabo, podemos confiar en el hecho de que Dios no se quedó corto en su propósito y fue preservada su Palabra. Tenemos su Palabra en una forma confiable, autoritaria y fidedigna. Que Dios nos ayude a amarla, leerla, compartirla y obedecerla.

Citas advirtiendo de posiciones extremistas en el tema de la preservación

La gran mayoría de los defensores de la KJV no enseñan la preservación como si fuera casi idéntica a la inspiración. El Dr. Edward Hills, defensor del *Textus Receptus*, a quien el escritor del artículo le gusta citar con aprobación, escribió lo siguiente en cuanto a diferencias entre ediciones del Texto Recibido:

> Los textos de las varias ediciones del *Textus Receptus* fueron guiados por Dios. Se hicieron bajo la orientación de la providencia especial de Dios. Por tanto, las diferencias entre uno y el otro son mínimas. Pero los desacuerdos no fueron eliminados totalmente, porque esto requeriría no

---

[158] "Puesto a Dios en una caja" sería la traducción literal del inglés.
[159] McDowell, Josh. *Evidencia Que Exige Un Veredicto*. Editorial Vida, 1982, p. 44.

solo una mera orientación providencial, sino un milagro. Para decirlo brevemente, Dios escogió preservar el texto del Nuevo Testamento en forma providencial en vez de milagrosa, por tanto eso es por qué aun hay leves variaciones entre las varias ediciones del *Textus Receptus*.[160]

También, como hemos visto, a veces las varias ediciones del *Textus Receptus* difieren una de la otra, y con la versión *King James*... En otras palabras, Dios no revela cada verdad con igual claridad. En la crítica textual bíblica, como en cualquier otro departamento del conocimiento, todavía hay algunos detalles de los cuales debemos estar satisfechos con permanecer inciertos. Pero la providencia especial de Dios ha mantenido esas incertidumbres al mínimo.[161]

La siguiente cita proviene de un escritor que enseña que se deben tomar más en cuenta los manuscritos bizantinos, los cuales reflejan más de cerca las diversas ediciones del Texto Recibido:

Presentar la preservación como una necesidad coralaria de inspiración, y luego implicar que la preservación de la Escritura debe ser tan fiel y precisa como la inspiración de las Escrituras, parece tomar una posición que no es sólo contraria a la Escritura sino imposible de demostrar. ...Un peligro de tal posición [de que Dios tenga que preservar su Palabra en cierta forma] es que la fe de algunos se ha debilitado cuando llegan a informarse de porciones variantes de los manuscritos, precisamente porque han confundido la preservación con la inspiración. Aunque ambas son doctrinas bíblicas, las Escrituras no las vinculan en una forma inexorable.[162]

La siguiente cita proviene de un autor altamente respetado por muchos líderes de la RVG:

Estamos preparados para hacer la mayor concesión para descuidos, aún para transcripción licenciosa; y podemos inventar las excusas por el afán erróneo, laboriosidad si hombres prefieren llamarlo así, de los que con frecuencia no dudaron en adoptar enmiendas conjeturales al texto. ... Yo no digo que los herejes fueron los únicos ofensores aquí. Estoy inclinado a sospechar que los ortodoxos fueron tan culpables como los impugnadores de la verdad.[163]

La siguiente cita fue escrita por el editor de la *Concordancia Strong*:

---

[160] Hills, Edward F. *Believing Bible Study*. Des Moines, IA: The Christian Research Press, 3rd edition 1991, p. 209.

[161] Hills, Edward F. *The King James Version Defended*. Des Moines, IA: The Christian Research Press, 4th edition 1984, p. 224.

[162] Struz, Harry. *The Byzantine Text-Type and New Testament Textual Criticism*. Nashville, TN: Thomas Nelson Publishers, 1984, pp. 37-38.

[163] Burgon, John. *The Causes of the Corruption of the Traditional Text of the Holy Gospels*. 1896, pp. 191, 197.

No tenemos derecho a esperar que la inspiración del escritor original sea seguida por un milagro en el caso de cada copista. ¿Por qué creer en copistas infalibles, más que en imprentas infalibles?[164]

Esta cita proviene de un libro respetado acerca de la inspiración del siglo XIX:

d. No es cierto que la inspiración plenaria del original sería inútil, a menos que las copias fueran aseguradas por un milagro perpetuo contra los efectos del tiempo, y de una transmisión descuidada y corrupta. Un original verdaderamente divino, incluso si se copiase con no más que cuidado humano ordinario y fidelidad, es vastamente superior a un original, no importa con cuanta precisión se haya preservado, si no tuviese autoridad divina. Y obviamente, el hecho de que fue reconocido y aceptado como de Dios serviría mucho para asegurar que sea preservado con más atención que lo ordinario.

e. Tampoco se puede decir con razón que no hay probabilidad de que Dios inspiraría en forma sobrenatural a los escritos, sin que también milagrosamente los preservaría de transcripción errónea. Él podría hacer lo primero, que sólo Él pudo hacer, y dejar lo segundo, como en muchos otros asuntos, a la fidelidad de sus siervos encargados de esa responsabilidad.[165]

Esta cita proviene de un autor quien escribió un libro defendiendo la Biblia de sus críticos:

Pero ningún credo evangélico afirma que las traducciones o erratas son infalibles.[166]

Esta cita es de un libro del año 1850 que fue escrito para defender la KJV:

Ningún hombre reclamará perfección para las Escrituras en inglés. Una versión perfecta es una entidad inexistente, y creemos que es una imposibilidad, en tanto que los traductores imperfectos y faltos de inspiración sean los únicos agentes que la proporcionen; y un idioma viviente, en constante cambio por el mero hecho de ser viviente, sigue siendo el único material con el cual los traductores puedan trabajar. Ningún hombre sobrio puede esperar alcanzar —ningún erudito modesto o concienzudo se atrevería a prometer una traducción que se acercara a la perfección inmaculada. Pero hay un grado de perfección, lejos, muy lejos de lo absoluto, que podemos desear en los cristianos, en las iglesias, y en las Escrituras vernáculas que aquellos cristianos e iglesias adopten como su norma.[167]

Lo siguiente proviene de una enciclopedia bautista del siglo XIX:

---

[164] Strong, Augustus. *Systematic Theology*. Revell, 1907, p. 226.

[165] Manly, Basil. *The Bible Doctrine of Inspiration*. Nashville: Broadman & Holman, 1888, 1995, p. 177.

[166] Clark, Gordon. *God's Hammer: The Bible and its Critics*. Jefferson, MD: The Trinity Foundation, 1987, p. 132.

[167] Anderson, Christopher & Williams, William. *The Common English Version: An argument sustaining the common English version of the Bible...* J. Grapy, 1850, p. 50.

> No afirmamos que los copistas y traductores de las Escrituras originales disfrutaron de la misma protección divina del error que controló a los escritores originales.[168]

De la "Amonestación" de la Biblia de Casiodoro de Reina de 1569:

> Primeramente en que habiendo hecho con toda fidelidad todo lo que habemos podido, ningún sano juicio nos reñirá por lo que nuestras fuerzas no alcanzaron. Quien lo pudiere y quisiere hacer mejor, nuestro presente trabajo no le estorbará, antes le ayudará aun con las mismas faltas y errores que tuviere. Segundamente, en que tampoco pretendemos poner regla a la Iglesia, la cual de necesidad haya de graduar y canonizar por infalible (digo cuanto es de nuestra versión) solamente pretendemos ayudar con lo que podemos, corto o largo, hasta que Dios dé más abundante provisión en su Iglesia. Terceramente, en que (para quien nos quisiere corregir con caridad) por la gracia de Dios, no somos del número de los que o corazón o sin ella presumen tanto de sí. Que tengan por tan acabado lo que una vez sale de sus manos, que nada se le pueda añadir ni quitar. ...Por las faltas que en ella hubiere de nuestra parte (las cuales no negamos, aunque no las sabemos) nadie la debe menospreciar, mucho menos calumniar (excepto Satanás, cuyo oficio es o abiertamente o con santos pretextos calumniar lo bueno, y estorbar todo lo que en el mundo puede adelantar la gloria de Dios, y la salud de los hombres)...

---

[168] Cathcart, William. *The Baptist Encyclopedia*. Paris, AK: Baptist Standard Bearer, 1881, p. 1,019.

Capítulo 15
¿Qué sucedería si aplicáramos los mismos criterios a la Biblia en inglés como algunos han hecho con la de español?

No tengo problemas con los versículos de la Biblia en inglés mencionados aquí una vez que se haga un estudio diligente comparando las Escrituras con las Escrituras. Pero para tratar la Biblia en inglés como algunos han tratado la Biblia en español me convierto en un sentido en "el abogado del diablo" en este capítulo. Lo que quiero enfatizar con este estudio es que es peligroso, el hecho de juzgar una traducción de la Biblia en cualquier idioma por meras impresiones, que no son seguidas de un estudio diligente de los idiomas originales y comparaciones con otras Escrituras. Si intercambiáramos los papeles y tratáramos la Biblia en inglés como algunos han tratado la Biblia en español, tendríamos el mismo efecto devastador. Observe estos ejemplos:

Ejemplo 1 ¿Obrando su propia salvación?

Filipenses 2:12
KJV: ...*work out your own salvation with fear and trembling.*
[Traducción: obra tu propia salvación con temor y temblor]
RV 1960: ...ocupaos en vuestra salvación con temor y temblor.

Ejemplo 2 ¿Reteniendo tradiciones?

2 Tesalonicenses 2:15
KJV: *Therefore, brethren, stand fast, and hold the traditions which ye have been taught...*
[Traducción: ...retened las tradiciones que se os ha enseñado]
RV 1960: Así que, hermanos, estad firmes, y retened la doctrina que habéis aprendido…

Ejemplo 3 ¿Resucitado por aliento?

Ezequiel 37:9-10
KJV: *Then said he unto me, Prophesy unto the wind, prophesy, son of man, and say to the wind, Thus saith the Lord GOD; Come from the four winds, O breath,* [aliento] *and breathe upon these slain, that they may live.*
RV 1960: Y me dijo: Profetiza al espíritu, profetiza, hijo de hombre, y di al espíritu: Así ha dicho Jehová el Señor: Espíritu, ven de los cuatro vientos, y sopla sobre estos muertos, y vivirán.

Ejemplo 4 ¿El deseo o el Deseado?

Hageo 2:7
KJV: *And I will shake all nations, and the desire* [el deseo] *of all nations shall come: and I will fill this house with glory, saith the LORD of hosts.*
RV 1960: Y haré temblar a todas las naciones, y vendrá el Deseado de todas las naciones; y llenaré de gloria esta casa, ha dicho Jehová de los ejércitos.

Ejemplo 5 ¿La Reina-Valera débil en cuanto a la homosexualidad?

Número de veces que la palabra "sodomita" (singular y plural) aparece en la KJV: 5
Número de veces que la palabra "sodomita" (singular y plural) aparece en la RV 1960: 6

Ejemplo 6 ¿Omisión de un título de deidad?

Apocalipsis 16:5
KJV: falta "el Santo"

RV 1960: "el Santo" se encuentra en el Texto Recibido (en el Nuevo Testamento griego Estéfano 1550, por ejemplo).

Ejemplo 7 ¿Es Cristo Dios?

Romanos 9:5
KJV: *...Christ came, who is over all, God blessed for ever. Amen.*
[Traducción: ...Cristo vino, quien es sobre todo, Dios bendecido para siempre. Amén]
RV 1960: vino <u>Cristo, el cual es Dios</u> sobre todas las cosas, bendito por los siglos. Amén.

Ejemplo 8 ¿El cristiano se guarda a sí mismo?

1 Juan 5:18
KJV: *We know that whosoever is born of God sinneth not; but he that is begotten of God <u>keepeth himself</u>, and that wicked one toucheth him not.*
[Traducción: ...el que es nacido de Dios se guarda a sí mismo...]
RV 1960: Sabemos que todo aquel que ha nacido de Dios, no practica el pecado, pues Aquel que fue engendrado por <u>Dios le guarda</u>, y el maligno no le toca.

Ejemplo 9 ¿Tienta Dios al hombre?

Santiago 1:13
KJV: *Let no man say when he is tempted, I am tempted of God: for God cannot be tempted with evil, neither <u>tempteth</u> he any man* [diciendo que Dios no tienta a ningún hombre]
Génesis 22:1
KJV: *And it came to pass after these things, that God did <u>tempt</u> Abraham...*[Dios tentó a Abraham]
RV 1960: Aconteció después de estas cosas, que <u>probó</u> Dios a Abraham...

Ejemplo 10 ¿Hay una contradicción entre Hechos 9:7 y Hechos 22:9?

Hechos 9:7 y 22:9
KJV: *...hearing a voice...* [oyendo una voz]
KJV: *...they heard not the voice...* [no oyeron la voz]
La Reina-Valera 1960 traduce a Hechos 22:9 como *...pero no entendieron la voz...*

Ejemplo 11 ¿Recibimos al Espíritu Santo cuando creemos o desde que creemos?

Hechos 19:2
KJV: *Have ye received the Holy Ghost <u>since</u>* [desde que] *ye believed?*
La Reina-Valera 1960 tiene <u>cuando</u> creísteis.

Ejemplo 12 ¿Pueden cantar las tortugas?

Cantares 2:12
KJV: *The flowers appear on the earth; the time of the singing of birds is come, and <u>the voice of the turtle</u> is heard in our land;* [...la voz de la tortuga es oída en nuestra tierra]
RV 1960: Se han mostrado las flores en la tierra, El tiempo de la canción ha venido, Y en nuestro país se ha oído <u>la voz de la tórtola</u>.

Ejemplo 13 ¿Murió Cristo antes de ser colgado en un madero?

Hechos 5:30
KJV: *The God of our fathers hath raised up Jesus, whom <u>ye slewe</u>, <u>and</u> hanged on a tree.*
[...quien vosotros matasteis y colgasteis en un árbol]

RV 1960: El Dios de nuestros padres levantó a Jesús, a quien <u>vosotros matasteis colgándole</u> en un madero.

Ejemplo 14 ¿Dónde se encuentra el evangelio en la KJV?

Hay doce lugares donde *evangelio* o *buenas nuevas* aparece en la Reina-Valera 1960, pero no en la KJV. Ver Lucas 3:18, 4:43, Hechos 8:12, 8:35, 8:40, 10:36, 11:20, 15:35, 17:18, Ef. 2:17, 3:8, y Heb. 4:6.

Ejemplo 15 ¿Es Jesucristo una cosa?

Lucas 1:35
KJV: *And the angel answered and said unto her, The Holy Ghost shall come upon thee, and the power of the Highest shall overshadow thee: therefore also that <u>holy thing</u>* [cosa santa] *which shall be born of thee shall be called the Son of God.*
RV 1960: Santo ser

Ejemplo 16 ¿Es el Espíritu Santo una cosa?

Juan 1:32
KJV: *And John bare record, saying, I saw the Spirit descending from heaven like a dove, and <u>it</u> abode upon him.*
Romanos 8:16 *The Spirit <u>itself</u> beareth witness...*
[*It* no se usa en referencia a personas, solo objetos]

Conclusión:

Otra vez deseo afirmar que no estoy declarando que estos pasajes fueron mal traducidos en inglés, pero es obvio que son más claros en español. Seguramente un estudio del griego y del hebreo justificaría la lectura de la Biblia *King James* en estos pasajes. Yo creo en darle a la Biblia en inglés el beneficio de la duda. ¿No merece la Biblia Reina-Valera el mismo trato?

Capítulo 16 – ¿Es el Texto Recibido la autoridad final?

En años recientes ha surgido un pequeño movimiento en el fundamentalismo que insiste que una traducción tal como la Reina-Valera no sólo debe seguir de cerca el Texto Recibido (la posición histórica), sino que no puede desviarse del Texto Recibido en el más mínimo detalle. Aunque algunos lo nieguen, de esta forma están enseñando que el Texto Recibido es la autoridad final. Vea si esta es la posición histórica, y si es razonable y bíblico.

1. El significado del término "autoridad final"

La expresión "autoridad final" significa exactamente lo que dice. Una verdadera autoridad final no puede ser remplazada; si no, no hubiera sido la autoridad final. Una autoridad final siempre ha sido, es y siempre será la autoridad final. Si los manuscritos originales fueron la autoridad final (así creo yo) siguen siendo la autoridad final, y siempre lo serán.

2. Si el Texto Recibido es la autoridad final, no hubo autoridad final hasta 1516

El año 1516 fue cuando Erasmo, un católico quien heroicamente escribió en contra de algunos abusos de la Iglesia Católica Romana, publicó la primera edición del Texto Recibido. El Texto Recibido tiene su inicio en la crítica textual conservadora de parte de Erasmo, quien escogió la lectura final para su edición de 1516 entre algunos manuscritos generalmente representativos del texto Bizantino (el Texto Bizantino se refiere a la mayoría de los manuscritos en los cuales se basó el Texto Recibido).

En cuanto al inicio de la frase "*Textus Receptus*", en la edición del Nuevo Testamento griego de los hermanos Elzevir del año 1633, el prefacio incluyó la siguiente oración en latín: *Textum ergo habes nunc ab omnibus receptum* (por tanto tenéis ahora el texto recibido por todos).

3. El Texto Recibido no es el Texto Mayoritario ni lo que John Burgon llamaba "el Texto Tradicional", aunque hay similitudes

En cuanto a Burgon, su libro *The Traditional Text* que dejó inconcluso, y que Edward Miller editó después de su muerte, nos dice bajo la tabla de contenido en la sección de introducción que "El Texto Tradicional no es idéntico con el Texto Recibido" (algunos dicen "Tradicional" en vez de Bizantino). Luego, en la página cinco de la introducción leemos:

> Primeramente, queremos que se entienda, que no abogamos perfección en el *Textus Receptus*. Admitimos que aquí o allá requiere revisión. En el texto legado por el Decano Burgon, se habían sugerido por él alrededor de 150 correcciones tan solo en el evangelio de Mateo. Lo que defendemos es el texto Tradicional.

4. El fundamentalismo histórico no creía en un Texto Recibido como la autoridad final

Este es un tema que merece un artículo aparte, lo cual ofrezco en mi sitio web: "La posición histórica de los defensores del Texto Recibido hasta 1960".[169]

---

[169] http://www.literaturabautista.com/?p=250

5. El Texto Recibido no es un texto único

Las diversas ediciones del Texto Recibido incluyen a las de Erasmo, ediciones 1516, 1519, 1522, 1527, 1535; las de Estéfano, ediciones 1546, 1549, 1550, 1551; las de Beza, ediciones 1565, 1567, 1580, 1582, 1588, 1589, 1590, 1598, 1604; las de los Elzevir, ediciones 1624, 1633, 1641; las de Colinæus 1534 y las de Scrivener 1881/1894.

6. La RVG y la *King James* no siguen una edición específica del Texto Recibido consistentemente

La edición del Texto Recibido que los traductores de la KJV siguieron más de cerca fue Beza de 1598, según información en *The Authorized Edition of the English Bible (1611), its Subsequent Reprints and Modern Representatives* por F.H Scrivener. El mismo libro indica que la KJV se apartó de Beza 1598 en 190 lugares. Esto es interesante, porque *Verse Comparisons of the Reina Valera Bibles* por Rex Cobb[170] acusa que la 1960 se aparta del Texto Recibido en 191 lugares (no estoy totalmente de acuerdo con ese número, pero dejémoslo así para efectos de esta comparación). Por cierto, algunas de las 190 desviaciones de Beza de 1598 de la KJV pueden deberse a que siguió a Estéfano 1550 y otras fuentes. Del mismo modo, en mi estudio "Defensa de los versículos más criticados en la Reina-Valera" (ver capítulo 17) he encontrado vindicaciones para muchos de estos pasajes en la 1960 que son criticados.

Algunos preguntan por qué la Reina-Valera se desvió del Texto Recibido en algunos lugares. La pregunta es legítima, pero también sería la pregunta del por qué la KJV se desvió de Beza de 1598 en 190 lugares, y por qué en alrededor de 60 de esas desviaciones aparentan seguir la Vulgata Latina, según Scrivener, en el libro que acabo de mencionar.

Si la KJV y la RVG nunca se apartan del Texto Recibido, ¿por qué en dichas revisiones aparece "Jesús" dos veces en Marcos 2:15, pero una sola vez en todas las ediciones del Texto Recibido que he consultado (Beza de 1598, Scrivener y Estéfano de 1550)? ¿Por qué en la KJV y en la RVG Hebreos 10:23 dice "fe", cuando las ediciones del Texto Recibido que acabo de mencionar tienen *elpis*, lo cual significa "esperanza"? Podría proveer más ejemplos, pero no quiero aburrir con detalles cuando ya se ha demostrado el argumento. No estoy diciendo que por no seguir el Texto Recibido al cien por ciento en estos ejemplos están erradas allí estas versiones, sino que demuestran que existen algunas desviaciones del Texto Recibido. Varios defensores de la KJV han admitido que hay algunas desviaciones del Texto Recibido en la KJV. El siguiente ejemplo viene de los escritos de Lloyd Streeter, defensor de la KJV: "La KJV no está basada en cada instancia sobre una lectura mayoritaria o sobre el *Textus Receptus*".[171] No sé de nadie quien esté a favor de que la Reina-Valera se corrija con el Texto Recibido en su totalidad, y que a la vez crea que lo mismo se deba hacer con la KJV. Ésta es una doble moral.

7. La idea que algunos han propuesto de que siempre se puede seguir el Texto Recibido y que producirá una Reina-Valera cien por ciento de acuerdo con la KJV no es realista

Es probable que el proyecto más ambicioso que se ha intentado para armonizar la KJV y el Texto Recibido con la Biblia en español ha sido la RVG. Vea si hubo algunas

---

[170] http://www.reinavaleragomez.com/node/40. Accedido diciembre 20, 2011.
[171] Streeter, Lloyd. *Seventy-Five Problems with Central Baptist Seminary's Book The Bible Version Debate*. First Baptist Church of LaSalle, 2001, p. 145.

diferencias notables. Hechos 19:20 en la KJV tiene *God* (Dios), mientras que la RVG tiene "Señor". Juan 1:1 en la RVG tiene "Verbo", aparentemente siguiendo la influencia de la Vulgata latina (la cual tiene *verbum*) sobre varias revisiones de la Reina-Valera, mientras que la KJV tiene *Word* (palabra). También hay diferencias de interpretación entre la KJV y la RVG. Un ejemplo sería Hechos 7:20, donde la RVG2010 tiene "Dios", mientras que la KJV no. Aunque aquí estoy tratando el Nuevo Testamento, el Antiguo Testamento también revela diferencias. La KJV en Génesis 6:5 tiene *God* (Dios), mientras que la RVG tiene "Jehová". Hay muchos más ejemplos catalogados en mi sitio web.[172]

8. Las diferentes ediciones del Texto Recibido contienen diferencias entre sí

La Sociedad Bíblica Trinitaria, que tiene una larga reputación establecida de defender el Texto Recibido y de publicar únicamente Biblias basadas en él, reflexiona sobre este asunto como sigue:

> Hubo aproximadamente treinta ediciones bien definidas del *Textus Receptus* hechas a través de los años. Cada una difiere ligeramente de las demás ... hay aproximadamente 190 diferencias entre el texto de Scrivener y el de Beza de 1598. Hay 283 diferencias entre el texto de Scrivener y el de Estéfano de 1550.[173]

Las primeras dos ediciones de Erasmo no incluyeron 1 Juan 5:7 y por lo menos sus primeras dos ediciones no incluyeron Marcos 11:26. Las primeras tres ediciones de Estéfano no incluyeron Lucas 17:36.

En contraste, las diversas ediciones del Texto Crítico como en el de Westcott-Hort y el Nestle contienen muchas más diferencias. El libro de Everett Fowler *Evaluating Versions of the New Testament* indica que en Westcott-Hort se dejaron afuera 48 versículos enteros (incluyendo versículos entre corchetes) y 193 porciones significativas, en Nestle 20 versículos enteros y 191 porciones significativas, y UBS 1966-1968 diecisiete versículos enteros y 185 porciones significativas.

9. Los que afirman que la KJV es perfecta e inspirada no afirman lo mismo de ninguna edición específica del Texto Recibido

He estudiado el tema por quince años, y durante ese tiempo he leído alrededor de 100 libros y panfletos en defensa de la *King James* y el Texto Recibido. No puedo recordarme de ni siquiera un caso donde el autor haya declarado que la KJV era inspirada o infalible, y que también alguna edición específica y tangible del Texto Recibido fuera inspirada o infalible.[174] Creo que esto demuestra que para algunos su autoridad para otros idiomas es la KJV, y sólo usan el Texto Recibido como una pantalla para que no parezca tanto a ruckmanismo.

---

[172] http://www.literaturabautista.com/?p=412
[173] Anderson, D. E. *Quarterly Record* (Trinitarian Bible Society) no. 547, enero-marzo 1999.
[174] Algunos han tratado de decir que el texto griego de Scrivener es inspirado o infalible, pero dicho texto no existía cuando la KJV se tradujo, y en realidad el texto de Scrivener fue conformado a la KJV. Pero aun así contiene algunas diferencias con la KJV. Para más información, vea mi artículo "¿Es justo imponer el texto griego de Scrivener sobre la Reina-Valera?" http://www.literaturabautista.com/?p=260

10. Algunos dan la impresión de creer totalmente en el Texto Recibido pero al fin de cuentas imponen la *King James* como la autoridad final para Biblias en otros idiomas

Lo siguiente viene del sitio oficial del ministerio de imprimir traducciones en otros idiomas de un misionero quien ha participado en conferencias para promover la RVG con el hermano Gómez y con el Dr. Waite del Dean Burgon Society:

> La fuente para la traducción será el *Textus Receptus* griego en la edición de Scrivener, publicada por la Sociedad Bíblica Trinitaria. … Porciones difíciles de palabras inciertas se guiarán por las elecciones de palabras en la Biblia *King James*. Donde la Biblia *King James* haya traducido la misma palabra griega o hebrea por la misma palabra en inglés, se dará la consideración debida para hacer lo mismo en la traducción para mantener referencias cruzadas apropiadas. Se reporta que hay varias variantes entre los textos de los idiomas originales y la Biblia *King James*. **En estos casos el traductor diferirá a la lectura de la Biblia *King James*.**[175]

Como se puede ver, dicen que la fuente de traducción debe ser una edición del Texto Recibido, pero cuando hay diferencias entre la KJV y la edición del Texto Recibido, en esos casos hay que apartarse del Texto Recibido (aunque no usan el término "apartar").

11. Los manuscritos originales son la autoridad final

Algunos responden a esta afirmación preguntando "¿Cómo puede algo que ya no existe, que no podemos leer y estudiar ser nuestra autoridad?" La pregunta es legítima, pero hace falta cuidarse de no ir a extremos y enseñanzas dogmáticas inexistentes en la Biblia al tratar de buscar una alternativa dado que los manuscritos originales no han sobrevivido, solo copias esparcidas en manuscritos. Algunos han ido al extremo de decir arbitrariamente que, dado que no tenemos los manuscritos originales, y hay variación entre ediciones del Texto Recibido, el estándar para otros idiomas debe ser la KJV.[176] Algunos pocos afirman esto abiertamente, mientras que algunos otros lo creen encubiertamente. Aunque no todos creen esto, sino solamente los más radicales.

Aunque no tenemos los originales a nuestra disposición, Dios prometió que su Palabra sería preservada. Algunos enseñan su teoría personal de la preservación de forma dogmática y se atreven a juzgar crudamente a los que no están de acuerdo con algunos detalles de su teoría. Debemos ser humildes en cuanto a esto y reconocer que Dios no nos informó de los detalles de dónde, cómo, cuándo y hasta qué punto llegaría la preservación. Lo esencial es que tenemos la palabra preservada colectivamente entre todos los manuscritos, y en una forma confiable (aunque no perfecta) en las ediciones del Texto Recibido. Históricamente, el Texto Recibido ha sido un punto de partida para las traducciones conservadoras.

---

[175] http://bpsglobal.org/statement-of-translation-principles-criteria-procedures. Accedido julio 20, 2012. Énfasis añadido.

[176] Para un ejemplo de esto, vea la página 96.

12. En cuanto a la evidencia de manuscritos, la situación es compleja y delicada. No es algo donde todo está siempre en blanco y negro como algunos quieren proyectarlo

¿Tiene que permanecer inseguro el texto de la Biblia por causa de las complicaciones que hemos detallado? ¡Gracias a Dios que no! Por ejemplo, en el linaje de la Reina-Valera (por lo menos desde 1569 hasta 1960), todas las ediciones contienen los mismos versículos. Se debería mencionar que en la Biblia del Oso de 1569 quedó fuera Hebreos 12:29, pero como ese versículo no es disputado, se cree que simplemente fue un error de imprenta.

13. El Texto Recibido en sus varias ediciones es una alternativa mucho mejor que los textos críticos, pero no es inspirado o perfecto

Creo que Erasmo, Beza, Estéfano y Elzevir hicieron un excelente trabajo en sus ediciones del Texto Recibido, pero ellos no eran perfectos o inspirados; por tanto, no se debe enseñar que jamás podríamos desviarnos de su crítica textual conservadora, a pesar de su trabajo admirable. Ellos tuvieron que hacer decisiones textuales cuando había diferencias entre los manuscritos, y no siempre estuvieron de acuerdo el uno con el otro.

La única forma en que la crítica textual conservadora de Erasmo, Beza, Estéfano y Elzevir sería inspirada y perfecta sería si el Espíritu Santo los hubiera inspirado a ellos tal como lo hizo con los escritores de los manuscritos originales. A simple vista, es obvio que las varias ediciones no son inspiradas; de lo contrario, no habría diferencias entre uno y otro. Si el Texto Recibido hubiese sido inspirado, todas las ediciones serían idénticas.

En mi opinión, la labor de los editores de las ediciones del Texto Recibido es la mejor representación de la Palabra de Dios preservada en los manuscritos. Se deberán seguir usando las varias ediciones del Texto Recibido como punto de partida en traducciones. El Texto Recibido es una buena autoridad y, por tanto, es de autoridad, pero no es la autoridad final.

PARTE TRES
VINDICACIÓN DE LOS VERSÍCULOS MÁS CRITICADOS EN LA REINA-VALERA

Capítulo 17 - Introducción

Mi conclusión es que muchas listas de pasajes problemáticos en el texto de la Reina-Valera 1909 y 1960 han sido creadas basadas en las meras impresiones de un individuo, diseñadas en cambio para los que utilizarán igualmente sus meras impresiones para alcanzar conclusiones finales, sin llevar a cabo un análisis serio que tome en consideración la gravedad del asunto.

Muchos de los pasajes criticados en la Reina-Valera 1909 y 1960 se encuentran en otras traducciones que se reconocen por basarse en el Texto Recibido. Se puede demostrar que algunas frases o palabras son términos sinónimos mientras otras se justifican con léxicos griegos y hebreos. Muchos pasajes problemáticos en la 1909 y 1960 son justificados al consultar revisiones antiguas de la Reina-Valera, léxicos, comentarios bíblicos conservadores o Biblias en otros idiomas basadas en el Texto Recibido, como la Biblia *Diodati* en italiano, la Biblia *Ostervald* en francés, la Biblia de Lutero en alemán, y la Biblia *Almeida* en portugués, sin dejar de mencionar Biblias en inglés que precedieron a la KJV (*Tyndale, Coverdale, Matthews, Bishops y Geneva*). Hay un precedente en estas y otras Biblias basadas en el Texto Recibido en cuanto a numerosas porciones en la 1909 y 1960 que han sido criticadas. Al juzgar la autoridad de una traducción en cualquier idioma, es necesario un elemento de fe y dar lugar al beneficio de la duda.

Se debe indicar que muchas de las objeciones más comunes de pasajes en Biblias basadas en el Texto Crítico que son las que más preocupan no se aplican a la 1909 o a la 1960. Por ejemplo, no falta ningún versículo en comparación con muchas traducciones basadas en textos críticos que son relegados a notas a pie de página. Aún 1 Juan 5:7, uno de los versículos más disputados en la Biblia, ha permanecido en el linaje de la Reina-Valera desde la primera traducción. "Dios" no fue eliminado de 1 Timoteo 3:16, el cual es un versículo clave de la deidad de Cristo. Colosenses 1:14 retiene "por su sangre", y Lucas 24:6, "no está aquí, sino que ha resucitado" (una frase clave en un versículo acerca de la resurrección) —está presente en la Reina-Valera por lo menos hasta la edición 1960. Todas las ediciones de la Reina-Valera tienen "virgen" en Isaías 7:14.

No se puede negar que hay "pasajes problemáticos" en la Reina-Valera 1909 y 1960, las Biblias más comunes en círculos fundamentalistas. Pero del mismo modo, también hay "pasajes problemáticos" en la Biblia inglesa *King James* Version (KJV). Sin embargo, yo abordo la Biblia inglesa con una actitud de fe, estando dispuesto a darle el beneficio de la duda. ¿No merece la Biblia en español el mismo trato cuando sea posible? Para un ejemplo de un pasaje problemático en la Biblia en inglés, vea 2 Tes. 2:15:

> KJV: *Therefore, brethren, stand fast, and hold the* **traditions** *which ye have been taught...*

> RV español 1960: "Así que, hermanos, estad firmes, y retened la **doctrina** que habéis aprendido...."

Si uno utilizara las mismas normas que comúnmente son utilizadas por muchos de los que denuncian la Biblia común en español, uno concluiría que dicho versículo en la KJV enseña que necesitamos retener las tradiciones, que es lo que el catolicismo enseña.

También se podría señalar que las Biblias en inglés anteriores (*Tyndale*, *Coverdale*, *Matthews*, *Bishops* y *Geneva*) no tuvieron la palabra *traditions* aquí, pero sí el Nuevo Testamento católico *Rheims* de 1582. ¿Es esto suficiente para condenar a la KJV como una versión que se asemeja a la católica? Absolutamente no, especialmente si uno está dispuesto a darle el beneficio de la duda y está dispuesto a buscar las posibles razones por las que algo fue traducido de cierta manera. Sería erróneo concluir temerariamente que la KJV se acerca a la Biblia católica solo por causa de este versículo, por lo cual queda demostrado que los criterios que se usaran para alcanzar esa conclusión estarían mal. El diccionario de la *Concordancia Strong* define la palabra griega correspondiente de la siguiente manera: "G3862 παράδοσις *parádosis* de G3860; transmisión, i.e. (concretamente) precepto; específicamente la ley judía tradicional". Aunque la traducción de dicho versículo en la KJV puede sonar excepcional, se justifica por el griego. Por lo tanto, no se les puede acusar a los traductores de la KJV de tratar de aplicar una predisposición católica por la manera en que tradujeron dicho versículo.

Los pasajes problemáticos no deben ser juzgados por meras impresiones, sino que deben ser objeto del estudio diligente. Una de las reglas más básicas de interpretación bíblica es el principio de analizar versículos difíciles u oscuros a la luz de los versículos claros.

Han habido algunos pasajes problemáticos que no he procurado justificar porque implicaban cuestiones de gramática avanzada en griego y hebreo. Hay algunas acusaciones contra la Reina-Valera mencionadas aquí que simplemente son ridículas, y la pregunta puede surgir en cuanto a por qué yo los tomé lo suficiente en serio como para cubrirlos aquí. Ofrezco varias razones:

1. Algunas personas que son presentadas con listas de pasajes problemáticos en la Biblia en español no saben español y no son capaces de reconocer si le falta mérito a una acusación.

2. Algunos laicos expuestos a listas de pasajes problemáticos en la Biblia en español no tienen la menor idea de cómo comenzar a verificar las afirmaciones, ya que no tienen conocimiento de griego y hebreo.

Hay algunos pasajes problemáticos que no cubrí. Las siguiente son posibles razones de por qué no se tratan aquí:

1. Es posible que no haya terminado de analizar un pasaje dado al acabar de escribir este libro, o no estuve consciente de un señalamiento.

2. Es posible que un pasaje en la 1909 y 1960 no cubierto aquí pueda estar basado verdaderamente en un Texto Crítico, sin precedente anterior en Biblias basadas en el Texto Recibido que tuve disponible para mi análisis. Sin embargo, creo que la evidencia que presento en este estudio demuestra que esto no sucede a menudo. Se debe recordar al lector en este punto que hay algunos casos donde la KJV se desvió del Texto Recibido también, siguiendo a veces la Vulgata latina. Esto nos debe permitir poner la Biblia en español al mismo nivel con la Biblia común en inglés.

3. Algunos que se han quejado de varios pasajes en la Reina-Valera aparentemente no han hecho ni el más mínimo esfuerzo de investigar por qué la Biblia en español difiere con la KJV en un pasaje dado. No es mi objetivo ni intención cubrir aquí todas y cada una de las denuncias que han surgido a través de los

años, especialmente si implicara una cuestión sencilla donde la investigación más mínima hubiera despejado toda duda. Pero a la vez cubrí muchas quejas que no tenían mérito con el propósito de hacer una demostración, pero no puedo desviarme a trivialidades y descuidar así mis responsabilidades del ministerio.

Cuando uno toma en cuenta una acusación contra un pasaje en la Biblia en español, creo que es justo considerar los criterios que se han tomado en cuenta para la Biblia en inglés. Mantenga lo siguiente en mente, escrito por autores que defienden la KJV:

> Todo pasaje [en la KJV] debe ser interpretado en el contexto del testimonio más amplio de la Escritura...[177]

> ¿No sería más sabio dar a los traductores de la KJV (y *Tyndale, Rogers, Coverdale, Geneva* y *Bishops*) el beneficio de la duda, y admitir que ellos tuvieron razones serias para todas las traducciones que ellos dieron, aunque nosotros no podamos rastrear necesariamente todo su razonamiento hoy día, cientos de años después del hecho? Una vez más, una cosa es decir que una cierta palabra o pasaje podría haber sido traducida de forma distinta; y otra es reclamar temerariamente que la KJV está equivocada.[178]

> Si hay ambigüedad, también lo hay en el griego, y una traducción exacta no puede hacer nada más que seguir el texto subyacente.[179]

> Si se enseña una interpretación en otra parte en la Biblia, y si esa interpretación no viola el contexto inmediato, debe ser aceptada como posible. ... Es el desafío del traductor encontrar el significado apropiado que se adapte mejor en el contexto. Por lo tanto, que alguien diga que la KJV se contradice al traducir una palabra hebrea particular, es ignorar que todas las versiones lo hacen igualmente.[180]

> ...Esto supone conocer la intención del traductor sin ninguna prueba.[181]

> Antes de acusar de error, sería una buena idea detenerse y pensar en lo que realmente se está diciendo y tratar de encontrar una razón de por qué se escogió una palabra diferente.[182]

> Aunque la traducción pueda ser excepcional, es una posibilidad y no se le puede llamar error. Cualquiera tiene el privilegio de disentir con la interpretación de un traductor, pero si la traducción es gramaticalmente y contextualmente posible, no se le puede llamar error ... antes de tratar estos lugares como errores, ¿por qué no recordar que los traductores de la KJV fueron eruditos inteligentes y reverentes, y por qué no tratar de

---

[177] Cloud, David. *The Bible Version Question/Answer Database*. Port Huron, MI: Way of Life Literature, 2005, p. 52.
[178] Cloud, David. *For Love of the Bible*. Port Huron, MI: Way of Life Literature, 2006, p. 94.
[179] Cloud, David. *Examining the King James Only Controversy*. Port Huron, MI: Way of Life Literature, 1999, p. 123.
[180] Lackey, Bruce. *Why I Believe the Old King James Bible*. London, Ontario: Bethel Baptist Print Ministry, 1987, pp. 22, 23.
[181] Ibid., p. 34
[182] Ibid., p. 37

averiguar por qué ellos hicieron una cosa particular de la manera que lo hicieron?[183]

…Un estudio cuidadoso del contexto y la Escritura relacionada a menudo demuestra que lo que supuestamente era una discrepancia o traducción errónea, absolutamente no lo es.[184]

Parece que la gente condena la inconsistencia cuando les conviene hacerlo, pero luego se dan la vuelta y condenan la consistencia cuando es igualmente conveniente. ¿Será que la gente está buscando tanto razones para condenar la Versión *King James* que recurren a tal contradicción? (¡!) La verdad es que nadie es siempre consistente. Como se ha dicho antes, en todas las traducciones hay alguna interpretación; no hay manera de evitarlo y tener una traducción entendible. Siempre habrá necesidad de maestros que expliquen y expongan la palabra de Dios. Ninguna traducción puede remplazar jamás a maestros designados por Dios. Es un error suponer que la Biblia debe ser perfectamente clara de pasada al lector, sin necesidad de explicación.[185]

Peter Ruckman, defensor controversial de la KJV, de quien hemos advertido repetidamente en este libro, admite que hay cerca de 2.000 pasajes problemáticos en la KJV. De éstos, él dice que alrededor de 1.600 se pueden explicar con el sentido común sin referencia a un léxico griego o hebreo. De los 400 pasajes que permanecen, él dice que cerca de veinte podrían considerarse problemas "dificultosos", y cinco de ésos podrían ser clasificados como "extremadamente dificultosos". En el prefacio y primer capítulo de su libro *The "Errors" in the King James Bible*, reconoce que algunas de sus racionalizaciones de ciertos pasajes pueden dar una imagen de ser un poco extremas o excedidas, y puede parecer que a veces él "exagera un punto" para igualar dos versículos. Señalo esto por si acaso algunos consideran que algunas justificaciones de pasajes problemáticos en la Biblia en español puedan parecer extremas. Lo que quiero decir con esto es que uno también se encuentra con algunas dificultades al procurar defender algunos pasajes problemáticos en la KJV.

Lo que sigue son pasajes típicos problemáticos en la Reina-Valera 1960 y a veces en la 1909, que a menudo se han utilizado injustamente al intentar convencer a otros por meras impresiones que la Biblia en español no es confiable y debe ser revisada. Si usted desea que un versículo específico sea tratado en literaturabautista.com y en futuras ediciones de este libro, favor de enviar su solicitud por la página de contacto de la página web. También siéntase en libertad de ponerse en contacto si usted ve debilidades o falta de precisión en cualquiera de mis justificaciones.

En muchos casos, se podrían utilizar múltiples fuentes para justificar un pasaje en la Biblia. En la mayoría de los casos, sin embargo, proseguí al siguiente pasaje problemático después de encontrar una sola fuente de justificación. A veces se utilizan fuentes que para algunos serían desconocidas al justificar un pasaje en la Biblia en español. Entre ellas se incluyen antiguas versiones como la Peshita Siriaca, la Latina Antigua, la Armeniana, la Cóptica, el Gótico, el Etíope, etcétera. Estas versiones de los

---

[183] Ibid., p. 39
[184] Ibid., p. 41
[185] Ibid., p. 46

siglos primitivos son utilizadas a veces en literatura en defensa de la KJV para justificarla y demostrar la antigüedad de pasajes del Texto Bizantino. Aunque creo que a veces la cercanía de estas antiguas versiones al Texto Recibido algunas veces se exageran, dado que a veces se utilizan para justificar la KJV y el Texto Recibido, sería justo si se permitieran usar para justificar la Biblia en español, a pesar de que yo no les di prioridad a esas fuentes. Un ejemplo de cómo utilizan tales fuentes para justificar la KJV y el Texto Recibido sería el libro de Jack Moorman *Early Manuscripts, Church Fathers & the Authorized Version*.

En muchos casos, la documentación demuestra que la Reina-Valera tradujo correctamente sin duda alguna lo que está bajo tela de juicio. En otros casos se demuestra que, a pesar de las dudas, la forma como fue traducida en la Reina-Valera es una posible traducción correcta. Reconozco mi debilidad ante la magnitud de este proyecto. Considero que esto es un estudio preliminar que merece una investigación más profunda de parte de eruditos imparciales en griego y hebreo. Yo no considero que la Reina-Valera sea infalible e inspirada, pero creo que es confiable y fidedigna. También creo que sus pasajes problemáticos merecen ser investigados diligentemente para posible justificación antes de llegar a conclusiones temerarias por meras impresiones. Estas explicaciones se hacen sin declarar que cierto pasaje en la KJV está equivocado y sin recurrir a una fuente crítica textual para su justificación. (Digo esto porque algunos dicen que no se puede defender la Reina-Valera sin recurrir a atacar la KJV). Con este estudio considero que queda demostrado que concluir que la Reina-Valera 1909 y 1960 son confiables no tiene que ser meramente un argumento emocional, sino que es respaldado por abundante documentación.

Capítulo 18 – Pasajes del Antiguo Testamento

Génesis 1:5

Señalamiento: "un día" (1909 y 1960) en vez de "primer día".

Vindicación: La Biblia *King James* tradujo la palabra hebrea correspondiente como "uno" 687 veces, por tanto no había razón para dudar de esta traducción comparada al número ordinal "primero". Todas las Biblias del linaje de la Reina-Valera que examiné (1569, 1602, 1865 y 1909) tenían la misma traducción en disputa como en la 1960. El diccionario bíblico de la *Concordancia Strong*[186] tiene "primero" como uno de los significados de la palabra hebrea correspondiente.

Génesis 3:5

Señalamiento: "como Dios" en vez de "como dioses".

Vindicación: Esta situación es similar a la de Daniel 3:25. El traductor está obligado a interpretar cuando llega a este versículo. La palabra hebrea en cuestión se usa tanto para el Dios de los cielos como para dioses paganos. El diccionario de la *Concordancia Strong* demuestra que la palabra hebrea correspondiente se puede traducir en más de una forma: "H430 אֱלֹהִים *elojím*; plur. de 433; dioses en el sentido ordinario; pero espec. que se usa (en plur. así, espec. con el art.) del Dios supremo; ocasionalmente se aplica como forma deferente a magistrados; y algunas veces como superlativo".

Génesis 37:35, etc. – El infierno cambiado a *seol*

Seol es como aparece en el hebreo. La palabra puede tener varios significados. Vea cualquier diccionario de hebreo bíblico. Vea también el artículo "¿Por qué es que la palabra infierno aparece menos a menudo en la Biblia común en español al comparársele con la KJV?" http://www.literaturabautista.com/?p=244

Éxodo 12:5

Señalamiento: "animal" en vez de "cordero".

Vindicación: La 1960 dice: "El animal será sin defecto, macho de un año; lo tomaréis de las ovejas o de las cabras". La 1960 acaba el versículo al igual que la 1909, al indicar que tal animal tiene que ser de las ovejas o de las cabras. En realidad la 1960 tiene mejor sentido, porque una cabra no puede ser un cordero (como aparece en la 1909). Vea el significado de la palabra hebrea en tela de juicio en el diccionario de la *Concordancia Strong*: "H7716 שֶׂה *se*; o שֵׂי *sei*; prob. de 7582 mediante la idea de arrear hacia afuera para pastar; miembro del rebaño, i.e. oveja o cabra".

Levítico 2:12

Señalamiento: "subirán" (1909 y 1960) en vez de "quemarán".

Vindicación: "Subirán" es la lectura tradicional de este versículo en las ediciones 1569, 1602, 1865, etcétera. El diccionario bíblico de la *Concordancia Strong* tiene "ascender" como el primer significado de la palabra hebrea correspondiente.

---

[186] En todas las definiciones de la *Concordancia Strong* dejé fuera la parte que sigue a los dos puntos y el guión, [:-] porque simplemente consiste de listas de las palabras que se usaron en la Reina-Valera para la palabra griega o hebrea correspondiente.

Números 23:22; Deut. 33:17; Salmos 22:21 – Unicornio cambiado a Búfalo

Se trata de la palabra hebrea *reim*. El diccionario *Strong* la define de la siguiente manera: "toro salvaje (por ser conspicuo)". Algunos creen que se refiere a un animal ahora extinto. Hasta algunos defensores de la KJV opinan que el unicornio es una referencia al rinoceronte. Paul Heaton, defensor de la KJV, en su librito *Unicorns and Dragons* dice en la página 25:

> Quizás puede ser una cabra. Quizás puede aun ser un rinoceronte como algunos han sugerido ... Es seguramente uno de los misterios que Dios dejó en el Libro.

Si la situación fuese al revés, si la 1960 tuviera la palabra unicornio en vez de las otras versiones, sin duda no cesarían de burlarse y criticarla por las siguientes razones:

1. El unicornio es un animal vinculado con la mitología.
2. La traducción de unicornio está vinculada con la Septuaginta, donde se tradujo con una palabra que significa "de un cuerno".[187] Se debe tomar en cuenta que cuando los críticos de la RV 1960 vinculan una lectura de la 1960 con la Septuaginta, se critica severamente.

El Diccionario de la Santa Biblia reimpresa por Editorial Caribe tiene la siguiente entrada para el término bajo investigación:

> UNICORNIO, *de un cuerno*, en griego *MONOKEROS*, palabra que ha servido de traducción a la hebrea *REEM* en la versión de los Sesenta [la Septuaginta]. El término hebreo significa *derecho*, y no alude de manera alguna al número de cuernos. El *REEM*, en las Escrituras, se menciona por lo general juntamente con los ganados, Isa. 34:6, 7, y se cree ahora que era un animal grande de la familia del bisonte o del **búfalo**, el *Bos primigenius* o *aurocks*, ya extinto, de inmensa fuerza y ferocidad, semejante al toro silvestre representando tan frecuentemente en los monumentos asirios, y tan formidable adversario de los cazadores como el león. [Énfasis añadido]

Jueces 20:43

Señalamiento: "Menúha" en vez de "fácilmente".
Vindicación: Los traductores de la *King James* pusieron *with ease* (con facilidad) en el texto, pero en la nota marginal colocaron la siguiente nota traducida: "O, desde Menuchah, &c". La Biblia inglesa *Bishops* de 1568, reconocida por basarse en el texto Masorético en el Antiguo Testamento, tiene *Menuha*.

1 Samuel 5:6

Señalamiento: "tumores" en vez de "hemorroides".
Vindicación: Vea *Gesenius' Hebrew and Chaldee Lexicon to the Old Testament* debajo del #6076 de *Strong* donde tiene *tumour* (tumor). Hemorroides se menciona más adelante como otra posible definición. También vea 1 Samuel 5:6 en *The Defined King James Bible* por *The Bible For Today* (D.A. Waite, editor general, quien está a favor de la KJV) donde define la palabra con *tumors* (tumores) entre los posibles significados.

---

[187] Rand, W. *El Diccionario de la Santa Biblia*. San José, Costa Rica: Editorial Caribe, (1890, American Tract Society), p. 706.

2 Samuel 14:14

<u>Señalamiento</u>: "ni Dios quita la vida" (1909 y 1960) en vez de "y Dios no hace acepción de personas".

<u>Vindicación</u>: La palabra clave en el hebreo *naw-saw* se tradujo decenas de diferentes formas en la *King James*, por tanto se espera que uno permitiría algo de flexibilidad en la forma que se traduciría esta palabra en las Biblias en otros idiomas. La Biblia inglesa *Coverdale* de 1535, reconocida por basarse en el Texto Masorético en el Antiguo Testamento, tradujo esta frase como *And God will not take awaye the lyfe* en este versículo, cuya traducción se asemeja mucho a la Reina-Valera.

2 Samuel 21:19

<u>Señalamiento</u>: "hermano de" omitido (1909 y 1960). (Dicen que en la Reina-Valera David no mató a Goliat).

<u>Vindicación</u>: En la *King James* en inglés, se añadió la frase "el hermano de" antes de Goliat (basado en un pasaje paralelo en 1 Crón. 20:5). Se colocó dicha frase en bastardillas porque no se encuentra en el texto hebreo. Se añadió para aclaración. En la Reina-Valera se tradujo literalmente del hebreo. Tenga en cuenta lo que dicen otros que defienden la KJV cuando una traducción literal se percibe como contradictoria:

> Creo que es imprescindible ir con lo que tiene el Texto Masorético tradicional como su lectura y permitir que el Señor resuelva lo que a nosotros pueda parecer contradictorio.[188]

2 Reyes 10:25

<u>Señalamiento</u>: "el lugar santo" en vez de "la ciudad". El primer libro del elefante consideró que este versículo era "un ataque contra la santidad de Dios". El libro se burlaba preguntando: "¿Desde cuándo Dios (y traductores piadosos) consideran la idolatría 'santa?'"

<u>Vindicación</u>: Tome en cuenta que la palabra *cities* (ciudades) en la KJV de 1611 no siempre tuvo el mismo significado como hoy en día. Vea 1 Reyes 9:19 por ejemplo: *And all the cities of store that Solomon had, and cities for his chariots, and cities for his horsemen...* (habla de ciudades para sus carretas, etcétera). Adam Clarke en su respetado comentario bíblico publicado entre 1810 y 1826 comenta sobre el significado de la frase "la ciudad de la casa de Baal":

> ¿No significa esto un cierto lugar santísimo, donde las más sagradas imágenes de Baal fueron mantenidas? Un lugar separado del templo de Baal, como el lugar santísimo en el templo de Jehová era separado de lo que se llamaba el lugar santo.

Considerando lo que este comentarista bíblico conservador de principios del siglo XIX tenía que decir en cuanto a este versículo, la Reina-Valera 1960 no se debe desechar tan apresuradamente como un ataque contra la santidad de Dios.

2 Reyes 23:7

<u>Señalamiento</u>: "lugares de prostitución idolátrica" en vez de "casas de los sodomitas". El primer libro del *Elefante* dice que al no usar la palabra "sodomitas" aquí, que la 1960 es débil en cuanto a la homosexualidad.

---

[188] Waite, D.A. *Defending the King James Bible*. Collingswood, NJ: Bible For Today, 1995, p. 32.

Vindicación: "Lugares de prostitución idolátrica" es una forma de traducir el texto hebreo masorético literalmente. Vea el Antiguo Testamento en forma interlineal del hebreo masorético traducido al inglés por J.P. Green. Vea también la nota para este versículo en 2 Reyes 23:7 en la Biblia de referencias *The Defined King James Bible* por *The Bible For Today* (D.A. Waite, editor general, un defensor de la *King James*) donde explica el significado de la palabra hebrea con *Heb male temple prostitutes* al final. Vea también cuantas veces se usa la palabra sodomita y sus derivados en la 1960, comparado con la Biblia en inglés *King James*. Se sorprenderá. ¡La palabra sodomita/sodomitas aparece con más frecuencia en la 1960 que en la KJV! Examine Job 36:14 y 1 Timoteo 1:10. Usando la lógica de los que atacan la Reina-Valera, la KJV en inglés sería culpable de esta vergonzosa acusación. Por cierto esto no es el caso. Creo en darle a la KJV el beneficio de la duda —¿no merece la Biblia en español el mismo trato?

1 Crónicas 28:12

Señalamiento: "en mente" en vez de "por el Espíritu".
Vindicación: La palabra hebrea correspondiente fue traducida como *mind* (mente) cinco veces en la *King James*. También fue traducida como *in his minde* (en su mente) en este versículo en las Biblias inglesas *Bishops*, *Geneva* y *Coverdale*, todas reconocidas por basarse en el Texto Masorético en el Antiguo Testamento.

Esdras 2:43

Señalamiento: "los sirvientes del templo" en vez de "los Nethineos".
Vindicación: Vea el significado de la palabra hebrea correspondiente en el diccionario de la *Concordancia Strong*, que incluye "los *netinim*, o sirvientes del templo…"

Ester 8:10

Señalamiento: "en mulos, en camellos y en dromedarios" omitido.
Vindicación: Este es otro pasaje que les ha causado mucha dificultad a los traductores de la Biblia, puesto que varias palabras hebreas correspondientes solo aparecen entre una y cuatro veces en la Biblia, y sus significados exactos han sido tema de discusión. Cabe señalar que los animales en esta historia se presentan de nuevo en la misma historia, pero en las traducciones de la Biblia que he visto que mencionan a cuatro animales en Ester 8:10 (incluyendo la KJV), sólo mencionan dos animales en Ester 8:14. Tal como la RV 1960, la Biblia *Coverdale* de 1535, reconocida como basada en el Texto Masorético en el Antiguo Testamento, menciona un sólo animal en Ester 8:10 y 8:14. La 1960 y la Biblia *Coverdale* tradujeron el pasaje en disputa como la descripción de las características o el origen de un animal, en lugar de mencionar varios.

Las descripciones y el hecho de que la conjunción copulativa "y" entre los animales no está en el hebreo ha llevado a algunos traductores a creer que se describe un sólo animal en lugar de una lista de cuatro animales diferentes. La *Concordancia Strong* define la palabra subyacente a *miles* en la KJV como "relevo de animales en una ruta de relevos", y en 1 Reyes 4:28 se traduce como "dromedarios". En este lugar los traductores de la KJV pusieron la siguiente nota marginal para "dromedarios": "O, mulas o bestias veloces". El léxico de *Brown-Driver-Briggs* define la palabra subyacente de "camellos" en Ester 8:10 en la KJV como *royal steeds*, que sería un caballo al servicio del rey o, simplemente, una especie de animal de trabajo. La palabra hebrea subyacente de "dromedarios" en Ester 8:10 en la KJV según la *Concordancia Strong* describe una yegua. Adam Clarke, en su respetado comentario bíblico publicado entre 1810 y 1826 comenta como sigue en cuanto a este pasaje:

> Pero en realidad hay tanta confusión sobre estos asuntos, y tan poco acuerdo entre hombres eruditos en cuanto al significado de estas palabras, y aun el verdadero conocimiento de ello es de tan poca importancia…

Job 2:9

Señalamiento: "bendice" en vez de "maldice". La queja de bendice aplica a la 1569, 1602, y algunas ediciones de la 1909.

Vindicación: Vea el diccionario de la *Concordancia Strong*. El significado de la palabra hebrea correspondiente demuestra que hay una implicación o un eufemismo que aplica a su traducción: "H1288 בָּרַךְ *Barak* raíz primaria; arrodillarse; por implicación bendecir a Dios (como acto de adoración), y (viceversa) al hombre (como beneficio); también (por euf.) maldecir (a Dios, o al rey, como traición)".

Wilson's Old Testament Word Studies también provee otra explicación:

> *bârak*: bendecir; en veces la palabra significa blasfemar, maldecir; no de su fuerza natural, sino porque personas piadosas de tiempos antiguos consideraban la palabra blasfemia tan abominable, que aborrecían expresarla por su término propio; y por tanto, por un eufemismo o una forma decente de hablar, en vez de "maldiga a Dios", decían "bendiga a Dios".

La palabra hebrea correspondiente fue traducida como *bless* (bendecir) 302 veces y *curse* (maldecir) cuatro veces en la versión *King James*.

Job 11:12

Vea la página 22 de este libro.

Job 21:13

Señalamiento: "en paz" en vez de "en un momento". Dicen que la 1960 enseña que los impíos tienen paz en el infierno.

Vindicación: La 1960 dice: "Pasan sus días en prosperidad, Y en paz descienden al Seol". Hay que ver el contexto entero para entender el pasaje. Está diciendo que muchos impíos viven en su maldad sin castigo hasta la tumba. Pero note lo que sigue diciendo acerca del estado final de estos impíos en los siguientes versículos del contexto inmediato: "…viene sobre ellos su quebranto, Y Dios en su ira les reparte dolores"! (v. 17) y "Verán sus ojos su quebranto, Y beberá de la ira del Todopoderoso". (v. 20)

Según el diccionario *Strong*, la palabra hebrea clave es *rega* (#7281), la cual nos dice que tiene su origen en *raga* (#7280), donde puede significar "tranquilo, quieto, reposar", etc.

Salmos 2:12

Señalamiento: "honrad" en vez de "besad".

Vindicación: La Biblia francesa *Ostervald* de 1996, publicada por *Bearing Precious Seed* y basada en el Texto Recibido, tiene *rendez hommage*, (rendid homenaje) lo cual es una expresión sinónima de "honrad".

Salmos 12:6

Señalamiento: "limpias" (1909 y 1960) en vez de "puras".
Vindicación: Todas las Biblias del linaje de la Reina-Valera que examiné (1569, 1602, 1865 y 1909) tenían la misma palabra que la 1960. La palabra correspondiente en hebreo fue traducida como *clean* (limpio) 50 veces en la versión *King James*.

Salmos 12:7

Vea la página 87 de este libro.

Salmos 68:11

Vea la página 90 de este libro.

Salmos 75:2

Señalamiento: "Al tiempo que señalaré" (1960) o "tuviere tiempo" (1909) en vez de "reciba la congregación".
Vindicación: Desde 1569 la Reina-Valera ha traducido este versículo en forma similar a la 1909 y 1960. La *Concordancia Strong* demuestra que la palabra hebrea correspondiente puede ser traducida en varias maneras, incluyendo "tiempo fijo".

Salmos 138:2

Señalamiento: "has engrandecido tu nombre, y tu palabra sobre todas las cosas" (1909 y 1960, con una leve variación entre las dos) en vez de "has magnificado tu palabra por sobre todo tu nombre".
Vindicación: En cuanto a lo que concierne al orden de palabras, el hebreo puede ser traducido de las dos formas. La Biblia interlineal de J.P. Green, la cual se basa en el Texto Masorético tiene lo siguiente: *for you have magnified above all your name your Word* (pues habéis magnificado sobre todo tu nombre tu Palabra). Las Biblias inglesas *Geneva*, *Coverdale* y *Bishops* lo traducen un poco diferente, pero con un significado cercano a la Reina-Valera.

Proverbios 17:8

Señalamiento: "el soborno para el que lo practica" en vez de "el don a quien lo posee".
Vindicación: La palabra clave en hebreo fue traducida como *bribes* o *bribery* (sobornos, soborno) cuatro veces en la versión KJV. De ninguna manera está promoviendo el soborno la Reina-Valera como se ha acusado, puesto que en el versículo veintitrés del mismo capítulo la 1960 advierte que el soborno pervierte el derecho. Albert Barnes, en su respetado comentario bíblico *Barnes Notes on the Old and New Testaments* tiene un comentario interesante acerca de este versículo:

> Una descripción media satírica del poder del soborno en palacios y entre jueces. La piedra preciosa (literalmente como en el margen) es probablemente una gema, pensado como un talismán, la cual, "dondequiera que gira", asegurará "prosperidad" al que, siendo el poseedor, tiene el derecho de darlo.

La queja contra este versículo en la Biblia en español por un crítico de la 1960 incluía una traducción al inglés que estaba sesgada para ponerla en mala luz. El versículo como aparece en la 1960 no está diciendo que el soborno es como algo precioso, como se alega, sino que la piedra preciosa es el soborno.

Proverbios 29:18

Señalamiento: "profecía" (1909 y 1960) en vez de "visión".
Vindicación: La palabra clave en hebreo ha sido traducida en una variedad de formas creativas en Biblias basadas en el Texto Masorético. La Biblia inglesa *Bishops* de 1568 tiene *When the worde of God is not preached...* La Biblia inglesa *Coverdale* de 1535 tiene *Where no Prophet is...* lo cual se acerca a la Reina-Valera. La *Almeida* de 1995 en Portugués por la Sociedad Bíblica Trinitaria tiene *Nao havendo profecia*. Todas las Biblias en el linaje de la Reina-Valera que examiné (1569, 1602, 1865 y 1909) tenían la misma traducción que la 1960.

Eclesiastés 3:15

Señalamiento: "restaura" (1909 y 1960) en vez de "demanda".
Vindicación: La Biblia inglesa *Bishops* de 1568, reconocida por basarse en el Texto Masorético en el Antiguo Testamento, tiene *restoreth*.

Cantares 2:10

Señalamiento: "amiga" en vez de "amada".
Vindicación: Varias Biblias reconocidas por basarse en el texto Masorético tienen esta misma lectura como la 1960. Esto incluiría la Biblia en italiano *Diodati* de 1649 (tiene *amica*), y la Biblia alemana de Lutero de 1545 (tiene *Freundin*).

Isaías 7:14

Señalamiento: "la virgen" en vez de "una virgen".
Vindicación: Por si acaso alguien pensara que el usar la frase "la virgen" conlleva una conspiración de introducir palabras que suenan católicas en la Biblia, hay algo que tomar en cuenta. "La virgen" era la manera como se tradujo en la Biblia de Cipriano de Valera de 1602. Él escribió un libro de más de 700 páginas en contra del catolicismo. *The virgine* es también la traducción de la Biblia inglesa *Geneva* de 1587, reconocida por basarse en el Texto Masorético en el Antiguo Testamento. No falta ironía en señalar que aunque esta queja se repitió en un libro que promueve la RVG, ¡la RVG2010 se refiere a María como "la virgen" en Lucas 1:27!

Isaías 9:3

Señalamiento: "no" omitido.
Vindicación: Ambos, Albert Barnes y John Gill, en sus comentarios bíblicos afirman que la palabra *not* en la KJV viene de la anotación *keri* (comentario en el margen del texto hebreo por el editor). Si sus afirmaciones son correctas, esto significa que la KJV no siguió el texto hebreo Masorético en este caso, sino una nota en el margen del texto del hebreo.

Isaías 14:12

Señalamiento: "Lucero" en vez de "Lucifer". Dicen que en la Reina-Valera a Cristo se le dio el mismo nombre que Satanás (comparado con 2 Pedro 1:19).

Vindicación: En la Biblia en inglés *King James* de 1611 los traductores colocaron una nota en el margen indicando que *O day-starre* era una posible traducción, lo cual concuerda con la Biblia en español. La *Concordancia Strong* tiene lo siguiente para la palabra hebrea correspondiente: "H1966 הֵילֵל *jeilél* de H1984 (en sentido de brillantez); lucero de la mañana".

La Reina-Valera 1569, 1602, 1865, 1909 y 1960 tienen "Lucero" o la ortografía antigua de "Luzero". La traducción en italiano *Diodati* de 1649, reconocida como basada en el Texto Masorético y el Texto Recibido, tiene *stella mattutina* (estrella de la mañana), tanto en Isa. 14:12 y 2 Ped. 1:19.

Parte de la objeción es que se refiere a Cristo como "lucero" en 2 Pedro 1:19. Tal vez por eso los traductores de la KJV escogieron la transliteración latina en Isa. 14:12. Sin embargo, la Reina-Valera históricamente ha traducido la palabra en cuestión literalmente, lo que debería ser considerado algo honorable. Observe también que en 2 Pedro 1:19 "lucero" no se escribe con mayúscula, como en un título, lo que ayuda a distinguirlo de la redacción con mayúscula en Isa. 14:12. Ya que Satanás trata de imitar a Cristo, hay veces que se usa el mismo término para describir a los dos en la RV y la KJV. Un ejemplo sería que Cristo es "el León de la tribu de Judá" (Apoc. 5:5), mientras que Satanás es un "león rugiente" (1 Pedro 5:8).

Tome en cuenta lo que otros dicen en defensa de la KJV cuando una traducción literal aparenta ser contradictoria:

> Creo que es imprescindible ir con lo que el texto Masorético tradicional tiene como su redacción y permitir que el Señor resuelva lo que a nosotros pudiera parecer contradictorio.[189]

Isaías 64:5

Señalamiento: "¿podremos acaso ser salvos?" en vez de "y seremos salvos". Dicen que la 1960 duda la seguridad de nuestra salvación al expresar una pregunta.

Vindicación: El Texto Masorético hebreo no contiene signos de interrogación. Eso significa que en todos los lugares en el Antiguo Testamento donde pusieron signos de interrogación en cualquier versión de la Biblia, estaban interpretando. De igual manera, si un traductor decide que una frase es una afirmación y no una pregunta, está interpretando al decidirlo. Y sí, cuando los revisores de la 1960 pusieron un signo de interrogación en Isa. 64:5, estaban interpretando. Pero estudiando el contexto se puede notar que no enseña una falsa doctrina.

Note esta explicación del respetado comentarista bíblico Albert Barnes:

> Es decir, hemos pecado tanto tiempo, nuestras ofensas han sido tan graves, ¿cómo podemos esperar ser salvos? ¿Es posible la salvación para tales pecadores? La pregunta indica una profunda conciencia de culpa, y es el lenguaje utilizado por todos los que sienten su profunda depravación delante de Dios. Nada es más común en la convicción de

---

[189] Waite, D.A. *Defending the King James Bible*. Collingswood, NJ: Bible For Today, 1995, p. 32.

pecado, o cuando se sufre bajo grandes calamidades como consecuencia del pecado, que surja la pregunta de que si es posible que tales pecadores sean salvos.

El comentarista en su explicación más detallada expresa que el versículo ha "dejado perplejos a tantos comentaristas".

Isaías 66:9

Señalamiento: "no pariré"? (1909) en vez de "no haré nacer"? Se ha alegado que en esta versión Dios da a luz.

Vindicación: El contexto claramente indica que la expresión es figurativa. El versículo anterior habla de naciones que dan a luz.

Jeremías 5:17 – Dicen que en este versículo la 1960 enseña canibalismo

Vea la página 22 de este libro.

Daniel 3:25 – Hijo de los dioses o Hijo de Dios

En cuanto a Dan. 3:25, no es un problema textual de diferencias entre manuscritos en los lenguajes originales, porque todos dicen lo mismo. Es que en este versículo en la 1909 y la 1960 se tradujo en una forma muy literal directamente del arameo, pero en la KJV se interpretó. No tengo un problema con la interpretación de la KJV de Dan. 3:25, porque es una interpretación posible. Los que atacan la Reina-Valera con frecuencia se quejan de que la Reina-Valera interpreta algo en vez de traducir literalmente, pero en el caso de la KJV en Dan. 3:25, hacen lo opuesto; se quejan de una traducción literal en la Reina-Valera, y defienden el hecho de que la KJV interpretara. Si observa la *Concordancia Strong* en inglés, verá que la palabra clave de Dan. 3:25 correspondiente al número 426 no solo se tradujo *God*, sino también *gods* en numerosas ocasiones en la KJV. En Daniel 5:14 el rey Beltsasar se refirió al Dios de Daniel como "el espíritu de los dioses" en la Biblia en inglés *King James*. Si Dan. 3:25 está mal en la Reina-Valera, entonces Dan. 5:14 estaría mal en la KJV y la RVG por la misma razón.

Capítulo 19 – Pasajes del Nuevo Testamento

Mateo 2:1

Señalamiento: "magos" (1909 y 1960) en vez de "hombres sabios".
Vindicación: "Mago" lleva un significado secundario de referirse a una "persona singularmente capacitada para el éxito en una actividad determinada", aparte de señalar que "se dice de los tres reyes que fueron a adorar a Jesús recién nacido" (véase el diccionario de la *Real Academia Española*). La traducción de Reina-Valera es una transliteración de la palabra griega subyacente (*magos*), y se acerca a la definición que figura en la *Concordancia Strong*: "G3097 μάγος *mágos* de origen extranjero [H7248]; mago, i.e. científico oriental; por implicación mago".

Mateo 2:12

Señalamiento: "avisados por revelación" (1909 y 1960) en vez de "avisados por Dios".
Vindicación: La palabra "Dios" no está en el griego, sino que solo está insinuado, por tanto los traductores tienen la opción de añadirlo si desean.

Mateo 5:22

Señalamiento: "sin razón" omitido. Alegan que la lectura de la 1960 hace pecador a Cristo.
Vindicación: Mateo 5:22 en la 1960 fue traducida igual a la versión *Tyndale* de 1534 en inglés, la cual fue el primer Nuevo Testamento en inglés basado en el Texto Recibido. Algunos han calculado que 80-90% de la redacción original del Nuevo Testamento *Tyndale* se mantuvo en la *King James*. Algunos tratan de decir que la forma en que se tradujo en la 1960 hace pecador a Cristo, pero Efesios 4:26 dice: "Airaos, pero no pequéis; no se ponga el sol sobre vuestro enojo". O sea, es posible enojarse sin pecar. Hay manuscritos que le faltan la palabra que no tradujeron en la 1960 y en *Tyndale*.

Mateo 5:27

Señalamiento: "por los de antes" omitido (1909 y 1960).
Vindicación: Solomon Caesar Malan, defensor del Texto Recibido y de la *King James*, reconoció lo siguiente en cuanto a esta omisión:[190]

> Es cierto que estas palabras están fuera de muchos manuscritos, y en la mayoría de las versiones antiguas. ...El peso de la evidencia favorece la omisión...

Mateo 6:1

Señalamiento: "justicia" (1909 y 1960) en vez de "limosnas".
Vindicación: La Biblia *Diodati* de 1649, reconocida por ser la Biblia italiana basada en el Texto Recibido. Dicha versión tiene *giustizia*.

Mateo 6:24

Señalamiento: "riquezas" en vez de "mammón".
Vindicación: El diccionario bíblico de la *Concordancia Strong* tiene "riqueza" como uno de los significados de la palabra griega correspondiente.

---

[190] *A Plea for the Received Greek Text: And for the Authorized Version of the New Testament in answer to some of the Dean of Canterbury's Criticism of both.* 1869, p. 111.

Mateo 7:2

Señalamiento: "os volverán" omitido.
Vindicación: La frase *it shall be measured to you again* en la versión *King James* representa solamente dos palabras griegas. La edición del Texto Recibido por Scrivener de 1894 nos dice lo siguiente en la versión interlineal: *it will be measured to you*.[191] Esto concuerda con la 1960.

Mateo 8:28

Señalamiento: "gadarenos" en vez de "gergesenos".
Vindicación: La Biblia portuguesa *Almeida* de 1995 por la Sociedad Bíblica Trinitaria, basada en el Texto Recibido. Ésta tiene *gadarenos*.

Mateo 10:5

Señalamiento: "mandamiento" omitido.
Vindicación: No hay una omisión aquí, sino un remplazo con la frase sinónima "dio instrucciones".

Mateo 11:26

Señalamiento: "en tus ojos" omitido.
Vindicación: También fue omitido en las siguientes Biblias antiguas en inglés reconocidas por basarse en el Texto Recibido: *Bishops* 1568, *Tyndale* 1534 y *Geneva* 1587. El griego no contiene "vista" ni "ojos" en este versículo, aunque es una opción traducirlo como "ante tus ojos/vista".

Mateo 12:31

Señalamiento: "a los hombres" omitido al fin del versículo.
Vindicación: La Biblia francesa *Ostervald* de 1996, publicada por *Bearing Precious Seed* y basada en el Texto Recibido, también lo omite. La 1960 usa el pronombre "les" para referirse a la mención anterior de los hombres en el mismo versículo.

Mateo 12:40

Señalamiento: "gran pez" en vez de "ballena".
Vindicación: El diccionario bíblico de la *Concordancia Strong* tiene "pez enorme" como uno de los significados de la palabra griega correspondiente.

Mateo 16:8

Señalamiento: "tenéis" en vez de "trajisteis".
Vindicación: Aunque hay una variante leve en el griego aquí (involucrando a tan sólo dos letras en una sola palabra), es posible llegar a la misma traducción que adoptó la Reina-Valera con el Texto Recibido. La palabra correspondiente en griego (*lambano*) fue traducida como *have* (tener) tres veces en la KJV.

Mateo 17:20

Señalamiento: "poca fe" en vez de "incredulidad".
Vindicación: Vea la palabra griega correspondiente en la *Concordancia Strong*: "G570 ἀπιστία *apistía* de G571; **falta de fe**, i.e. (negativa) incredulidad (falta de la fe cristiana), o (positivamente) infidelidad (desobediencia)".

---

[191] Green, J. *Pocket Interlinear New Testament*. Grand Rapids, MI: Baker Book House, 1982.

Mateo 18:26

Señalamiento: "suplicaba" en vez de "adoraba".
Vindicación: La Biblia inglesa *Bishops* de 1568, reconocida por basarse en el Texto Recibido, tiene *besought hym* (le suplicó).

Mateo 20:20

Señalamiento: "postrándose" en vez de "adorándole".
Vindicación: El diccionario bíblico de la *Concordancia Strong* tiene "postrarse en homenaje" como uno de los significados de la palabra griega correspondiente.

Mateo 20:34

Señalamiento: "los ojos" omitido (1909 y 1960).
Vindicación: El contexto. "Los ojos" ya había sido mencionado una vez, haciendo que la segunda mención sea opcional en cuanto a lo que la gramática se refiere. A veces aun la versión *King James* hace esto, como en Lucas 21:6. En ese versículo *stone* (piedra) es mencionado en dos ocasiones específicas en el griego, pero tan solo una vez en la KJV, porque se insinúa una segunda piedra al usar la expresión *stone upon another* (piedra sobre otra).

Mateo 21:7

Señalamiento: "se sentó" (1909 y 1960) en vez de "le sentaron".
Vindicación: El Nuevo Testamento interlineal Newberry basado en la edición del Texto Recibido de Estéfano de 1550 tiene *he sat on them* (él se sentó sobre ello/ellos). El antecedente más cercano son sus mantos que fueron puestos sobre el asna y el pollino. La KJV añadió *him* (él) en bastardillas para clarificar el contexto, creyendo que *them* (ellos) se refería a los que estaban colocando a Jesús sobre el animal. Pero, tanto la Biblia en inglés como la de en español, tienen a Jesús sentado sobre el animal al final del versículo.

Mateo 22:13

Señalamiento: "tomadle" omitido.
Vindicación: La Biblia inglesa *Bishops* de 1568 reconocida por basarse en el Texto Recibido, también lo omite.

Mateo 23:25

Señalamiento: "injusticia" (1909 y 1960) en vez de otras palabras sinónimas.
Vindicación: Basado en dos textos griegos que comparé (uno del linaje del Texto Recibido, uno del linaje del Texto Crítico), este caso no parece ser una variante textual. La 1602 de Valera fue el primero en el linaje de la Reina-Valera en usar el término "injusticia". Ha sido traducida de muchas formas, pero siempre como sinónimo de la maldad. La Biblia de Casiodoro de Reina de 1569 tiene "inmundicia", (posiblemente derivada de la palabra *inmunditia* en la Vulgata Latina). La Biblia *Almeida* en Portugués versión 1995 por la Sociedad Bíblica Trinitaria tiene *iniqüidade*. La Biblia francesa *Ostervald* de 1996 por *Bearing Precious Seed* tiene *intempérance*, que significa intemperancia. La KJV y la mayoría de las Biblias en inglés de la era de la Reforma escogieron *excess* (exceso) en este versículo. Todos estos términos prácticamente son sinónimos el uno con el otro, y no deben ser causa de preocupación.

Mateo 27:41

Señalamiento: "y los fariseos" añadido (1909 y 1960).
Vindicación: La Biblia inglesa *Geneva* de 1587, reconocida por basarse en el *Textus Receptus*, tiene *and Pharises* (y Fariseos).

Mateo 28:9

Señalamiento: Se ha acusado que fue eliminada una porción significativa de Mateo 28:9 de la Reina-Valera 1909 y 1960.
Vindicación: La KJV comienza el versículo 9 al principio de la última oración del versículo 8 en la 1909 y 1960. A fin de cuentas, nada ha sido eliminado.

Mateo 28:19

Señalamiento: "haced discípulos" en vez de "enseñad". La Reina-Valera ha sido acusada de usar una frase menos dogmática.
Vindicación: El diccionario bíblico de la *Concordancia Strong* tiene "discipular" como uno de los significados de la palabra griega correspondiente.

Marcos 1:2-3

Señalamiento: "Isaías el profeta" en vez de "los profetas". Dicen que la Reina-Valera cita al profeta incorrecto (ver también Malaquías 3:1 e Isaías 40:3).
Vindicación: Marcos 1:2 es similar a algo que Malaquías escribió, pero a la vez Marcos 1:3 es muy similar a lo que Isaías escribió (Isa. 40:3). Hay otro caso registrado por los apóstoles donde una cita combinada de dos profetas diferentes del Antiguo Testamento se atribuye al nombre del profeta más importante o mayor. Compare Mateo 27:9 en donde ambas, la Biblia en inglés y en español, Mateo atribuye a Jeremías una cita que procede principalmente de Zacarías 11:12. Naturalmente nosotros no dudamos de la Biblia cuando vemos lo que aparenta ser una contradicción. Nosotros explicamos que las palabras de Mateo 27:9 fueron dichas por Jeremías y Zacarías las grabó, o algo así por el estilo.

Marcos 6:27

Señalamiento: "le decapitó en la cárcel" omitido (1909 y 1960).
Vindicación: La frase que supuestamente falta se encuentra al principio del siguiente versículo, tal como en la Biblia italiana *Diodati* de 1649, la cual es reconocida por basarse en el Texto Recibido.

Marcos 6:33

Señalamiento: "muchos" (1909 y 1960) en vez de "la gente". El diccionario bíblico de la *Concordancia Strong* tiene "muchedumbre" como uno de los significados de la palabra griega correspondiente.

Marcos 6:44a

Señalamiento: "como" omitido (1909 y 1960).
Vindicación: La Biblia italiana *Diodati* de 1649, reconocida por basarse en el Texto Recibido, también lo omite.

Marcos 6:44b

Señalamiento: "de los panes" omitido (1909 y 1960).

Vindicación: La Biblia inglesa *Bishops* de 1568, reconocida por basarse en el Texto Recibido, también lo omite.

Marcos 7:19

Señalamiento: "esto decía" añadido (1909 y 1960).
Vindicación: Esta frase de la cual se quejan aparece en varias ediciones de la Reina-Valera en bastardillas (tal como la 1909 y la 2001 por la Sociedad Bíblica Trinitaria), indicando que no aparecía en el texto griego. Fue añadida por claridad, lo cual ocurrió muchas otras veces en la KJV. En la 1960 no se utilizó palabras en bastardillas, ya que en la literatura moderna eso representa énfasis.[192]

Marcos 10:51

Señalamiento: "Señor" omitido.
Vindicación: No hay omisión, sino una traducción con un sinónimo (maestro) en la 1909 y 1960. La palabra griega correspondiente es *Rabboni*, la cual fue traducida como *Master* (Maestro) en la Biblia *Bishops* de 1582 y el Nuevo Testamento *Tyndale* de 1534 en este versículo.

Marcos 14:52

Señalamiento: "de ellos" omitido.
Vindicación: También fue omitido por la Biblia portuguesa *Almeida* de 1995 por la Sociedad Bíblica Trinitaria, reconocida por basarse en el Texto Recibido.

Marcos 15:3

Señalamiento: "mas él no respondía nada" omitido (1909 y 1960).
Vindicación: También fue omitido de la edición del Texto Recibido de Estéfano 1550.

Marcos 15:4

Señalamiento: "te acusan" en vez de "testifican contra ti".
Vindicación: El Nuevo Testamento en inglés de *Tyndale* de 1534, reconocido por basarse en el Texto Recibido. Tiene *they lay vnto thy charge*.

Marcos 16:18

Señalamiento: "en las manos" añadido.
Vindicación: La Reina-Valera añade lo que el pasaje claramente implica. La KJV dice *They shall take up serpents* (levantarán serpientes). Eso claramente insinúa el uso de las manos. Entre los posibles significados de la palabra griega correspondiente en el léxico griego *Thayer*, aparece *to raise upwards, elevate, lift up:* **the hand** (elevar hacia arriba, levantar, elevar: **la mano**).

Lucas 1:3

Señalamiento: "investigado con diligencia" (1960 y traducción similar en la 1909) en vez de "entendido perfectamente".
Vindicación: El Nuevo Testamento en inglés de *Tyndale* de 1534, reconocido por basarse en el Texto Recibido, tiene *searched out diligently*, igual que la Reina-Valera.

---

[192] También se utiliza para títulos de obras, citas en otros idiomas, etcétera.

Lucas 1:69

Señalamiento: "cuerno" omitido.

Vindicación: No hay una omisión, sino una traducción levemente diferente que no viola el griego. La 1960 tiene "poderoso Salvador". La Biblia francesa *Ostervald* de 1996 publicada por *Bearing Precious Seed* y basada en el Texto Recibido tiene *puissant Sauveur* (gran/poderoso Salvador). El léxico griego Thayer incluye *a mighty and valiant helper, the author of deliverance, of the Messiah* (un gran y valiente auxiliador, el autor de liberación, de el Mesías) en su definición de la palabra griega correspondiente.

Lucas 2:22

Señalamiento: "de ellos" en vez de "de ella". Dicen que Jesús tuvo que purificarse de pecado.

Vindicación: Se necesita entender desde el principio que la purificación conforme a la ley después del parto era ceremonial y no para la purificación de pecado. Si la purificación de Lucas 2:22 tuviera que ver con la purificación del pecado, entonces uno estaría diciendo implícitamente que María tuvo que ser purificada de su pecado, como resultado de dar a luz a Jesús. A la luz de Salmo 51:5 (...en pecado me concibió mi madre) sería un punto de vista peligroso. La circuncisión de Jesús (ver versículo anterior), y lo que hizo María al presentar una ofrenda en el día cuadragésimo no tuvo nada que ver con el pecado, sino más bien con la salubridad, el simbolismo, el cumplimiento de la ley, e identificación con los pecadores. Aunque María no era sin pecado como enseñan los católicos, ella no tuvo pecado del cual ser purificada como resultado de dar a luz a Jesús. La RV 1960 no está diciendo aquí o en ningún lugar que Jesús es un pecador. Decir tal cosa es una blasfemia contra la RV 1960 y por implicación contra varias ediciones del Texto Recibido. Hay muchas posibles explicaciones para la referencia a pureza, incluso que se refería a la purificación de los judíos que iban al templo para llevar a cabo ritos de purificación.

Tome en cuenta los siguientes datos a favor de la redacción de la RV 1960:

1. "De ellos" es como dice en la mayoría de los manuscritos griegos.[193]

2. "De ellos" es como dice en las ediciones del Texto Recibido de Erasmo y Estéfano.[194]

3. "De ellos" es como dice en varias versiones en inglés antes de la *King James* basadas en el Texto Recibido, tal como *Tyndale*, *Coverdale*, *Matthew*, y la *Great Bible*.

4. "De ellos" es como dice en la Biblia francesa *Ostervald* basada en el Texto Recibido.

5. El Nuevo Testamento en español de Enzinas de 1543 tiene "dellos" en Lucas 2:22. Eso es un dato interesante, porque la versión de Enzinas fue el primer Nuevo Testamento en español traducido directamente del griego. Por tanto la 1960 no fue la primera Biblia en español en introducir la frase "de ellos" en Lucas 2:22.

---

[193] Hills, Edward. *The King James Version Defended*. Des Moines, IA: The Christian Research Press, 1984, p. 221.

[194] Ibid.

El traductor o revisor de la Biblia tiene dos opciones cuando llega a Lucas 2:22. La decisión no es fácil. En términos simples, este es el asunto: Por un lado (de ella) hay muchos menos manuscritos griegos a su favor, pero suena mejor en su aplicación teológica. Por otro lado (de ellos) la interpretación requiere un poco más de explicación, pero tiene apoyo en la mayoría de manuscritos griegos y en varias ediciones del Texto Recibido. La decisión no es fácil, y hay unos cuantos pasajes donde los traductores y revisores se enfrentan con decisiones similares.

Lucas 4:5

Señalamiento: "de tiempo" omitido.
Vindicación: El Nuevo Testamento *Tyndale* 1534, la Biblia *Coverdale* 1535, y la Biblia *Geneva* 1587, todas reconocidas por basarse en el Texto Recibido, también lo omiten.

Lucas 5:17

Señalamiento: "sanar" en vez de "sanarlos".
Vindicación: La Biblia *Almeida* 1995 en portugués por la *Trinitarian Bible Society*, la cual se basa en el Texto Recibido, también tiene sanar.

Lucas 8:51

Señalamiento: "consigo" añadido (1909 y 1960).
Vindicación: La Biblia inglesa *Geneva* 1587, reconocida por basarse en el Texto Recibido, tiene *with him* (con él/consigo).

Lucas 9:43

Señalamiento: "Jesús" omitido (1909 y 1960).
Vindicación: La Biblia inglesa *Bishops* de 1568, reconocida por basarse en el Texto Recibido, también lo omite.

Lucas 9:48

Señalamiento: "es" en vez de "será".
Vindicación: La edición interlineal del Texto Recibido por Scrivener de 1894 tiene *is* (es).[195]

Lucas 11:15

Señalamiento: "Beelzebú" en vez de "Beelzebub".
Vindicación: La Reina-Valera no siempre deletrea una transliteración del griego exactamente como en griego, tal como la KJV y otras versiones no siempre siguen la forma de deletrear en griego. La transliteración de la palabra griega (*beelzeboul*) no contiene tres letras "b" como en inglés.

Lucas 13:35

Señalamiento: "ciertamente" omitido (1909 y 1960).
Vindicación: El Nuevo Testamento *Tyndale* de 1534, reconocido por basarse en el Texto Recibido, también lo omite.

Lucas 16:9a

Señalamiento: "Ganad amigos por medio de" en vez de "Haceos amigos de".

---

[195] Green, J. *Pocket Interlinear New Testament.* Grand Rapids, MI: Baker Book House, 1982.

<u>Vindicación</u>: De todas las aseveraciones hechas por Cristo, esta es una de las más difíciles de explicar, aun como aparece en la KJV. No es justo presentar esto como un pasaje problemático en la 1960 sin reconocer que la manera como lo dice la KJV o la RVG también requiere explicación. La palabra griega que corresponde a "ganad" fue traducida como *gained* (ganado) en Lucas 19:18 en la KJV. La palabra griega que corresponde a "por medio de" fue traducida como *through* (por medio de) en 2 Corintios 13:4 en la KJV.

Lucas 16:9b

<u>Señalamiento</u>: "falten" en vez de "fallareis".
<u>Vindicación</u>: La edición interlineal del Texto Recibido de Scrivener 1894 tiene *it fails*.[196] Si es que el versículo sugiere que nosotros fallamos (o nos falta) o que las riquezas fallan (o faltan) está sujeto a interpretación. Insistir en sólo aceptar la interpretación de la KJV sería un ejemplo de desviarse en dirección al ruckmanismo.

Lucas 18:28

<u>Señalamiento</u>: "las posesiones nuestras" (1909 y 1960) en vez de "todo".
<u>Vindicación</u>: La *Concordancia Strong*: "G3956 πᾶς *pás* incluido todas las formas de declinación; aparentemente palabra primaria; todo, cualquiera, cada uno, el todo".

Lucas 21:5

Vea la página 23 de este libro.

Lucas 23:42

<u>Señalamiento</u>: "Señor" omitido (1909 y 1960).
<u>Vindicación</u>: Comparada a la Biblia en inglés, la Reina-Valera omite la palabra "Señor". Pero hay varios casos donde ocurre exactamente lo contrario. Por ejemplo, Apocalipsis 16:5 en la 1960 tiene "el Santo", una referencia a Dios. La 1960 está de acuerdo con el Texto Recibido de Estéfano 1550 en Apocalipsis 16:5. A la KJV le falta esta referencia a Dios (se reconoce que también falta en algunas ediciones del Texto Recibido). Esto es sólo un ejemplo para comprobar que si uno deseara atacar la KJV por haber eliminado algunas referencias a Dios, lo podría hacer así como otros lo hacen con la Reina-Valera.

Juan 1:9

<u>Señalamiento</u>: "hombre, venía" en vez de "hombre que viene".
<u>Vindicación</u>: Este no es un asunto involucrando una variante textual. No importa cuánto un traductor no desee interpretar, este es uno de los casos donde un traductor está obligado a interpretar. El respetado comentarista Albert Barnes explica la situación como sigue en su *Barnes Notes on the Old and New Testaments*:

> La frase en el original es ambigua. La palabra que fue traducida "que viene" puede referirse a "luz", o la palabra "hombre"; para que pueda significar o "esta luz verdadera que viene en el mundo alumbra todo", o "alumbra a todo hombre que viene en el mundo".

---

[196] Green, J. *Pocket Interlinear New Testament.* Grand Rapids, MI: Baker Book House, 1982.

Juan 1:42

Señalamiento: "Pedro" en vez de "piedra". Se ha dicho que esto indica una inclinación católica.

Vindicación: Los traductores de la KJV tradujeron esta palabra griega como *Peter* (Pedro) 161 veces, y en Juan 1:42 ellos decidieron en esta sola instancia traducir el significado, por tanto aparece *stone* (piedra). Si los traductores de la KJV tradujeron esta palabra como Pedro 161 veces, ¿por qué acusar la 1960 de inclinación católica por hacerlo en este versículo? ¡Esto es ejemplo de una doble moral!

Juan 2:22

Señalamiento: "les" omitido (1909 y 1960).

Vindicación: La Biblia inglesa *Bishops* de 1568, reconocida por basarse en el Texto Recibido, también lo omite.

Juan 3:34

Señalamiento: "le" omitido (1909 y 1960).

Vindicación: No hay una omisión aquí. *Unto him* aparece en bastardillas en la KJV porque no aparece en el griego, sino que fue añadido para aclaración.

Juan 14:28

Señalamiento: "al Padre" (1909 y 1960) en vez de "mi Padre".

Vindicación: La Biblia inglesa *Bishops* de 1568, reconocida por basarse en el Texto Recibido, tiene *the father* (el padre).

Juan 15:7

Señalamiento: "pedid" (1909 y 1960) en vez de "pediréis".

Vindicación: La Biblia inglesa *Geneva* de 1587, reconocida por basarse en el Texto Recibido, tiene *aske* (pedid).

Hechos 2:33

Señalamiento: "ahora" omitido (1909 y 1960).

Vindicación: También fue omitido en la Biblia inglesa *Coverdale* de 1535, reconocida por basarse en el Texto Recibido. Aparentemente ellos también sintieron que dicha palabra ya estaba insinuada en el contexto.

Hechos 2:41

Señalamiento: "con gozo" omitido (1909 y 1960).

Vindicación: La 1909 y 1960 concuerdan con la lectura histórica de este versículo (tal como en la 1569 y la 1602). La 1602 especialmente ha sido reconocida por basarse en el Texto Recibido.

Hechos 3:24

Señalamiento: "anunciado" (1909 y 1960) en vez de "predicho".

Vindicación: La Biblia en inglés *Bishops* de 1568 y el Nuevo Testamento en inglés *Tyndale* de 1534 tienen *tolde* (contado). Ambos se reconocen por basarse en el Texto Recibido.

Hechos 5:41

Señalamiento: "el Nombre" (1909) o "del Nombre" (1960) en vez de "su nombre".

Vindicación: De acuerdo a *Newberry's Interlinear Greek New Testament* basada en la edición del *Textus Receptus* de Estéfano de 1550, el griego literalmente dice *the name of him* (el nombre de él). La 1960 no incluyó "de él", pero colocaron a "Nombre" en mayúscula para asegurar que se refiera a Cristo. La KJV eliminó el artículo *the*, aparentemente porque la gramática en inglés no lo requiere.

Hechos 10:48

Señalamiento: "Jesús" añadido (1909 y 1960).
Vindicación: La Biblia italiana *Diodati* de 1649, reconocida por basarse en el Texto Recibido, tiene *Gesù*.

Hechos 11:28

Señalamiento: "César" omitido (1909 y 1960).
Vindicación: También es omitido en el Nuevo Testamento en inglés *Tyndale* de 1534, reconocido por basarse en el Texto Recibido.

Hechos 13:6

Señalamiento: "toda" añadido (1909 y 1960).
Vindicación: Vea la Biblia inglesa *Tyndale-Rogers-Coverdale* (a veces llamada la Biblia *Matthew*), reconocida por basarse en el Texto Recibido, tiene *all* (todo). Vea también la *Concordancia Strong*: "G1330 διέρχομαι *diérjomai* de G1223 y G2064; atravesar (literalmente)".

Hechos 15:33

Señalamiento: "a aquellos que los habían enviado" en vez de "a los apóstoles".
Vindicación: La 1960 tradujo el significado de la palabra apóstol, en vez de utilizar la misma palabra. La KJV hizo esto en Juan 13:16 (*he that is sent*) donde la palabra correspondiente en griego era *apostolos*.

Hechos 17:22

Señalamiento: "religiosos" en vez de "supersticiosos".
Vindicación: El diccionario bíblico de la *Concordancia Strong* tiene "más religiosamente que otros" como uno de los significados de la palabra griega correspondiente.

Hechos 19:27

Vea la página 23 de este libro.

Hechos 21:23

Señalamiento: "sobre sí" omitido.
Vindicación: La Biblia en inglés *Geneva* de 1587, reconocida por basarse en el Texto Recibido, también lo omite.

Hechos 22:26

Señalamiento: "ten cuidado" omitido (1909 y 1960).
Vindicación: El Nuevo Testamento inglés *Tyndale* de 1534, reconocido por basarse en el Texto Recibido, también lo omite.

Hechos 25:2

Señalamiento: "príncipes de los sacerdotes" (1909) o "principales sacerdotes" (1960) en vez de "el sumo sacerdote".
Vindicación: El Nuevo Testamento en inglés *Tyndale* de 1534, además de Enzinas 1543, reconocidos por basarse en el Texto Recibido, tienen *the hye prestes* y "Príncipes de los Sacerdotes", respectivamente.

Hechos 25:6

Señalamiento: "no más de ocho o diez días" (1909 y 1960) en vez de "más de diez días".
Vindicación: Vea la nota al margen de la hoja que los traductores de la primera edición de la KJV pusieron para ese versículo: "O, como dice en algunas copias, no más de ocho o diez días".

Hechos 25:15

Señalamiento: "condenación" (1909 y 1960) en vez de "juicio".
Vindicación: La Biblia francesa *Ostervald* de 1996, publicada por *Bearing Precious Seed*, además de la 1602 de Valera, reconocidas por basarse en el Texto Recibido.

Romanos 1:5

Señalamiento: "por amor de su nombre" en vez de "por su nombre".
Vindicación: Este caso no es de una variante textual. La *Concordancia Strong* indica que "por causa de" es uno de los posibles significados de la palabra clave griega correspondiente. Los revisores de la 1960 aparentemente sintieron que la frase tradicional "por su nombre" era más simple de lo necesario. Por tanto la cambiaron a "por amor de su nombre".

Romanos 1:16

Señalamiento: "de Cristo" omitido (1909 y 1960).
Vindicación: Las ediciones 1909 y 1960 siguen la redacción histórica de este versículo en las ediciones de 1569, 1602 y 1858. Esta traducción, tal como se encuentra en la Biblia en español, tiene abundante apoyo, tal como en la Latína Antigua, la Peshita Siriaca, los manuscritos C, G, P26, la versión Antigua Armeniana, la Cóptica, etcétera. La frase en tela de juicio no se incluyó en las Biblias en español por cientos de años antes de Westcott y Hort; por tanto, la omisión no se puede atribuir a ellos. No está presentando otro evangelio que no sea de Cristo como algunos injustamente han dicho, ya que en la última mitad del versículo habla de este evangelio que es el poder de Dios para salvación.

Romanos 4:8

Señalamiento: "inculpa" en vez de "imputa".
Vindicación: "Inculpar" es sinónimo de "imputar". La razón por la cual la palabra "imputar" fue remplazada con un sinónimo es probablemente porque la raíz de la palabra original ha llegado a ser un término vulgar en Latinoamérica.

Romanos 4:23-24

Señalamiento: "contada" en vez de "imputado".
Vindicación: Esta situación es similar a Romanos 4:8. Todas las formas de las palabras que contenían la raíz "puto/puta" fueron remplazadas en la 1960, aparentemente por

causa de su connotación vulgar en el español moderno. La palabra griega correspondiente fue traducida cinco veces como *count* (contar) en la KJV.

Romanos 8:32

Señalamiento: "gratuitamente" omitido (1909 y 1960).
Vindicación: "Gratuitamente" no se halla en el texto griego. Las Biblias antiguas en inglés *Tyndale*, *Geneva*, *Bishops* y *Coverdale* no tienen la palabra *freely* como la *King James*. Ya que la palabra griega correspondiente hace referencia a dar, se podría decir que "gratuitamente" es insinuado, pero dejarla fuera no sería una omisión.

Romanos 10:7

Vea la página 72 de este libro.

Romanos 10:9

Señalamiento: "Jesús es el Señor" en vez de "al Señor Jesús".
Vindicación: El Nuevo Testamento en inglés *Tyndale* de 1534, reconocido por basarse en el Texto Recibido, tiene *Iesus is the lorde* (Jesús es el Señor).

Romanos 10:15

Señalamiento: "el evangelio de" omitido (antes de "paz").
Vindicación: La Biblia francesa *Ostervald* de 1996, publicada por *Bearing Precious Seed* y basada en el Texto Recibido, también lo omite.

Romanos 11:30-32

Vea la página 107 de este libro.

Romanos 14:18

Señalamiento: "esto" (1909 y 1960) en vez de "estas cosas".
Vindicación: La Biblia en español ha utilizado la palabra "esto" consistentemente en este versículo de 1569-1960 en todas las cinco ediciones que consulté. La palabra griega correspondiente fue traducida como *this* (esto) en Lucas 16:26 y Lucas 24:21 en la KJV.

Romanos 16:1

Señalamiento: "diaconisa" (1909 y 1960) en vez de "sierva".
Vindicación: Para empezar, quisiera mencionar que no creo en diaconisas como oficiales de la iglesia. Hechos 6:3 y 1 Timoteo 3:12, tal como se hallan en el linaje de la Reina-Valera, limitan el puesto de diácono a hombres. Pero surge un problema porque la palabra griega correspondiente aquí en Romanos 16:1 es *diakonos*, lo cual es una referencia clara a Febe, que es mujer. Mi teoría personal es que Febe fue la mujer de un diácono. Primera Timoteo 3:11 tiene instrucciones especiales para las mujeres de diáconos, por tanto tenían responsabilidades —pero no como oficial de la iglesia, ya que sólo se permitió escoger varones en Hechos 6:3 y las mujeres no cumplen con el requisito de "maridos de una sola mujer" en 1 Timoteo 3:12. Pero como la palabra griega clave en Romanos 16:1 es *diakonos*, refiriéndose a una mujer, sería difícil de culpar a un traductor bíblico por transliterar dicha palabra como "diaconisa".

1 Corintios 1:23

Señalamiento: "gentiles" (1909 y 1960) en vez de "griegos".

Vindicación: La palabra griega correspondiente fue traducida como *Gentile* (gentil) en Romanos 2:9 en la KJV.

1 Corintios 2:12

Señalamiento: "gratuitamente" omitido (1909 y 1960).
Vindicación: "Gratuitamente" no se halla en el texto griego. Las Biblias antiguas en inglés *Tyndale*, *Geneva*, *Bishops* y *Coverdale* no tienen la palabra *freely* como la *King James*. Ya que la palabra griega correspondiente hace referencia a dar, se podría decir que "gratuitamente" es insinuado, pero dejarlo fuera no sería una omisión.

1 Corintios 7:3

Señalamiento: "el deber conyugal" en vez de "benevolencia".
Vindicación: La *Concordancia Strong*: "G2133 εὔνοια *eúnoia* de lo mismo que G2132; amabilidad; eufemismo deber conyugal". Vea también 1 Cor. 7:3 en *The Defined King James Bible* por *The Bible For Today* (D.A. Waite, editor general, quien está muy a favor de la KJV) donde define la palabra en tela de juico con *required kindness i.e. conjugal duty* (bondad requerida, ejemplo: deber conyugal).

1 Corintios 9:20

Señalamiento: "aunque yo no estoy bajo la ley" añadido (1909 y 1960).
Vindicación: El Nuevo Testamento inglés *Tyndale* de 1534, reconocida por basarse en el Texto Recibido, tiene *whe I was not without lawe*.

1 Corintios 9:21

Señalamiento "de (Dios), de (Cristo)" (1909 y 1960) en vez de "a (Dios), a (Cristo)".
Vindicación: La Biblia en inglés *Bishops* de 1568, reconocida por basarse en el Texto Recibido, tiene *of God ... of Christe* (de Dios ... de Cristo). La Biblia Enzinas 1543 tiene "a Dios ... de Cristo", Pineda 1556 "con Dios ... de Cristo", Reina 1569 "de Dios ... del Cristo" y Valera 1602 "de Dios ... de Cristo". También se debe tomar en cuenta que la palabra griega correspondiente se puede traducir de dos formas, lo cual se puede comprobar al comparar las ediciones interlineales de Newberry y Green, ambas basadas en el Texto Recibido.

1 Corintios 9:27

Señalamiento: "eliminado" en vez de "reprobado".
Vindicación: Vea la definición de la palabra griega correspondiente en la *Concordancia Strong*: "G96 ἀδόκιμος *adókimos* de G1 (como partícula negativa) y G1384; no aprobado, i.e. rechazado; por implicación indigno (literalmente o moralmente):"

1 Corintios 14:33

Señalamiento: "autor" omitido (1909 y 1960).
Vindicación: La frase *The author* se encuentra en letras bastardillas en la KJV en este versículo, que indica que no aparece en griego, sino que fue añadido para aclarar solamente.

1 Corintios 15:8

Señalamiento: "como a un abortivo" (1909 y 1960) en vez de "nacido a destiempo".

Vindicación: Vea el significado de la palabra griega correspondiente en la *Concordancia Strong*: "G1626 ἔκτρωμα *éktroma* de un compuesto de G1537 y τιτρώσκω *tritosko* (herir); aborto espontáneo, i.e. (por analogía) nacimiento abortivo:"

También la Biblia italiana *Diodati* de 1649, reconocida por basarse en el Texto Recibido, tiene las mismas palabras claves que la 1960: *apparito ancora a me, come all'abortivo*.

1 Corintios 16:2

Señalamiento: "Dios" omitido (1909 y 1960).
Vindicación: *God* se encuentra en letras bastardillas en la KJV en este versículo, lo cual indica que no aparece en el griego, sino que fue añadido para aclarar solamente.

2 Corintios 2:10

Señalamiento: "presencia" en vez de "persona".
Vindicación: La palabra correspondiente en griego (*Strong* #4383) fue traducida como *presence* siete veces en la KJV.

2 Corintios 2:17

Señalamiento: "mercaderes falsos" (1909) o "medran falsificando" (1960) en vez de "adulteran".
Vindicación: Vea 2 Cor. 2:17 en *The Defined King James Bible* por *The Bible For Today* (D.A. Waite, editor general, quien está muy a favor de la KJV) donde da el significado de la palabra griega correspondiente como *debase; deceitfully peddle*.

2 Corintios 4:14

Vea la página 72 de este libro.

2 Corintios 8:24

Señalamiento: "y" omitido (1909 y 1960) antes de la frase "ante las iglesias".
Vindicación: La Biblia inglesa *Bishops*, reconocida por basarse en el Texto Recibido, también la omite, aparentemente porque ellos también sentían que ya estaba insinuada en el contexto.

2 Corintios 11:6

Señalamiento: "lo hemos demostrado" en vez de "somos manifestados".
Vindicación: *Concordancia Strong*: "G5319 φανερόω *faneróo* de G5318; hacer aparente (literalmente o figurativamente):"

Gálatas 5:4

Señalamiento: "os desligasteis" en vez de "ha venido a ser sin efecto".
Vindicación: Este versículo ya se está usando como aparece en la KJV en fallidos intentos de demostrar que es posible perder la salvación. Este es el versículo que acaba con "de la gracia habéis caído" (esa parte aparece igual en la *King James*). La forma en que la 1960 traduce este versículo no viola el griego. Note como el diccionario de la *Concordancia Strong* define la palabra griega correspondiente: "G2673 καταργέω *katargéo* de G2596 y G691; estar (dejar) enteramente inmóvil (inútil), literalmente o figurativamente:" La misma palabra griega fue traducida como *loosed* (soltado) en la KJV en Romanos 7:2.

Efesios 3:9a

<u>Señalamiento</u>: "por Jesucristo" omitido (1909 & 1960). Dicen que la Reina-Valera niega que Cristo es el Creador del universo.

<u>Vindicación</u>: La forma en que se encuentra este versículo en la Reina-Valera concuerda con la muy antigua versión Peshita siríaca, la cual es usada para defender Biblias basadas en el Texto Recibido, tal como la Biblia *King James* en inglés. Además el contexto habla de Cristo en el versículo anterior al nueve y dos versículos después del nueve; por tanto, este capítulo no deja dudas de que Cristo es el Creador del universo. La porción en disputa se encuentra en corchetes en las ediciones de 1569 y 1602 de Reina y Valera.

Efesios 3:9b

<u>Señalamiento</u>: "dispensación" (1909 y 1960) en vez de "compañerismo".

<u>Vindicación</u>: La Biblia italiana *Diodati* de 1649, reconocida por basarse en el Texto Recibido, tiene *dispensazion*. También es vindicada por Reina 1569 y Valera 1602.

Efesios 6:9

<u>Señalamiento</u>: "de ellos" añadido (1909 y 1960).

<u>Vindicación</u>: Vea la nota marginal colocada por los revisores de la *King James* en su edición de 1611: *Some reade, both your, and their master* (algunos dicen, ambos el suyo, y el amo de ellos).

Efesios 6:24

<u>Señalamiento</u>: "amor inalterable" en vez de "sinceridad".

<u>Vindicación</u>: El léxico griego *Thayer* incluye *to love one with never diminishing love* (amar a uno con un amor que nunca disminuye) en su definición de la palabra griega correspondiente.

Filipenses 4:2

<u>Señalamiento</u>: "ruego" omitido.

<u>Vindicación</u>: La gramática de español no requiere que la palabra en tela de juicio sea incluida dos veces a solo dos palabras de distancia, lo cual podría sonar redundante. A veces aun la versión *King James* hace esto, como en Lucas 21:6. En ese versículo *stone* (piedra) es mencionada dos veces específicas en el griego, pero tan solo una vez en la KJV, porque se insinúa una segunda piedra al usar la expresión *stone upon another* (piedra sobre otra). Basado en dos textos griegos que comparé (uno del linaje del Texto Recibido, uno del linaje del Texto Crítico), este caso no parece ser una variante textual.

Colosenses 1:6

<u>Señalamiento</u>: "y crece" añadido (1909 y 1960).

<u>Vindicación</u>: La Biblia italiana *Diodati* de 1649, reconocida por basarse en el Texto Recibido, tiene *e cresce*. También es vindicada por Enzinas 1543 y Valera 1602.

Colosenses 1:17

<u>Señalamiento</u>: "en él" en vez de "por él".

<u>Vindicación</u>. La KJV tradujo la palabra griega correspondiente como *in* (en) más de 1.900 veces.

1 Tesalonicenses 4:4

Señalamiento: "esposa" en vez de "vaso".

Vindicación: *Concordancia Strong*. "G4632 σκεῦος *skeúos* de afín. incierta; vaso, vasija, implemento, equipo o aparato (literalmente o figurativamente [específicamente la esposa como contribuyendo a la utilidad del esposo]):" La palabra vaso era sinónimo de esposa en tiempos bíblicos. Vea 1 Ped. 3:7.

2 Tesalonicenses 2:2

Señalamiento: "día del Señor" (1909 y 1960) en vez de "día de Cristo".

Vindicación: La 1909 y 1960 corresponden con la lectura histórica de este versículo (tal como la 1569 y 1602). La 1602 especialmente ha sido reconocida por basarse en el Texto Recibido.

Tito 2:7

Señalamiento: "sinceridad" omitido (1909 y 1960).

Vindicación: La Biblia inglesa Matthew de 1537, reconocida por basarse en el Texto Recibido, también omite la palabra.

Tito 3:10

Señalamiento: "que cause divisiones" en vez de "hereje".

Vindicación: Vea Tito 3:10 en *The Defined King James Bible* por *The Bible For Today* (D.A. Waite, editor general, quien está muy a favor de la KJV) donde define esta palabra de la siguiente forma: "(Griego - cismático, persona facciosa {uno que causa rupturas, divisiones, facciones…)"

Hebreos 2:16

Señalamiento: "no socorrió a los ángeles" en vez de "no tomó para sí la naturaleza de los ángeles".

Vindicación: Debe notarse que la frase *him the nature of* se encuentra en bastardillas en la KJV, lo cual significa que no aparece en el griego y solo fue añadido para aclaración. En cuanto al asunto de socorrer a ángeles, vea el significado de la palabra griega correspondiente en la *Concordancia Strong*: "G1949 ἐπιλαμβάνομαι *epilambánomai* voz media de G1909 y G2983; echar mano (para ayudar, lastimar, conseguir o cualquier otro propósito; literalmente o figurativamente:"

Hebreos 3:18

Vea la página 107 de este libro.

Hebreos 4:8

Señalamiento: "Josué" (1909 y 1960) en vez de "Jesús".

Vindicación: Observe la nota puesta al margen de la página por los traductores de la KJV 1611: "Es decir, Josué". La palabra hebrea para Josué en griego es la misma palabra griega para Jesús. En lo textual, ambas traducciones son posibles; sin embargo, el contexto favorece más a Josué. Una situación similar se encuentra en Hechos 7:45.

Hebreos 11:11

Señalamiento: "simiente" omitido.

Vindicación: El Nuevo Testamento en inglés *Tyndale* de 1534, reconocido por basarse en el Texto Recibido, también omite la palabra.

Hebreos 11:31

Señalamiento: "desobedientes" en vez de "incrédulos".
Vindicación: La palabra griega correspondiente fue traducida como *disobedient* cuatro veces y *obey not* tres veces en la KJV.

Hebreos 12:23

Señalamiento: "iglesia" omitido (1909 y 1960).
Vindicación: El Nuevo Testamento inglés *Tyndale* de 1534, reconocido por basarse en el Texto Recibido, también omite la palabra.

Santiago 5:16

Señalamiento: "ofensas" en vez de "faltas".
Vindicación: La palabra griega correspondiente *paraptoma* fue traducida como *offences* siete veces en la versión *King James*.

1 Pedro 1:5

Señalamiento: "para alcanzar la salvación" (1960; "salud" en 1909) en vez de "para la salvación".
Vindicación: Enzinas 1543, Pineda 1556, Reina 1569 y Valera 1602 apoyan la RV 1909 y 1960. El léxico griego *Thayer* incluye lo siguiente en el significado de la palabra griega correspondiente: *the end which a thing is adapted to attain* [el fin por la cual una cosa es adaptada para alcanzar]. Observe la explicación en la primera parte de la definición del diccionario de la *Concordancia Strong* de la palabra griega subyacente (# 1519): "a o adentro (indicando el punto **alcanzado** o al que se ha entrado)..." (se añadió énfasis en negrita). Otro golpe contra la acusación de falsa doctrina en este pasaje es el contexto. El capítulo comienza cuatro versículos antes dirigiéndose sin duda a los creyentes. El versículo cinco, el acusado de enseñar doctrinas falsas, afirma que somos guardados por el poder de Dios mediante la fe. A veces la Biblia presenta la salvación como algo que para el cristiano tendrá su cumplimiento final en el futuro, como en Romanos 13:11: "Y esto, conociendo el tiempo, que es ya hora de levantarnos del sueño; porque ahora está más cerca de nosotros nuestra salvación que cuando creímos".

1 Pedro 2:2

Señalamiento: "para salvación" (1960) o "para salud" (1909) añadido. Dicen que la 1960 enseña que hay que crecer para obtener salvación.
Vindicación: La variante de la RV 1960 aquí está respaldada por Pineda 1556, Reina 1569 y Valera 1602. El contexto en la RV 1960 es el siguiente: "Desead, como niños recién nacidos, la leche espiritual no adulterada, para que por ella crezcáis para salvación, si es que habéis gustado la benignidad del Señor."

Obviamente está hablando a los creyentes. Vea donde dice "como niños recién nacidos... si es que habéis gustado la benignidad del Señor." Vea también cómo comienza el libro de 1 Pedro dirigiéndose a cristianos. Hay otros versículos para tomar en cuenta al interpretar 1 Ped. 2:2. Entre ellos se encuentran los siguientes:

> 1 Pedro 1:5 "que sois guardados por el poder de Dios mediante la fe, para alcanzar la salvación que está preparada para ser manifestada en el

tiempo postrero".
Rom. 13:11 "Y esto, conociendo el tiempo, que es ya hora de levantarnos del sueño; porque ahora está más cerca de nosotros nuestra salvación que cuando creímos".

1 Pedro 2:7

Vea la página 107 de este libro.

1 Pedro 3:21

Señalamiento: "corresponde" en vez de "figura". Dicen que la 1960 enseña que el bautismo salva.
Vindicación: La palabra griega clave en este asunto es *antitupon*, que en el diccionario de la *Concordancia Strong* se define así: "correspondiente [«prototipo»] i.e. representante, contraparte". Cuando la 1960 dice "que corresponde a esto" ¿a qué se refiere? Al versículo anterior, por supuesto. Se debe notar que la 1960 dice claramente que el bautismo no quita la inmundicia de la carne (el pecado), sino que se demanda para una buena conciencia hacia Dios.

2 Pedro 1:19

Vea Isaías 14:12 en la página 154 de este libro.

1 Juan 2:27

Señalamiento: "permaneced" (imperativo) en vez de "perseveraréis" (futuro).
Vindicación: El Nuevo Testamento en inglés *Tyndale* de 1534, reconocido por basarse en el Texto Recibido, tiene *so byde* (imperativo). Vea también en el diccionario *Strong* si permanecer es una traducción adecuada, aparte de perseverar: "G3306 μένω *méno* verbo primario; quedarse (en un lugar, estado, relación o expectación dado):"

1 Juan 2:28

Señalamiento: "no nos alejemos de él avergonzados" en vez de "no seamos avergonzados delante de Él".
Vindicación: El significado de la palabra griega correspondiente a "alejemos" es como sigue en la *Concordancia Strong*: "partícula primario, «fuera,» i.e. lejos (de algo cercano), en varios sentidos (de lugar, tiempo o relación; literalmente o figurativamente)".

1 Juan 3:16

Señalamiento: "de Dios" omitido (1909 y 1960).
Vindicación: *Of God* se encuentra en bastardillas en algunas ediciones de la KJV y es omitido en la edición del Texto Recibido de Estéfano de 1550.

2 Juan 1:8

Señalamiento: "no perdáis" en vez de "no perdamos".
Vindicación: Ambas traducciones son de verbos subjuntivos plurales presentes; la única diferencia entre ellas es que en una se encuentra el verbo en primera persona, y en la otra en segunda persona. Esto no cambia el significado del pasaje. Hay casos cuando aun la KJV no sigue el tiempo o modo del griego o el hebreo. Al traductor se le debe dar cierta libertad al traducir. El hecho de que estas clases de cosas sean incluidas en listas de

pasajes problemáticos en la Reina-Valera demuestra desesperación de parte de algunos de los que quieren desacreditar nuestra Biblia.

3 Juan 1:5

Señalamiento: "especialmente" añadido.

Vindicación: En cuanto a "especialmente", no es una variante textual basada en dos textos griegos que examiné (uno del linaje del Texto Recibido, otro del linaje del Texto Crítico). El Nuevo Testamento griego interlineal de Newberry (basado en Estéfano 1550) literalmente tiene *and this strangers*, (y esto desconocidos) lo cual en español hacía falta modificar para que no suene inadecuado.

Judas 1:22a

Señalamiento: "de algunos tened misericordia" omitido.

Vindicación: La frase exacta se encuentra en el próximo versículo en la Reina-Valera 1960 ("…y de otros tened misericordia…"). En algunas ocasiones las Biblias en otros idiomas contienen una palabra o frase clave que se encuentra en el versículo anterior o posterior comparada a la Biblia *King James*.

Judas 1:22b

Señalamiento: "A algunos que dudan, convencedlos" (1960) o "discerniendo" (1909) en vez de "haciendo una diferencia" (como la *King James*).

Vindicación: Personalmente creo que es preciso como está en inglés, pero los traductores de la *King James* tuvieron que ser creativos para producir una frase elegante sin violar el griego. Por ejemplo, la Biblia *Bishops* en inglés, la cual la *King James* usó como punto de partida, tiene la siguiente extraña traducción: *seperatyng them* (separándolos). La frase que estoy analizando proviene de una sola palabra griega, la cual es definida como sigue en la *Concordancia Strong*: "G1252 διακρίνω *diakríno* de G1223 y G2991; separar completamente, i.e. (literalmente o reflexivamente) retirarse de, o (por implicación) oponerse; figurativamente discriminar (por implicación decidir), o (reflexivamente) vacilar, titubear:"

La *King James* tradujo dicha palabra griega como *doubt* (duda) cinco veces. Los traductores de la Reina-Valera 1960 se enfocaron en ese significado, y por tanto tradujeron este versículo como un mandato a convencer a los que dudan. Dado que la palabra griega puede ser traducida de diversas formas, los traductores están obligados a interpretar cuando llegan a este versículo.

Apocalipsis 1:6

Señalamiento: "y" omitido (antes de "su Padre").

Vindicación: La Biblia inglesa *Bishops* de 1568, reconocida por basarse en el Texto Recibido, también lo omite.

Apocalipsis 2:20

Señalamiento: "toleras" en vez de "permites".

Vindicación: Vea Apocalipsis 2:20 en *The Defined King James Bible* por *The Bible For Today* (D.A. Waite, editor general, quien está muy a favor de la KJV) donde define la palabra correspondiente de la siguiente manera: *tolerate, permit, allow* [tolerar, permitir].

Apocalipsis 3:4

Señalamiento: "aun" omitido (1909 y 1960).

Vindicación: La Biblia en inglés *Bishops* de 1568, reconocida por basarse en el Texto Recibido, también lo omite.

Apocalipsis 3:14

Señalamiento: "en Laodicea" (1909 y 1960) en vez de "de los laodicenses".
Vindicación: La Biblia inglesa *Bishops* de 1568, reconocida por basarse en el Texto Recibido, tiene *in Laodicea*.

Apocalipsis 4:6

Señalamiento: "como" añadido (1909 y 1960).
Vindicación: La frase donde aparece la palabra "como" con frecuencia ha sufrido añadiduras para que tenga sentido al ser traducido. Por ejemplo, la KJV añadió *there was* en bastardillas. Por cientos de años la Biblia en español ha tenido la palabra "como" para clarificar este pasaje.

Apocalipsis 4:11

Señalamiento: "voluntad" (1909 y 1960) en vez de "placer".
Vindicación: La palabra griega correspondiente fue traducida como *will* (voluntad) 62 veces en la KJV.

Apocalipsis 5:6

Señalamiento: "vi" en vez de "he aquí".
Vindicación: La palabra griega correspondiente fue traducida como *see* (ver) en varios lugares en la KJV, incluyendo Lucas 17:23.

Apocalipsis 6:12

Señalamiento: "toda" añadido (1909 y 1960).
Vindicación: La palabra "toda" tiene precedente a través de la historia de la Biblia en español en este versículo, y también *all* se encuentra en la Biblia en ingles *Bishops* de 1568, reconocida por basarse en el Texto Recibido.

Apocalipsis 7:17

Señalamiento: "fuentes de aguas de vida" en vez de "fuentes vivas de aguas".
Vindicación: El orden de palabras en la Reina-Valera 1960 concuerda con la Biblia en inglés *Great* de 1539, reconocida por basarse en el Texto Recibido.

Apocalipsis 9:19

Señalamiento: "los caballos" añadido.
Vindicación: La Biblia italiana *Diodati* de 1649, reconocida por basarse en el Texto Recibido, tiene *de' cavalli*.

Apocalipsis 11:1

Señalamiento: "el ángel se paró" omitido (1909 y 1960).
Vindicación: El Nuevo Testamento en inglés *Tyndale* de 1534, reconocido por basarse en el Texto Recibido, también lo omite.

Apocalipsis 14:1

Señalamiento: "él y el de" añadido (antes de "su Padre").

Vindicación: La Biblia en italiano *Diodati* de 1649, reconocida por basarse en el Texto Recibido, tiene *il suo nome, e il nome di*.

Apocalipsis 14:15

Señalamiento: "te" omitido.
Vindicación: La Biblia en inglés *Geneva* de 1587, reconocida por basarse en el Texto Recibido, también lo omite.

Apocalipsis 16:1

Señalamiento: "siete" añadido (1909 y 1960).
Vindicación: La Biblia inglesa *Geneva* de 1587, reconocida por basarse en el Texto Recibido, tiene *seuen* (siete).

Apocalipsis 17:5

Señalamiento: La Reina-Valera empieza el título con letras mayúsculas con "Babilonia" en vez de "misterio".
Vindicación: El griego no indica dónde debe empezar el título. Además, las Biblias inglesas *Geneva*, *Bishops*, *Coverdale* y *Tyndale*, todas basadas en el Texto Recibido, tienen *a mystery* (un misterio), lo cual da la impresión que no ha empezado el título todavía.

Apocalipsis 19:8

Señalamiento: "acciones justas" en vez de "justicia". Se ha acusado a la Reina-Valera de enseñar salvación por obras aquí.
Vindicación: Vea la palabra correspondiente en la *Concordancia Strong*: "G1345 δικαίωμα *dikaíoma* de G1344; obra equitativa; por implicación estatuto o decisión":

Apocalipsis 19:17

Señalamiento: "la gran cena de Dios" en vez de "la cena del gran Dios".
Vindicación: Esta queja tiene que ver con el orden de palabras solamente. Vea la Biblia italiana *Diodati* de 1649, reconocida por basarse en el Texto Recibido, donde tiene el mismo orden de palabras claves como la Reina-Valera 1960: *al gran convito di Dio*.

Apocalipsis 21:14

Señalamiento: "doce" añadido (1909 y 1960).
Vindicación: La Biblia inglesa *Bishops* de 1568, reconocida por basarse en el Texto Recibido, tiene "12".

Apocalipsis 22:6

Señalamiento: "espíritus" en vez de "santos".
Vindicación: Vea la Biblia italiana *Diodati* de 1649, reconocida por basarse en el Texto Recibido, donde tiene *spiriti*.

Apocalipsis 22:8

Señalamiento: "soy el que" añadido (1909 y 1960).
Vindicación: Esta parte del versículo no parece ser una variante textual. El Nuevo Testamento interlineal de Newberry basada en el Texto Recibido edición Estéfano de 1550 tiene *he who* (el que) en este lugar. La Biblia portuguesa *Almeida* de 1995 por la

Sociedad Bíblica Trinitaria, reconocida por basarse en el Texto Recibido, tiene *sou aquele que* (*sou* en bastardillas).

Apocalipsis 22:14

Señalamiento: "lavan sus ropas" en vez de "guardan sus mandamientos". Dicen que la 1960 enseña que hay que lavar ropa para ser salvo.

Vindicación: Hay un versículo que no está bajo tela de juicio que se asemeja mucho a este versículo en la 1960: "…Estos son los que han salido de la gran tribulación, y han lavado sus ropas, y las han emblanquecido en la sangre del Cordero". (Ap. 7:14) La evidencia de los manuscritos está dividida en cuanto a este versículo. La cantidad de manuscritos que apoyan a la 1960 es cercano a la cantidad que apoyan a la 1909 y la Biblia en inglés. Si la situación fuese al revés, con la RV teniendo la redacción de la KJV, sin duda se acusaría a la Biblia en español de enseñar salvación por obras aquí. Esto se debe al hecho de la posible impresión creada en la KJV a primera vista de que se requiere buenas obras para obtener el derecho de entrar a la gloria.

Glosario de términos

Crítica Textual - Se refiere a decidir entre una variante y otra cuando hay diferencias entre manuscritos o textos impresos en griego y hebreo. No toda crítica textual es mala, puesto que aun los traductores de la versión *King James* y la Reina-Valera practicaron una forma conservadora de crítica textual al decidir entre una variante y otra, sin dejar de mencionar los editores del Texto Recibido.

Inspiración - La palabra griega que se tradujo al español como "inspirada" en 2 Tim. 3:16 es *dseopneustos*. Según el léxico griego de la *Concordancia Strong*, este término es una combinación de dos palabras griegas: *dseos* (deidad) + *pneo* (respirar fuerte), por tanto significa "respirado o exhalado por Dios".

Latina Antigua - También conocida como *Vetus Latina*. Traducción en latín de la segunda mitad del siglo II. El texto de esta versión fue objeto de muchas modificaciones en las diferentes regiones donde se utilizó, hasta que Jerónimo produjo su Vulgata, la cual llegó a ser la versión oficial de la Iglesia Católica.

Manuscrito - Copias o porciones de la Biblia hechas a mano antes que se inventara la imprenta. Manuscrito viene de *manuscriptum* en latín, que significa "escrito a mano". Hay aproximadamente 5.500 manuscritos griegos que han sobrevivido. Esta gran cantidad refleja el hecho de que Dios cumplió su promesa de que su Palabra sería preservada.

Originales / el original / manuscritos originales - No una copia, sino el mismo original de puño y letra de los escritores a los cuales Dios inspiró por el Espíritu Santo.

Peshita / Peshito - La más antigua de las versiones siríacas. Se cree que su texto data de la segunda mitad del siglo II, aunque en su forma actual data de alrededor del siglo V.

Políglota Complutense - Una Biblia del siglo XVI que consiste de seis volúmenes y estuvo a cargo del cardenal Cisneros. El trabajo se hizo en la Universidad Complutense de España, y contiene el texto de la Biblia en varios idiomas (hebreo, latín, griego y arameo [para el Pentateuco]).

Preservación - Proteger, resguardar anticipadamente a una persona, animal o cosa, de algún daño o peligro. (Diccionario de la Real Academia Española)

Rheims - Nuevo Testamento católico en inglés publicado en 1582. El Antiguo Testamento se publicó entre 1609-1610 en dos tomos. Fue traducido de la Vulgata Latina.

Ruckmanismo - El término ruckmanismo se refiere a las enseñanzas aberrantes del predicador Peter Ruckman. Él es pastor de una iglesia en Pensacola, Florida en los Estados Unidos. Como a principios de la década de los 60s, empezó a enseñar cosas nuevas y extrañas (como que la versión *King James* era superior a los originales) que a través de los años ha afectado el punto de vista acerca de la Biblia en inglés y, como consecuencia, Biblias en otros idiomas. Los que promueven sus enseñanzas se les llama ruckmanitas.

Texto Alejandrino – Los manuscritos en que se basan las ediciones modernas críticas del Nuevo Testamento griego. Los manuscritos en este grupo tienden a ser más antiguos, pero cuando discrepan con el Texto Bizantino casi siempre se encuentran en la minoría, y contienen más variantes textuales que en el Texto Bizantino.

Texto Bizantino / Texto Sirio - Se refiere a la mayoría de los manuscritos en el cual se basó el *Textus Receptus*, aunque hay diferencias, por tanto no son sinónimos. Aproximadamente el 90% de todos los manuscritos son del Texto Bizantino, aunque a veces los manuscritos reflejan amalgamas. El texto rival es el Texto Alejandrino, el cual refleja una minoría de los manuscritos, aunque tienden a ser de una edad más primitiva.

Texto Crítico - Ediciones modernas del Nuevo Testamento griego que reflejan el Texto Alejandrino.

Texto Masorético - El texto tradicional hebreo del Antiguo Testamento. Fue tan celosamente preservado por los judíos masoretas que tuvieron pocas variantes textuales.

Texto Mayoritario - La forma del texto griego encontrada en la mayoría de todos los manuscritos. Normalmente el Texto Recibido sigue la mayoría, pero la investigación de Hodges-Farstad demuestra que hay aproximadamente 1.800 diferencias entre ambos.

***Textus Receptus* / Texto Recibido** - Históricamente se ha aplicado este término a los textos griegos impresos en la era de la Reforma empezando con el de Erasmo de 1516. En cuanto al inicio de la frase *Textus Receptus*, en la edición del Nuevo Testamento griego de los hermanos Elzevir del año 1633, el prefacio incluía la siguiente oración en latín: *Textum ergo habes nunc ab omnibus receptum* (por tanto tenéis ahora el texto recibido por todos). Las diversas ediciones del *Textus Receptus* incluyen las de Erasmo (*Desiderius Erasmus*), ediciones de 1516, 1519, 1522, 1527, 1535; las de Estéfano (*Robert Estienne*), ediciones 1546, 1549, 1550, 1551; las de Beza (*Théodore de Bèze*), ediciones de 1565, 1567, 1580, 1582, 1588, 1589, 1590, 1598, 1604; la de los Elzevir (*Bonaventure y Abraham Elzevir*), ediciones de 1624, 1633, 1641; la de Colinaeus (*Simon Colinæus*) de 1534 y la de Scrivener (*Frederick Henry Ambrose Scrivener*)1881/1894.

Tipos (o familias) de textos - La mayoría de los manuscritos se pueden agrupar, en términos generales, en una de tres familias, las cuales reciben el nombre de tipos o familias de textos. Los eruditos normalmente los clasifican de tres maneras: El alejandrino, el bizantino y el occidental.

Transliteración - La transcripción de palabras de un idioma con los signos alfabéticos de otra.

Variante - Una diferencia textual que se halla en el texto de un manuscrito (o edición impresa) al compararlo con otro.

Vulgata Latina – Traducción católica en latín editado por Jerónimo en el siglo IV, a petición de Dámaso, obispo de Roma. En el Nuevo Testamento fue una revisión de las versiones latinas antiguas.

BIBLIOGRAFÍA SELECCIONADA

Breaker, Robert. *Una Breve Historia de la Biblia en Español*. Breaker Publications, Quinta edición. Loc prep 2011.

Breaker III, Robert. *The History and Truth about the Spanish Bible Controversy*. Breaker Publications, 2nd Edition, 2007.

Carter, Mickey. *El Elefante en la Sala – La Influencia Modernista en la Biblia Hispana*. LBC, 2002.

Daniels, David. *Por qué la Biblia Reina Valera Gómez es la Perfecta Palabra de Dios*. Chick Publications, 2009.

Donate, Carlos. *The Old Spanish Bible Restoration Project*. Loc prep 2002.

Flores, José. *Escribiendo la Biblia*. Grand Rapids: Editorial Evangélica, sin fecha.

George, Calvin. *The Battle for the Spanish Bible*. Morris Publishing, 2001

George, Calvin. *La Historia de la Biblia Reina-Valera 1960*. Morris Publishing, 2005

Guerrero, Francisco. *La Biblia —La obra Maestra de Dios Manipulada*. 1997.

Hurtado, Joaquín & Martin, Bruce. *El Tesoro Eterno*. 2001, DVD.

La More, Gary. *While Latinos Slept...* Xulon Press, 2005.

McArdle, Jeff. *The Bible Believer's Guide to Elephant Hunting*. 2003.

McLean, Terence. "Three Yards and a Cloud of Dust" *Bible Believers' Bulletin*, Oct. & Nov. 1985.

McLean, Terence. *They know better: An exposé of the Bearing Precious Seed Spanish New Testament*. 1985, cassette tape.

McLean, Terence. *McLean-Gate*. Circa 1987.

Nida, Eugene "Reina-Valera Revision of 1960" *The Bible Translator*. Vol. 12, No. 3, 1961.

Park, William. *The Spanish Bible is the 1602 Valera Version*. Collingswood, NJ: Bible For Today, Circa 1994, VHS video.

Rodríguez, Emanuel. *La Biblia de Dios en español: Cómo Dios preservó sus palabras en español a través de la RVG*. Chick Publications, 2010.

Ruckman, Peter. *The Christian's Handbook of Biblical Scholarship*. Pensacola: Bible Baptist Bookstore, 1988.

Ruckman, Peter. *Why I Believe the King James Version Is the Word of God*. Pensacola: Bible Baptist Bookstore, 1983.

Ruckman, Peter. *The Full Cup*. Pensacola: Bible Baptist Bookstore, 1998.

Ruckman, Peter. *The Monarch of the Books*. Pensacola: Bible Baptist Bookstore, 1973.

Ruckman, Peter. *Evidencia de los manuscritos*. 2005, traducción del original en inglés por Ernesto Roig Ramírez y Jeff McArdle.

Sepúlveda, Eniovel. *165 Verses Found in the King James Version Compared to the Spanish Bibles of Casiodoro de Reina 1569, Reina Valera 1602, 1909, 1960 and 1977.* Collingswood, NJ: Bible For Today, 1998.

Wright, Orville. *The History of Spanish Manuscripts.* Circa 1987.

New Light from an Ancient Lamp. August, 1959, from the archives of the American Bible Society.

Waite, D. A. & Gómez, Humberto. *Gnosticism & the Spanish Bible.* Video recording. http://www.sermonaudio.com

Waite, D. A. *King James Bible's Superiority To Spanish Audience.* Bible For Today, Audio cassette.